D1730515

Rodewald
Ihr Wegweiser zu rationalen
Analysen und Entscheidungen

Ihr Wegweiser zu rationalen Analysen und Entscheidungen

Wie man Fehler vermeidet und die richtigen Schlüsse zieht

Von Bernd Rodewald

Bibliografische Information Der Deutschen Nationalbibliothek
Die Deutsche Nationalbibliothek verzeichnet diese Publikation in
der Deutschen Nationalbibliografie; detaillierte bibliografische Daten
sind im Internet über http://dnb.d-nb.de abrufbar.

Autor und Verlag haben alle Texte in diesem Buch mit großer Sorgfalt
erarbeitet. Dennoch können Fehler nicht ausgeschlossen werden.
Eine Haftung des Verlags oder des Autors, gleich aus welchem Rechtsgrund,
ist ausgeschlossen.

www.publicis-books.de

Lektorat: Dr. Gerhard Seitfudem
gerhard.seitfudem@publicispixelpark.de

Print ISBN 978-3-89578-466-8
ePDF ISBN 978-3-89578-957-1
EPUB ISBN 978-3-89578-734-8
mobi ISBN 978-3-89578-832-1

Verlag: Publicis Publishing, Erlangen
© 2017 by Publicis Pixelpark Erlangen – eine Zweigniederlassung
der Publicis Pixelpark GmbH

Printed in Germany

Inhaltsverzeichnis

6 Was unseren grundlegenden Denkschritten Grenzen setzt

7 Versteckte Beeinflussung und Irreführung

8 Steckbriefe ausgewählter Denkwerkzeuge

1 Was Sie in diesem Buch erwartet

1.1 Warum es sich lohnt, den Weg zu rationalen Analysen und Entscheidungen genau zu kennen

Vielleicht gehören Sie, lieber Leser, zu denjenigen, die in Unternehmen oder Organisationen daran beteiligt sind, Sachverhalte zu analysieren und im Hinblick auf bestimmte Fragestellungen zu bewerten. Oder vielleicht sind Sie einer von denjenigen, welche die Ergebnisse solcher Analysen und Bewertungen nutzen oder auf deren Basis Entscheidungen treffen. Dann gehören Sie zu den Adressaten dieses Buchs. Möglicherweise haben Sie aber mit diesen Dingen in Ihrem beruflichen Alltag kaum etwas oder gar nichts zu tun. Auch dann wendet sich dieses Buch an Sie. Denn Sie sind von Analysen, Bewertungen und sich daraus ableitenden Entscheidungen betroffen.

Mag sein, dass sich solche Dinge in Ihrem beruflichen Umfeld nicht sonderlich für Sie persönlich merkbar machen. Doch Analysen, Bewertungen und Entscheidungen erfolgen nicht nur dort, sondern zum Beispiel auch auf politischer Ebene. Und diese Analysen, Bewertungen und Entscheidungen sind für Sie relevant, denn die daraus abgeleiteten politischen Beschlüsse wirken sich in der Regel auf die unmittelbaren Lebensumstände eines jeden Bürgers aus. Daher lohnt es sich auch für Sie, sich mit dieser Thematik auseinanderzusetzen.

☰ Privat

Dass Analysen, Bewertungen und Entscheidungen anderer uns betreffen können, ist für uns alltägliche Erfahrung. Denn wir sind in verschiedene soziale Gefüge eingebunden und damit automatisch in der Rolle derjenigen, die von Entscheidungen und Handlungen anderer Personen betroffen sein können. Mitunter begeben wir uns sogar ganz bewusst und völlig freiwillig in diese Betroffenenrolle – und zwar immer dann, wenn wir Hilfe und fachlichen Rat brauchen. Dann vertrauen wir uns ausgewählten Experten an. Wir rufen den Fachmann für Energietechnik ins Haus, wenden uns an einen Rechtsanwalt, suchen einen Vermögensberater auf oder lassen uns von einem Fachhändler für Einbauküchen beraten. Und wenn wir erkranken, vertrauen wir uns einem Arzt an. Damit dieser unseren Krankheitszustand *analysiert*, die Befunde und möglichen Behandlungswege abwägt und *bewertet* und eine *Entscheidung* für die sinnvollste Therapie trifft.

Doch leider machen wir auch die Erfahrung, dass man nie so ganz sicher sein kann, ob die Ratschläge der Experten wirklich angemessen sind und den gewünschten Erfolg bringen. Nicht umsonst sucht deshalb bei Erkrankungen so mancher sicherheitshalber noch einen zweiten oder sogar dritten Arzt auf und muss dann mitunter feststellen, dass diese zu ganz anderen Therapien und vielleicht sogar völlig anderen Diagnosen kommen. Danach müssen wir oft selbst entscheiden, wem wir vertrauen. Dieses zeigt unmissverständlich: Analysen, Bewertungen und Entscheidungen scheinen nicht immer einfach zu sein. Sie haben offenbar ihre Tücken.

≡ Im Unternehmen

Nicht nur als Privatperson hängt man oft von Ratschlägen und Empfehlungen ausgesuchter Experten ab. In der gleichen Situation sind auch Unternehmen und Organisationen. Hier sind ausgewählte Fachleute und Berater immer wieder gefordert, Situationsanalysen durchzuführen und deren Ergebnisse zu bewerten, um dem Management die nötigen Informationen für Handlungsentscheidungen bereitzustellen. Diese Aufgabe stellt sich in den unterschiedlichsten Unternehmensbereichen:

- Vertrieb und Marketing analysieren periodisch die Verkaufs- und Marktsituation und bewerten deren Trends, um erforderliche Unterstützungsmaßnahmen identifizieren und aufsetzen zu können.
- Entwicklungsabteilungen müssen bei neuen Produktvorhaben die verschiedenen, dafür möglichen Lösungsansätze analysieren und die Designalternativen bewerten, um eine fundierte Entscheidung für eine dieser Alternativen herbeiführen zu können.
- Der Einkauf muss potenzielle Zulieferer bewerten, damit unter diesen die geeignetsten identifiziert und ausgewählt werden können.
- Das obere Management benötigt Analysen der internen Potenziale und des Marktumfeldes, wenn es vorhat, das Produktportfolio strategisch neu auszurichten.

Zu derartigen Aufgaben, die dem fortlaufenden operativen Geschäft zuzuordnen sind, kommen mitunter noch außerordentliche Problemstellungen hinzu. Zum Beispiel, wenn größere organisatorische Umstellungen

wie die Verlagerung von Unternehmensfunktionen ins Ausland ange-
dacht sind, wenn interne Strukturen und Abläufe nicht mehr schnell und
flexibel genug auf sich ändernde Kundenanforderungen oder Märkte
reagieren oder wenn gravierende Qualitätsprobleme auftauchen. Auch
bei solchen speziellen Problemstellungen sind spezifische Analysen,
Bewertungen und Entscheidungen erforderlich, um Wege aus der jeweiligen kritischen Situation zu finden.

Analysen, Bewertungen und Entscheidungen sind in einem Unternehmen immer dann gefragt, wenn es darum geht, überlegt zu handeln und
dazu wohldurchdachte Maßnahmen aufzusetzen. Deshalb möchte ich sie
im weiteren Verlauf übergreifend als *„handlungsvorbereitende Überlegungen"* bezeichnen.

Bekanntlich können Überlegungen manchmal richtig und manchmal
falsch sein. Auch bei den handlungsvorbereitenden Überlegungen kann
es daher zu Fehlern und falschen Schlussfolgerungen kommen. Die Analyse von Märkten und internen Potenzialen ist möglicherweise unvoll-
ständig und ergibt damit ein schiefes Bild. Bei der Bewertung von Zuliefe-
rern setzen sich auf subtile Weise bestimmte Interessengruppen durch
und unterminieren damit eine objektive Bewertung. Bei Entscheidungen
werden nicht alle Alternativen bedacht. Kosten und Nutzen der Verlagerung von Unternehmensbereichen werden falsch eingeschätzt. Qualitätsprobleme werden durch bestimmte Maßnahmen auf der einen Seite vielleicht aufgelöst, tauchen dafür an anderer Stelle aber umso stärker wieder
neu auf.

Auch im Unternehmensumfeld spiegelt sich damit die bereits angesprochene alltägliche Erfahrung wider: Die handlungsvorbereitenden Überlegungen haben ihre Tücken.

☰ In Politik und Gesellschaft

Nicht grundsätzlich anders ist die Situation, wenn man den Betrachtungshorizont ausweitet und Themen in den Blick nimmt, die sich auf gesamt-
gesellschaftlicher und politischer Ebene stellen. Fragestellungen aus diesem Umfeld sind zum Beispiel:

- Wie lösen wir die Finanzierung der Renten? Kann man das Renten-
  eintrittsalter beibehalten oder sollte man es besser heraufsetzen?
  Oder sollte man genau das Gegenteil tun und es sogar herabsetzen?

- Wie gehen wir mit der Vielzahl an Immigranten um? Sind sie für
  unsere Gesellschaft ein wirtschaftlicher Segen oder eher eine hohe
  finanzielle Belastung?

- Welche Antwort haben wir mit unserem Ausbildungssystem auf die zunehmenden Anforderungen der Informationstechnologie? Sollte man diesem Thema bereits in der Schule mehr Gewicht verleihen oder verkümmern dadurch andere, viel wichtigere Kulturtechniken?

Um Antworten auf solche Fragen zu finden, kommen wieder Experten ins Spiel: Wissenschaftliche Institute, Wirtschaftsweisen, speziell dazu einberufene Gremien und dergleichen, die den politisch Verantwortlichen zuarbeiten.

Auch diese Experten haben die genannten handlungsvorbereitenden, grundsätzlichen Überlegungen anzustellen: Zunächst sind die jeweiligen Umstände und Rahmenbedingungen zu *analysieren* und mögliche Handlungsalternativen zu ermitteln, dann sind diese Umstände und Alternativen zu *bewerten*, damit im letzten Schritt dann *entschieden* werden kann, welche Maßnahmen und Handlungen am besten das jeweilige Ausgangsproblem lösen und zum angestrebten Ziel führen.

Und auch auf dieser Ebene zeigt sich, dass diese handlungsvorbereitenden Überlegungen offenbar ihre fehlerträchtigen und problematischen Seiten haben. Denn oft genug bekommen wir über die Medien bei solchen Themen zu hören, dass unterschiedliche Expertengruppen zu völlig unterschiedlichen Einschätzungen gekommen sind und dementsprechend auch unterschiedliche Schlussfolgerungen daraus ableiten. Doch es können natürlich nicht alle gleichzeitig Recht haben.

Damit bestätigt sich auch hier, dass man Analysen, Bewertungen und daraus abgeleiteten Entscheidungen nicht einfach blind vertrauen sollte. Um erkennen zu können, wieweit sie auf rationalen Überlegungen beruhen, muss man die Tücken und Fallstricke kennen, die bei diesen handlungsvorbereitenden Überlegungen vorliegen und eine rationale Vorgehensweise untergraben können. Genau das hat mich veranlasst, dieses Buch zu verfassen.

≡ Weshalb auch Tools in diesem Buch ein Thema sind

Experten haben ihre fachspezifischen Methoden und Tools, um Sachverhalte zu analysieren, Situationen zu bewerten und Alternativen zu entscheiden. Insbesondere bei Fragestellungen für das Management hat sich eine Vielzahl unterstützender Managementtools in Unternehmen etabliert. Und so drängt sich natürlich die Frage auf, ob diese Tools denn nicht ein geeignetes Instrument darstellen, um den angesprochenen Tücken zu begegnen.

Die Antwort auf diese Frage ist in dem englischen Begriff „Tool" bereits angelegt: Tools sind schlichtweg nur Werkzeuge und keine Allheilmittel.

Sie sind vergleichbar mit einem Hammer, einem Meißel oder einer Maurerkelle, die uns helfen, bestimmte handwerkliche Arbeiten zu verrichten. Diese Werkzeuge sind kein Garant dafür, dass uns die Arbeit gelingt. Auch wenn ich weiß, wie man mit Maurerkelle und Wasserwaage umgehen muss, könnten die Steine in einer von mir errichteten Mauer falsch gesetzt und nicht sauber ausgerichtet sein, könnte der Mörtel in den Fugen unsachgemäß verteilt sein und dergleichen.

Grundsätzlich nicht anders verhält es sich mit den Tools der Experten. Sie sind *Denk*-Werkzeuge. Beispiele sind die „Portfolioanalyse", die „Balanced Scorecard" oder das „Ishikawa-Diagramm". So sehr solche Namen auch Respekt einflößen mögen, so komplex einige dieser Tools in ihren technischen Details auch mitunter sind, so sind sie in ihrem Kern dennoch etwas ganz Schlichtes: nämlich formale Hilfen zur Strukturierung von Gedankengängen. Sie helfen, die erforderlichen Denkschritte für die beabsichtigten Analysen, Bewertungen oder Entscheidungen durchzuführen. Sie gewährleisten aber nicht, dass diese Denkschritte dann auch logisch-korrekt und durchgängig schlüssig umgesetzt werden. Tools können nur einen gewissen Denkrahmen liefern. Sie können nicht absichern, wie dieser Denkrahmen durch konkrete Überlegungen ausgefüllt wird. Und genau hier liegen die angesprochenen Tücken und Fallstricke. Auch Denkwerkzeuge können nicht vor diesen schützen. Deshalb lohnt es sich auch für Toolanwender, sich mit Analysen, Bewertungen und Entscheidungen genauer zu beschäftigen.

≡ **Es geht um systematisches Denken ...**

Mein vorrangiges Anliegen ist es, Ihnen mit diesem Buch eine Hilfestellung zu geben, die Tücken und Fallstricke zu erkennen, in die unser Denken – auch meines, auch Ihres – geraten kann, wenn man die handlungsvorbereitenden Überlegungen anstellt. Es soll Ihnen aufzeigen, wie man die gedanklichen Stolpersteine meistert, die auf dem Weg zu rationalen Analysen, Bewertungen und Entscheidungen lauern.

Sie werden im nächsten Kapitel sehen, dass der Schlüssel dazu bei einigen einfachen, grundlegenden Denkschritten liegt. Diese Denkschritte sind quasi die „Bausteine", aus denen sich jede konkrete Analyse, Bewertung und Entscheidung aufbaut – egal, in welchem fachlichen Kontext das jeweils geschieht. Die Fallstricke, in die man bei Analysen, Bewertungen und Entscheidungen geraten kann, sind genau die Fallstricke, die bereits bei diesen grundlegenden Denkschritten vorhanden sind.

Deshalb stehen diese Denkschritte im Mittelpunkt des Buchs. Um deren Systematik und deren Tücken allgemeinverständlich zu veranschaulichen, werde ich Beispiele aus dem unmittelbaren Alltag und aus der

Berichterstattung von Zeitschriften heranziehen. Vertieft wird die Thematik dann durch Fragestellungen aus der Unternehmenswelt. Dabei werde ich auch einige der Tools ansprechen, die in diesem Umfeld genutzt werden.

Durch diese Ausführungen wird deutlich werden, was mögliche Problempunkte bei den handlungsvorbereitenden Überlegungen und den dabei genutzten Tools sind. Damit haben Sie das Handwerkszeug, um die wunden Punkte bei Analysen, Bewertungen und Entscheidungen systematisch aufspüren und untersuchen zu können. Damit wird auch klar, warum unterschiedliche Experten bei ein und derselben Problemstellung mitunter zu ganz unterschiedlichen Schlussfolgerungen kommen.

≡ ... und das betrifft uns alle

Dieses Buch soll für all diejenigen eine praktische Hilfe sein, die sich auf die Aussagen von Experten und auf die Ergebnisse ihrer Tools stützen müssen. In dieser Situation sind viele Führungskräfte in Unternehmen und viele Entscheider in Gesellschaft und Politik. Sie sind auf die Zuarbeit von Fachexperten angewiesen und sollten daher zugelieferte Informationen als Grundlage für ihre Entscheidungen sorgfältig absichern. In diesem Buch finden sie die dazu erforderliche systematische Herangehensweise.

Das Buch wendet sich aber natürlich ebenso an alle Fachleute, die genau diesen Verantwortlichen und Entscheidern zuarbeiten und die angesprochenen Denkwerkzeuge bei ihrer Tätigkeit einsetzen. Ihnen gibt das Buch das erforderliche Rüstzeug, um zu rationalen, begründbaren Aussagen zu kommen und die Fallstricke der eingesetzten Tools in der Praxis zu vermeiden.

Daher ist das Buch auch hilfreich für alle Berater, die derartige Tools einführen und anwenden, und für alle Trainer, die derartige Tools schulen. Sie können mithilfe des Buchs klar die Grenzen dieser Tools benennen.

Schließlich ist das Buch aber auch für jeden interessierten Bürger gedacht, der Sachthemen in den Medien verfolgt. Denn auch als Laie möchte man wissen: Wie aussagekräftig und objektiv sind die Informationen, die einem durch die Presse geliefert werden? Kann man auf die dort zitierten Analysen und Aussagen von Organisationen und Expertengruppen setzen, oder kann man dabei auch an der Nase herumgeführt werden? Auch für diesen Adressatenkreis gibt das Buch die erforderlichen Hinweise und Tipps, um derartige Medieninformationen kritisch hinterfragen zu können.

Und schließlich nutzt es allen, die wichtige private Entscheidungen zu treffen haben – Entscheidungen, die zum Beispiel größere Auswirkungen auf unsere finanzielle Situation, unsere verfügbare Zeit, unsere Gesundheit oder andere elementare Bedürfnisse haben.

1.2 Überblick

Kapitel 2 führt in die Thematik des Buchs ein und stellt die grundlegenden Denkschritte vor, die den handlungsvorbereitenden Überlegungen zugrunde liegen und daher auch die Tools prägen, die bei diesen Überlegungen oft mit eingesetzt werden. Es macht deutlich, dass diese Denkschritte in unserem ganz normalen Alltag eine zentrale Rolle spielen und unser Handeln fortlaufend begleiten. Schlagworte dazu sind:

- Klassifizieren
- Ordnen und Priorisieren
- Zusammenhänge erkennen.

In den Kapiteln 3, 4, und 5 werden diese Denkschritte mit ihrer Systematik, ihren Grenzen und möglichen Fallstricken jeweils näher beleuchtet.

Kapitel 3 widmet sich dem Klassifizieren. Damit ist das Gruppieren von realen oder gedachten Gegenständen nach bestimmten Merkmalen gemeint. Dieses ist ein erster gedanklicher Schritt, um Objekte zu identifizieren und voneinander abzugrenzen. Abhängig von der Tiefe der betrachteten Merkmale wird man dabei zwei Objekte mitunter sowohl als gleichartig als auch voneinander verschieden einstufen können.

In Kapitel 4 geht es um das Ordnen dieser betrachteten Objekte. Dieses meint das Anordnen der Objekte nach den möglichen Werten eines Merkmals, wodurch sich eine Reihenfolge oder eine Rangordnung ergibt. Dabei gilt es zu klären, wie sich eine solche Reihenfolge oder Rangordnung gewinnen lässt, wenn dafür nicht nur ein Merkmal herangezogen wird, sondern mehrere Merkmale gleichzeitig berücksichtigt werden müssen. Die Überlegungen dieses Kapitels sind wichtig für alle Formen von Rankings und Priorisierungen und darauf aufbauenden Entscheidungen.

Kapitel 5 behandelt schließlich das Erkennen von Zusammenhängen und Abhängigkeiten zwischen den Merkmalen von Objekten. Es geht um sogenannte Ursache-Wirkungs-Zusammenhänge, die sich meistens in der Form „Wenn ..., dann ..." formulieren lassen. Auf Basis der Kenntnis solcher Zusammenhänge sind dann einerseits Ursachenanalysen möglich und können andererseits auch Wirkungen prognostiziert werden. Dabei wird deutlich werden, dass die Vorhersagbarkeit insbesondere dann ihre Grenzen hat, wenn die Zusammenhänge ein komplexes Geflecht bilden.

Die Kapitel 3 bis 5 bilden den Kern des Buchs. Zum Ende dieser drei Kapitel sind jeweils unter der Überschrift „Unterstützende Tools aus der Unternehmenswelt" einige typische Managementtools genannt, für die der dort diskutierte Denkschritt eine wichtige Rolle spielt. Damit wissen Sie, bei welchen Tools man mit den Problemen und Fallstricken rechnen muss, die in dem jeweiligen Kapitel diskutiert worden sind. Das soll Ihnen helfen, das Buch auch ausschnittweise entsprechend Ihren spezifischen Bedürfnissen zu lesen.

Kapitel 6 geht der Frage nach, ob wir mit den grundlegenden Denkschritten die Realität adäquat erfassen können und wie weit wir darauf vertrauen können, dass die daraus abgeleiteten Schlussfolgerungen tragfähig sind. Es wird deutlich werden, dass uns hier leider prinzipielle Grenzen gesetzt sind. Sie rühren daher, dass wir uns mit unseren Begriffen und Vorstellungen ein mentales Bild von der Welt machen, also ein Gedankenmodell erschaffen. Von der Güte dieses Modells hängt es ab, wie weit wir mit unseren grundlegenden Denkschritten und den daraus resultierenden Schlussfolgerungen der Realität gerecht werden oder nicht. Eine gesunde Vorsicht gegenüber Analysen, Bewertungen und Entscheidungen, die auf diese Denkschritte aufbauen, ist deshalb immer angebracht.

Kapitel 7 weist darauf hin, dass es darüber hinaus noch einen weiteren, völlig anders gearteten, aber ebenso wichtigen Grund für eine solche kritische Haltung gibt. Nämlich, dass man mitunter – insbesondere bei Fragestellungen aus Politik und Gesellschaft – mit Irreführungen und bewussten Beeinflussungen des Betrachters rechnen muss, wenn Ergebnisse von Analysen, Bewertungen und Entscheidungen präsentiert werden. Anhand einiger typischer Beispiele wird dieses deutlich gemacht.

Das abschließende Kapitel 8 gibt eine Übersicht über die Tools, die in den vorherigen Kapiteln exemplarisch genannt wurden. Sie sind in diesem Kapitel in alphabetischer Reihenfolge zusammengetragen und in Form eines kurzen „Steckbriefs" beschrieben, so dass dieses Kapitel als Nachschlagewerk genutzt werden kann. Diese Steckbriefe haben das Ziel, den spezifischen Zusammenhang des jeweiligen Tools mit den Denkschritten deutlich zu machen. Mit ihnen ist nicht die Absicht verbunden, alle Facetten eines Tools darzustellen und eine vollständige Handlungsanleitung für sie zu geben. Dafür gibt es spezielle Literatur, in denen die Tools mehr oder weniger ausführlich, manchmal auch im Hinblick auf spezielle Aufgaben, beschrieben werden.

Der an einem systematischen Aufbau interessierte Leser wird die Kapitel 2 bis 7 entsprechend ihrer Reihenfolge durchlaufen. Kapitel 8 ist ein ergänzendes Angebot und richtet sich an diejenigen, die etwas Genaueres über die Tools erfahren möchten, die in den vorherigen Kapiteln angesprochen wurden. Es kann entsprechend dem spezifischen Bedarf des Lesers – auch nur ausschnittweise – genutzt werden.

Jemand, der zunächst nur an einem speziellen Denkschritt interessiert ist, kann aber gezielt zu dem Kapitel springen, das diesem Denkschritt gewidmet ist. Denn die Kapitel sind so aufgebaut, dass ihre Inhalte auch jeweils für sich allein verstanden werden können.

Denkbar ist aber auch, dass jemand aus Interesse an einem bestimmten Tool sich dieses Buch zur Hand nimmt, um sich über die Probleme und Fallstricke für speziell dieses Werkzeug zu informieren. Dann wird er vielleicht über Kapitel 8 einsteigen und sich dort zunächst mittels des Steckbriefes für das Tool einen groben Überblick verschaffen. Im Steckbrief werden auch die Denkschritte genannt, die durch das Tool adressiert werden. Dadurch kann der Leser von dort gezielt zu den Kapiteln übergehen, in denen diese Denkschritte im Detail diskutiert werden. Insofern ist ebenso eine toolspezifische, gezielte selektive Nutzung des Buchs möglich.

1.3 Begriffe, die immer wieder auftauchen werden

Einige Begriffe werde ich benutzen, um Sachverhalte in der erforderlichen Allgemeinheit formulieren und darstellen zu können. Damit Sie sich beim Lesen schnell vergewissern können, was mit diesen Begriffen jeweils gemeint ist, gebe ich Ihnen hier eine kurze Übersicht darüber, mit welcher Bedeutung ich sie im Buch verwende:

- Man kann bekanntlich über die verschiedensten Dinge nachdenken. Es kann dabei um sinnlich wahrnehmbare Gegenstände wie bestimmte Autos oder Blumen gehen, es können allgemeiner gefasste Dinge wie Kraftfahrzeuge oder Pflanzen gemeint sein, es kann aber auch um relativ abstrakte Dinge wie umzusetzende Aufgaben, Unternehmensziele oder Marktsegmente gehen. Derartige Dinge unserer Anschauung und unseres Denkens werden im Folgenden als *Objekte* bezeichnet – gegebenenfalls auch ausdrücklich *Betrachtungsobjekte* genannt.

Setzen sich diese Objekte aus diversen Teilen zusammen, die in komplexer Weise zusammenwirken, benutze ich im Hinblick auf diesen Sachverhalt auch den Begriff des *Systems*.

- Objekte haben bestimmte *Merkmale*, durch die sie beschrieben werden können. Die Farbe eines Autos, die Dauer einer Projektaktivität oder die Attraktivität eines Absatzmarktes sind Beispiele dafür. Gleichbedeutend zum Begriff Merkmal werde ich manchmal auch die Begriffe *Eigenschaft* oder *Attribut* gebrauchen. Diese alternativen Formulierungen für den gleichen Sachverhalt sind naheliegend: Wenn ein Objekt ein bestimmtes Merkmal „hat", dann ist ihm dieses Merkmal „zu eigen" (daher: Eigenschaft) beziehungsweise kann es ihm zugeordnet werden (daher: Attribut – von lateinisch *attribuere* = zuteilen, zuordnen).

- Bei einem konkret vorliegenden Objekt wie beispielsweise einem Auto hat ein Merkmal wie die Farbe auch einen ganz bestimmten Wert, eine ganz bestimmte Ausprägung – zum Beispiel „weiß". Dementsprechend werde ich in solch einem Zusammenhang von *Merkmalsausprägungen* (oder kurz: *Ausprägungen*) oder von *Eigenschaftswerten* (oder kurz: *Werten*) sprechen.

- Oft teilt man Objekte nach den Ausprägungen eines Merkmals in *Gruppen* ein, um sie genau danach voneinander abzugrenzen und zu unterscheiden. Zum Beispiel kann man Pkws nach ihrem Hersteller unterscheiden und dementsprechend gedanklich *gruppieren*.
Statt von Gruppieren werde ich im Folgenden meistens von *Klassifizieren* sprechen, damit aber das Gleiche meinen.
Gleichbedeutend damit werde ich mitunter auch das Wort „*Kategorisieren*" gebrauchen. Die daraus resultierenden Gruppen werden demzufolge dann *Klassen* beziehungsweise *Kategorien* genannt.

2 Die grundlegenden Denkschritte

2.1 Was sind „grundlegende Denkschritte"?

Analysen, Bewertungen und Entscheidungen können in ihrer konkreten Ausgestaltung sehr unterschiedlich sein, denn sie sind natürlich stark durch den Kontext geprägt, in dem sie stehen. Eine Analyse von Marktpotenzialen arbeitet mit anderen Begriffen und Kategorien als eine Analyse der Sozialstruktur unserer Gesellschaft. Die Qualitätsbewertung von Hotels erfolgt nach anderen Kriterien als die Bewertung möglicher neuer Vertriebsstandorte. Die Entscheidung für eine bestimmte Unternehmensstrategie hat eine andere Komplexität als die Entscheidung für ein Ferienziel. Aber diese handlungsvorbereitenden Überlegungen haben einen gemeinsamen Kern, der unabhängig vom spezifischen Kontext ist und sie zu dem macht, was sie sind – nämlich Analysen, Bewertungen und Entscheidungen.

Damit stellt sich natürlich die Frage: Was ist das Typische, das bei diesen handlungsvorbereitenden Überlegungen unabhängig vom jeweiligen Kontext immer wieder anzutreffen ist?

Da Überlegungen aus einer Abfolge von Denkschritten bestehen, ist das, was die handlungsvorbereitenden Überlegungen kontextübergreifend – also unabhängig von ihrem jeweiligen Einsatzgebiet – prägt, bei diesen Denkschritten zu suchen. Beginnen wir diese Suche bei Fragestellungen aus dem Unternehmensumfeld.

≡ Die Bewältigung von Problemen in Unternehmen

So manche, die den Schritt in die Selbständigkeit wagen, scheitern. Und dieses geschieht oft bereits beim Start des Unternehmens. Grund dafür ist meistens, dass dieser Handlungsschritt unzureichend vorbereitet worden ist. Ein erfolgreicher **Unternehmensstart** setzt eine Reihe von Vorüberlegungen voraus, die dann üblicherweise in einem sogenannten *Businessplan* münden. Dieser erwartet unter anderem die folgenden Klärungen:

- Der Markt ist zu *analysieren*, mögliche Kundengruppen sind zu identifizieren und nach ihrer Art, ihren Bedürfnissen und ihrer

Kaufkraft zu unterscheiden und dadurch zu *klassifizieren*. Einflüsse auf diesen Markt sind zu identifizieren und deren *Wirkung* auf dessen zukünftige Entwicklung ist einzuschätzen.

- In ähnlicher Weise ist der Wettbewerb zu *analysieren* und dessen weitere Entwicklung einzuschätzen, ist die Konkurrenz nach ihren Angeboten, Preisen, Vertriebswegen und dergleichen zu *klassifizieren*, deren Stärke zu *bewerten* und *einzuordnen*.

- Die *Auswirkungen* dieser Gegebenheiten auf das eigene Unternehmensvorhaben sind einzuschätzen, es ist eine *Entscheidung* über die eigenen Produkte bzw. Dienstleistungen zu treffen und von den Konkurrenzprodukten *abzugrenzen*. Es sind die erforderlichen Aktivitäten zum Aufbau und Start des Unternehmens festzulegen und nach ihrer Dringlichkeit zu *bewerten* und zu *ordnen*, um zum Beispiel Schwerpunkte setzen und Prio-1-Handlungen *entscheiden* zu können, und dergleichen mehr.

Überlegungen zu diversen anderen Themen (wie Marketing, Vertrieb, Finanzierung. Ertragserwartungen, …) kommen natürlich noch dazu, damit man einen vollständigen Businessplan erstellen kann.[1] Um all diese Überlegungen kommt man nicht herum – auch wenn man vielleicht nur plant, einen kleinen Second-Hand-Shop für Kinderkleidung oder einen Imbiss zu eröffnen.

Ein Businessplan drückt bereits durch die darin geforderten Inhalte die Erwartung aus, dass zunächst Dinge zu analysieren, bewerten und entscheiden sind, bevor gehandelt werden kann. Zum anderen nennt er bereits die zentralen Denkschritte, die dafür erforderlich sind. Diese sind: das Klassifizieren, das Ordnen und das Erkennen und Einschätzen von Wirkungen.

Ist ein Unternehmensstart geglückt, hören damit die Herausforderungen natürlich nicht auf. Denken Sie dazu beispielsweise an die Risiken, die es für ein Unternehmen sowohl als Ganzes als auch für jedes einzelne Projekt innerhalb des Unternehmens gibt und die daher fortlaufend zu managen sind. Auch das **Risikomanagement** hat wichtige handlungsvorbereitende Anteile:

- Zunächst einmal gilt es, eine *Situationsanalyse* durchzuführen und drohende Risiken zu identifizieren.

- Dann werden diese Risiken entsprechend ihrer Bedeutung und Schwere *klassifiziert (gruppiert)*.

- Indem man diese Gruppen entsprechend der Schwere dann *bewertet* und *ordnet*, weiß man, bei welchen Risiken der größte Handlungsbedarf besteht. Man hat damit die Information, um zu *entscheiden*, bei welchen Risiken man vorrangig tätig werden will.

■ Zu den Risiken sind dann im letzten Schritt mögliche Gegenmaßnahmen zu ermitteln. Und auch diese sind genauer zu *analysieren*, und zwar im Hinblick auf ihre Wirksamkeit und Effektivität, bevor sie tatsächlich *entschieden* und aufgesetzt werden. Man ist also gefordert, auch die *Wirkung* der denkbaren Maßnahmen abzuschätzen.

Auch hier bestätigt sich, dass zunächst Dinge zu analysieren, zu bewerten und zu entscheiden sind, bevor zielführend gehandelt werden kann. Und die dabei zu vollziehenden Denkschritte sind wieder das Klassifizieren (Gruppieren), das Ordnen und das Erkennen und Einschätzen von Wirkungen.

Dass diese Denkschritte in den beiden oben genannten Beispielen auftauchen, ist kein Zufall. Sie sind grundsätzlich immer gefordert, wenn man in einem Unternehmen Handlungen sorgfältig vorbereitet, um Probleme zu lösen oder bestimmte Ziele zu erreichen:

■ Zunächst einmal sind die jeweils diskutierten Dinge klar zu definieren und voneinander abzugrenzen, um in unmissverständlicher Weise darüber reden zu können. Egal, worum es geht – seien es Risiken, Ursachenfelder für Qualitätsmängel, mögliche Vertriebskanäle oder ins Auge gefasste neue Absatzmärkte: Man muss die Betrachtungsobjekte gruppieren oder *klassifizieren*.

■ Dann wird man typischerweise Vergleiche anstellen und Rangfolgen bilden, aus denen sich Prioritäten für unternehmerische Entscheidungen und Handlungen ableiten lassen. Risiken werden nach ihrer Schwere geordnet, um den Fokus auf die wichtigsten Gegenmaßnahmen richten zu können. Potenzielle Märkte werden nach ihrer Attraktivität abgestuft, um die richtige Entscheidung für eine Markterweiterung treffen zu können. Anstehende Aktivitäten werden nach ihrer Dringlichkeit geordnet, um bei begrenzten Ressourcen weiterhin handlungsfähig zu bleiben, und dergleichen mehr. Man *ordnet* also.

■ Und es muss der Zusammenhang, der Kontext, betrachtet werden, in dem die jeweils betrachteten Dinge stehen, damit man erkennen kann, worauf sie sich auswirken und wie sie selbst beeinflusst werden können. Bei Projektrisiken ist zu klären, über welche Kette von Wirkungen sie die Projektziele gefährden können. Aufgesetzte Maßnahmen und Handlungen sind daraufhin zu untersuchen, ob es Wirkketten gibt, über die diese die Risikoursache oder die Risikoauswirkungen beeinflussen können. Bei potenziellen Märkten sind die

Einflussfaktoren zu ermitteln, durch die die Märkte an Attraktivität weiter gewinnen oder aber verlieren könnten. Kurz: Es sind *Zusammenhänge, Ursachen* und *Wirkungen* zu analysieren.

Das Fazit lautet damit:

- *Grundlegende Denkschritte* bei den handlungsvorbereitenden Überlegungen im Unternehmensumfeld sind das *Klassifizieren*, das *Ordnen* und das *Erkennen von Wirkzusammenhängen*.

Diese Denkschritte stellen die „Grundbausteine" dar, aus denen sich Analysen, Bewertungen und Entscheidungen gedanklich aufbauen. Insofern sind es grundlegende Denkschritte.

Genau auf diese beziehen sich auch die Managementtools. Zum Teil adressieren sie genau einen dieser Denkschritte wie beispielsweise das Klassifizieren, zum Teil integrieren sie auch mehrere davon. Die Probleme, die man bei der praktischen Anwendung dieser Tools mitunter hat, sind oft nichts anderes als Ausdruck dafür, dass man Probleme bei der Umsetzung von eben diesen drei grundlegenden Denkschritten hat.

Grund dafür kann sein, dass man zu nachlässig mit der Systematik umgeht, welche die Denkschritte jeweils verlangen. Man vertraut auf die bereits erworbene alltägliche Erfahrung mit diesen Denkschritten und setzt sie mehr oder weniger intuitiv und dadurch nicht sorgfältig und genau genug um. Ein Vorgehen, das im normalen Alltag oft ausreichen mag, bei komplexen Problemstellungen in Unternehmen jedoch meistens nicht mehr genügt. Hier ist in der Regel eine bewusste systematische Herangehensweise gefordert.

Aber es gibt noch einen weiteren Grund, weshalb man bei der Umsetzung der Denkschritte und damit auch beim Einsatz der darauf bezogenen Tools im Businessumfeld Schwierigkeiten haben kann. Vielleicht ist es sogar der entscheidende Grund: In Unternehmen geht es meistens um relativ abstrakte Sachverhalte und „Gegenstände" unseres Denkens. Das unterscheidet dieses Umfeld wesentlich vom normalen Alltag, wo konkrete, real greifbare und sinnlich wahrnehmbare Dinge im Vordergrund stehen.

Wenn wir uns auf **Alltagsgegenstände** beziehen, bereitet einem das Klassifizieren, das Ordnen und das Erkennen von Zusammenhängen kaum Probleme. Wir denken kaum noch bewusst nach, wenn wir Teller entsprechend ihrer Größe ordnen und im Küchenschrank stapeln, wenn wir Fotos entsprechend ihrem Entstehungsjahr gruppieren und ablegen oder wenn wir einen Wasserhahn weiter aufdrehen, damit sich ein darunter gehaltenes Glas schneller füllt.

In Unternehmen dagegen geht es um Markttrends, Alleinstellungsmerkmale eines Produkts, interne Stärken des Unternehmens, strategische Ziele und dergleichen. Im Rahmen solcher abstrakter Begrifflichkeiten ist es natürlich deutlich schwieriger, etwas zu klassifizieren, etwas zu ordnen oder dabei Zusammenhänge zu identifizieren. Unzulänglichkeiten und Fehler sind wegen dieses hohen Abstraktionsgrads der zu betrachtenden „Objekte" daher in der Praxis keine Seltenheit. Diverse Beispiele in diesem Buch werden das noch deutlich machen.

☰ Gesellschaftspolitische Problemstellungen

Natürlich kann man sich jetzt fragen: Sind die identifizierten Denkschritte, die bei Fragestellungen in Unternehmen eine wichtige Rolle spielen und durch diverse Tools unterstützt werden, spezifisch für das Businessumfeld? Muss man in anderen Bereichen mit anderen Denkanforderungen rechnen oder sind sie dort genauso bedeutsam?

Zur Klärung dieser Frage seien ein paar Beispiele genannt, wie wir sie aus Presseberichten kennen:

- Beispiel 1: Das **Sozialgefüge** unserer Gesellschaft ist ein beständiges Thema in der Politik und daher auch der Medien. In mehr oder weniger regelmäßigen Abständen werden dazu Erhebungen durchgeführt und deren Ergebnisse *analysiert*, um Aussagen über die Schicht der sozial Schwachen, der Arbeitslosen und anderer sozialer *Gruppen* machen zu können. Und es werden gegebenenfalls auch die aktuellen Umstände *analysiert*, die sich auf den Sozialstatus eines Mitbürgers *auswirken*, um nicht nur Aussagen zur aktuellen Größe dieser Gruppen machen zu können, sondern auch Prognosen zur Entwicklung dieser Gruppen aufstellen zu können.

- Beispiel 2: Die **Ausbildungsqualität** von Hochschulen und Universitäten wird in nahezu jährlichem Turnus von dazu beauftragten Instituten *analysiert* und *bewertet*. Die Ergebnisse werden uns dann in den Medien in Form von *Hochschulrankings* präsentiert, um Studieninteressierten die Qual der Wahl zu erleichtern.

- Beispiel 3: Ökologische Themen sind ein Dauerbrenner in den öffentlichen Debatten. Dazu gehört zum Beispiel, dass von verschiedenen Vertretern der Anbau und die Verarbeitung bestimmter Pflanzen für die Gewinnung von **Biogas** propagiert und gefördert wird, um andere begrenzte Rohstoffressourcen zu schonen. Andere sehen darin jedoch ein Problem, weil das zu ausgedehnten Monokulturen führt, die aus ökologischer Sicht nicht erstrebenswert sind. Zudem gehen dadurch wertvolle Flächen für Nahrungsmittel verloren. Die *Analyse* von *Wirkzusammenhängen* führt also bei unterschiedlichen Gruppen zu unterschiedlichen Schlussfolgerungen und Prognosen.

Wie bei den Businessproblemen geht es also auch bei solchen gesellschaftspolitischen Fragestellungen um Analysen, Bewertungen und sich darauf gründende Entscheidungen. Betrachtet man die Denkschritte, die damit verknüpft sind, ist auch hier wieder festzustellen:

- Betrachtungsobjekte werden in Gruppen aufgeteilt, also *klassifiziert* (Beispiel 1),
- Dinge werden verglichen, in Rangfolgen gebracht und damit im Hinblick auf bestimmte Gesichtspunkte *geordnet* (Beispiel 2),
- *Zusammenhänge* und Auswirkungen werden thematisiert (Beispiele 1 und 3).

Wie bei den Fragestellungen in der Unternehmenswelt geht es bei diesen gesellschaftspolitischen Problemstellungen um relativ abstrakte Sachverhalte. Daher ist auch in diesem Kontext das Klassifizieren, das Ordnen und das Identifizieren von Zusammenhängen kein einfaches Unterfangen. Widersprüchliche Schlussfolgerungen und vorschnelle Behauptungen sind leicht die Folge. Diese Problematik ist bei den hier genannten Beispielen sofort zu erkennen:

- Bei der zuerst genannten Problemstellung gibt es für die Abgrenzung der verschiedenen sozialen Gruppen keinen allgemeinen Konsens. Abhängig davon fallen Aussagen zur Größe dieser sozialen Gruppen und Prognosen zu ihrer Entwicklung ganz unterschiedlich aus und können sich mitunter sogar widersprechen.

- Im zweitgenannten Beispiel muss man sich fragen, ob derartige Rankings tatsächlich eine Aussagekraft haben, wenn dabei so unterschiedliche Dinge wie die Zahl der Veröffentlichungen je Professor, der Praxisbezug des Studiums, die Bibliotheksausstattung und dergleichen mehr zu einer einzigen Zahl für den Rang zusammengeführt werden. Man kann durchaus infrage stellen, ob solche grundverschiedenen Indikatoren einfach miteinander „verrechnet" werden können.

- Beim drittgenannten Beispiel wurde bereits erwähnt, dass unterschiedliche Gruppen hier zu völlig unterschiedlichen Schlussfolgerungen kommen, was die Probleme bei der Analyse von Wirkzusammenhängen deutlich zum Ausdruck bringt.

Die Beispiele führen uns plastisch vor Augen: Schlussfolgerungen und Behauptungen, die sich aus den drei genannten grundlegenden Denkschritten ableiten, gehören auf den Prüfstand – egal, ob man sich dabei auf Sachverständige beruft oder nicht, ob dabei spezielle Tools genutzt worden sind oder nicht.

Damit stellt sich die Frage: Wie kommt man zu diesen prüfenden Fragen? Die erfreuliche Antwort lautet: Dazu muss man einzig und allein die Systematik der drei grundlegenden Denkschritte genau kennen. Dann kennt man auch die kritischen Stellen, aus denen sich diese Fragen ableiten.

Diese Systematik kann man bereits anhand von einfachen Alltagsbeispielen erarbeiten. Denn wir alle wenden diese Denkschritte mehr oder weniger bewusst auch in unserem Alltag an. Die folgenden Ausführungen machen dieses deutlich.

☰ Unsere alltäglichen Denkschritte

Wenn Sie sich typische Alltagssituationen in Erinnerung rufen sollen, in denen Sie nachgedacht haben, wird Ihnen spontan vielleicht eine Denksportaufgabe, ein Puzzle oder ein Schachspiel in den Sinn kommen, mit welchem Sie sich zuletzt beschäftigt haben. Oder Sie denken an die Situation, in der Sie nach einer besonders schönen Formulierung für einen Brief gesucht haben. Möglicherweise ist es auch die Planung einer Reise, bei der Sie sich bewusst darüber Gedanken machen mussten, wohin die Reise gehen soll, wann das sein soll, wo man dann unterkommt und so weiter. Ein Nachdenken im Alltag wird uns meistens nur in solchen besonderen Situationen bewusst, in denen gezielt solche Probleme zu bearbeiten sind, deren Lösungen nicht sofort auf der Hand liegen.

Es sieht daher so aus, als ob es vornehmlich nur besondere Aufgabenstellungen sind, die unsere kognitiven Fähigkeiten im Alltag fordern. Doch das täuscht. Unser Denkapparat ist praktisch bei jedem Schritt und Tritt gefordert. Das mag zunächst befremdlich klingen, denn außerhalb von Sondersituationen erleben wir uns ja weniger als Nachdenkende als vielmehr als *Handelnde*.

Handlungen dominieren unseren Alltag. Eine Aktivität nach der anderen folgt in unserem Tagesablauf. Es beginnt bereits mit dem Aufstehen, dem Anziehen, dem Frühstücken und setzt sich dann ununterbrochen fort. Und jede dieser Aktivitäten besteht ihrerseits aus vielen kleinen Teilaktivitäten, die sich kontinuierlich aneinanderreihen. Sie sind für uns so selbstverständlich, dass wir sie kaum noch bewusst wahrnehmen. Geschweige denn, dass wir sie in irgendeiner Weise mit dem Denken in Verbindung bringen.

Doch Denkschritte begleiten auch solche alltäglichen kleinen Dinge. Führen Sie sich dazu nur so etwas Banales vor Augen wie das **Trinken**:

- Wenn Sie ein Glas Wasser trinken, verbinden Sie damit einen Zweck, nämlich Ihren Durst zu löschen. Damit stützen Sie sich implizit auf

Ihre Erfahrung, dass es die *Wirkung* des Trinkens ist, den Durst zu lindern.

- Mit der Wahl von Wasser haben Sie dieses Getränk von anderen möglichen Getränken unterschieden und abgegrenzt, Getränke also nach ihrer Getränkeart gedanklich eingeteilt, also *klassifiziert*.
- Mit der Wahl eines geeignet großen Glases haben Sie außerdem bereits unterschiedliche Trinkgefäße nach ihrem Fassungsvermögen gedanklich abgestuft, also *geordnet*.

Oder stellen Sie sich vor, Sie kaufen einen **Strauß Blumen**:

- Auch damit verbinden Sie eine Absicht, eine *Wirkung*, die Sie zu diesem Kauf veranlasst.
- Sie vergleichen beim Kauf unterschiedliche Sorten, unterscheiden darin vielleicht auch noch nach Farben oder Größen. Damit teilen Sie die Blumen in verschiedene Gruppen oder Klassen ein.
- Und Sie stufen die möglichen Sträuße vermutlich auch nach ihrem Preis ab, *ordnen* sie also gedanklich danach.

Diese beiden schlichten Beispiele zeigen, dass unserem alltäglichen Handeln tatsächlich auch immer bestimmte Denkschritte vorausgehen. Nur erfolgen diese meist in Bruchteilen von Sekunden und in fast automatisierter Weise. Wir nehmen sie kaum noch bewusst wahr. Und die Beispiele zeigen, dass es genau die drei grundlegenden Denkschritte sind, denen wir bei den Fragestellungen in Unternehmen, in Politik und Gesellschaft bereits begegnet sind: Wir klassifizieren, ordnen und betrachten Zusammenhänge.

Die grundlegenden Denkschritte sind also gleichzeitig auch unsere *alltäglichen* Denkschritte. Diese Tatsache werde ich in den folgenden Kapiteln nutzen, um so allgemeinverständlich wie möglich die Systematik dieser Denkschritte und ihrer kritischen Elemente zu veranschaulichen.

2.2 Was den grundlegenden Denkschritten gemeinsam ist

Mit welcher Alltagssituation auch immer wir uns auseinanderzusetzen haben: Immer werden wir dabei in irgendeiner Form auf das Klassifizieren, das Ordnen und das Erkennen von Zusammenhängen zurückgreifen. Diese Denkschritte sind für uns „tägliches Brot", sie sind unsere ständigen Begleiter. Durch sie werden wir befähigt, sinnvoll und zielführend zu handeln (Bild 1).

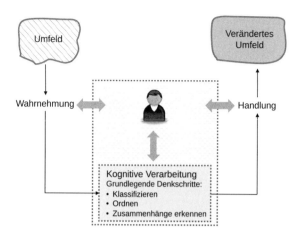

Bild 1 Grundlegende Denkschritte, die unser Handeln begleiten

≡ Ein kleiner Ausflug in die Lernpsychologie

Genau diese Denkschritte sind es, die sich deshalb auch bei jedem Kind im Laufe der Entwicklung seiner geistigen Fähigkeiten herausbilden. Auf diesen Sachverhalt hat insbesondere die Lernpsychologie hingewiesen. Nach ihr sind die Fähigkeit zum Klassifizieren, zum Ordnen und zum Erkennen von Zusammenhängen sukzessive Schritte in der Entwicklung unseres Denkvermögens.[2]

Die erste intellektuelle Fähigkeit, die ein Kind erwirbt, ist das Klassifizieren. Diese Fähigkeit ist nicht sofort mit der Geburt gegeben, denn zunächst lebt ein Baby und Kleinkind nur im „Hier-und-Jetzt": Dinge und ihre Eigenschaften existieren nur dann, wenn sie unmittelbar wahrgenommen werden können. Deren konstante, wahrnehmungsunabhängige Existenz ist noch nicht vorstellbar. Mit dem Erwerb der Sprache kann es diese Dinge benennen und damit auch mental repräsentieren, vermag sie aber noch nicht nach bestimmten Eigenschaften gedanklich zu gruppieren. Diese Fähigkeit zur Klassifikation wird im weiteren Verlauf der ersten Lebensjahre erworben und hat erst in den ersten Schuljahren eine gewisse Reife erreicht. Dann kann ein Kind auch gedanklich Klassen und Unterklassen erfassen.

Danach lernt es, Objekte und Objektklassen nach einem Merkmal anzuordnen, sie also in eine Reihenfolge zu bringen. Mit dieser Fähigkeit ist eng die Entwicklung der Zahlvorstellung verbunden.

Auf diese Fähigkeiten baut dann schließlich das Erkennen von Ursache-Wirkungs-Zusammenhängen auf, so dass Schlussfolgerungen in Form

Was den grundlegenden Denkschritten gemeinsam ist

von „Wenn-dann-Aussagen" gezogen werden können. Diese kausale Erkenntnisfähigkeit ist während der ersten Schuljahre aber noch stark an reale Gegenstände geknüpft. Erst später, ab ungefähr 12 Jahren, lernen Kinder, nicht nur über reale Dinge, sondern auch über Gedanken und Hypothesen nachzudenken. Damit werden sie fähig, abstraktere Zusammenhänge zu erkennen und darauf aufbauende logische Schlussfolgerungen zu ziehen. (Anmerkung: Auch das Zeitempfinden, also die Fähigkeit, Zeiteinheiten abschätzen zu können, entwickelt sich erst ab dem 7. oder 8. Lebensjahr. Und das Verständnis größerer Zeiteinheiten, die nicht auf persönlicher Erfahrung beruhen, funktioniert erst ab einem Alter von 10 bis 16 Jahren.)

Die drei genannten Denkschritte sind also nicht nur im Hinblick auf die handlungsvorbereitenden Überlegungen grundlegend, sondern haben auch aus lernpsychologischer Sicht eine *grundlegende* Bedeutung. Zwischen ihnen gibt es logische Abhängigkeiten, denn sie bauen aufeinander auf: Am Anfang steht die Fähigkeit zu klassifizieren, danach kommt das Ordnen und dann das Erkennen von Zusammenhängen und das damit verknüpfte Schlussfolgern. Sie bilden die elementaren gedanklichen Bausteine, aus denen sich alle komplexeren kognitiven Leistungen aufbauen.

≡ Gesunder Menschenverstand

Die grundlegenden Denkschritte haben sich offenbar im Laufe der Evolution des Menschen immer wieder bewährt und entscheidend zur Bewältigung des Lebens beigetragen. Sonst hätten sie für uns nicht diese wesentliche Bedeutung gewonnen.

Mit ihrer Hilfe wurde im Verlauf der Menschheitsgeschichte ein großer Wissensschatz aufgebaut, der aus der Alltagspraxis resultiert und auch genau für diese tägliche Praxis bestimmt ist. Durch sie konnte sich im Laufe der Zeit ein umfassendes Wissen zu Ackerbau und Viehzucht entwickeln, konnten sich Handwerksfertigkeiten ausbilden und wurde sukzessive ein großer medizinischer Erfahrungsschatz geschaffen.

All diese Ergebnisse entstanden allein mithilfe des intuitiven, mehr oder weniger unbewussten Gebrauchs der grundlegenden Denkschritte – kurz: mithilfe des sogenannten *gesunden Menschenverstands*. Durch ihn war es möglich, die Erscheinungen unserer Lebenswelt zu strukturieren, Regeln daraus abzuleiten und gewisse Vorstellungen und Konzepte für Phänomene unserer Umwelt zu entwickeln.

Diese Denkschritte wenden wir nach wie vor in dieser Weise im Alltag an: intuitiv, mehr oder weniger automatisch. Denn sie sind uns im Zuge des Heranwachsens so sehr in Fleisch und Blut übergegangen, dass wir sie in

Alltagssituationen kaum noch explizit wahrnehmen. Der gesunde Menschenverstand prägt uns weiterhin und ist für uns eine wichtige Alltagshilfe. Er hat uns weit gebracht und trägt uns im Alltag bis heute. Das macht die Lichtseite dieser Denkschritte aus.

Aber das Ganze hat leider auch seine Schattenseite. Unsere leidliche Erfahrung ist ebenso, dass der gesunde Menschenverstand durch falsche Vorstellungen und Ideologien fehlgeleitet werden kann. Wir sind also nicht davor gefeit, die Denkschritte falsch anzuwenden und falsche Schlüsse daraus zu ziehen.

Die Götter der Germanen, die die Naturgewalten beherrschen, sind ein Beispiel für eine solche irrtümliche Alltagsvorstellung, die durch die Erkenntnisse der Naturwissenschaften natürlich längst abgelöst worden ist. Aber in anderen Bereichen gibt es mitunter nach wie vor solche „Götter", an die der eine oder andere von uns glaubt und sich dadurch lenken lässt. Diesen Eindruck hinterlässt zumindest so mancher Zeitschriftenartikel, wenn darin bestimmte esoterische Heilverfahren oder sehr spezielle Ernährungsregeln propagiert werden oder wenn eine bestimmte Technologie als *die* ökologisch-verträgliche Lösung der Zukunft für unseren Energiebedarf gepriesen wird. Bei diesen Themen kommen die einfachen Alltagskonzepte, die auf den gesunden Menschenverstand und damit auf den intuitiven Gebrauch der Denkschritte basieren, an ihre Grenzen und werden anfällig für ideologische Ausrichtungen. Ein Zeichen dafür, dass die Denkschritte in die falsche Richtung führen können, wenn sie nur unreflektiert genutzt werden. Das kann dann zu Schlussfolgerungen führen, die nicht mehr realitätsgerecht sind.

≡ **Denken ist subjektiv**

Im Prinzip weiß das jeder von uns. Aber leider ist es nicht immer einfach zu erkennen, wieweit unsere gesunder Menschenverstand, der intuitive Gebrauch der grundlegenden Denkschritte also, zu realitätsgerechten Ergebnissen führt und wann die Grenze erreicht ist, ab der dieser gesunde Menschenverstand nicht mehr trägt und fehlerträchtige Ergebnisse liefert.

Eine Alltagserfahrung soll diese Problematik deutlich machen. Jeder weiß: Man muss durchgängig Kraft aufwenden, um zum Beispiel einen Einkaufswagen oder Kinderwagen mit gleichbleibender Geschwindigkeit zu schieben. Diese Erfahrung legt den Schluss nahe: Zur **Fortbewegung** eines Gegenstandes mit konstanter Geschwindigkeit braucht man immer eine antreibende Kraft. Unser gesunder Menschenverstand würde in dieser Erfahrung ein grundsätzlich gültiges Naturgesetz vermuten. Doch wir wissen auch: Die Wissenschaft weist diese einfache lebensweltliche Vorstellung in ihre Schranken. Im Gegensatz dazu formuliert die Physik als Naturgesetz: Eine Kraft ist nur zur Änderung des Bewegungszustands erforderlich und nicht, um eine gleichförmige Bewegung aufrechtzuerhalten. Ist also das lebensweltliche Konzept falsch? Die Antwort ist kein einfaches „Ja" oder „Nein". Das wissenschaftlich formulierte Gesetz ist allerdings grundlegender und tragfähiger. Es vermag zusammen mit weiteren Rahmenvorgaben ein weitaus größeres Spektrum an Phänomenen zu beschreiben als das lebensweltliche Konzept. Letzteres wäre aber dennoch ein in sich widerspruchsfreies Erklärungsmuster für den Ausschnitt der Welt, der uns unmittelbar im Alltag zugänglich und durch Reibungskräfte geprägt ist.

Ob unser gesunder Menschenverstand zu Erkenntnissen führt, die der Realität angemessen sind, ob sie richtig oder falsch sind, hängt also entscheidend vom Betrachtungshorizont und den Annahmen ab, die man für die jeweilige Problemstellung macht. Erkenntnisse und die daraus abgeleiteten Schlussfolgerungen können unter bestimmten Randbedingungen A falsch, unter anderen Randbedingungen B jedoch richtig sein.

Das Typische an unserem gesunden Menschenverstand ist aber nun leider, dass diese Randbedingungen mehr oder weniger intuitiv behandelt und selten explizit gemacht werden. Oft erkennen wir noch nicht einmal, dass es solche Randbedingungen und Parameter überhaupt gibt, die vorab identifiziert und festgelegt werden müssen, um mit den Denkschritten zu tragfähigen und nachvollziehbaren Resultaten zu kommen.

Wenn man dann bei unternehmerischen oder gesellschaftspolitischen Problemstellungen in gleichermaßen unreflektierter Art und Weise diese Denkschritte anwendet, braucht es uns nicht zu wundern, dass dann nicht mehr klar zu entscheiden ist, ob die jeweiligen Überlegungen der Realität angemessen sind oder nicht.

Die notwendige Konsequenz ist daher, den Kontext mit seinen Randbedingungen und Einflüssen klar zu identifizieren und zu benennen. Mögliche Parameter müssen eindeutig festgelegt werden. Nur dann kann man zu nachvollziehbaren, tragfähigen Schlussfolgerungen kommen.

Dieses bedeutet aber gleichzeitig:

- Mit den erforderlichen Festlegungen kommt eine stark *subjektive Komponente* bei den Denkschritten mit ins Spiel, die grundsätzlicher Natur ist und sich nicht vermeiden lässt.

Festlegungen können von verschiedenen Leuten unterschiedlich getroffen werden. Demzufolge werden diese bei gleicher Problemstellung oft zu unterschiedlichen Ergebnissen kommen. Wenn diese Festlegungen dann nicht bewusst gemacht und explizit formuliert werden, kann man sich ewig darüber streiten, wer Recht hat und wer nicht, wer die Problemsituation adäquat beschreibt und wer nicht.

Die subjektiven Festlegungen sind ein wesentlicher Grund dafür, dass die grundlegenden Denkschritte ihre Tücken besitzen und sich daher auch bei den handlungsvorbereitenden Überlegungen bemerkbar machen.

Wo diese Tücken im Detail liegen, ist Thema der nächsten drei Kapitel. Dort gehe ich den drei Denkschritten genauer auf den Grund.

2.3 Grundlegende Denkschritte – Das Wichtigste in Kürze

- Um überlegt und zielführend handeln zu können, muss die jeweils vorliegende Situation analysiert, müssen Sachverhalte bewertet und bei Vorliegen mehrerer Handlungsoptionen Entscheidungen getroffen werden. **(Beispiel: Risikomanagement in Projekten. Risiken sind zu analysieren und nach ihrer Schwere zu bewerten, um die wichtigsten risikomindernden Maßnahmen entscheiden und aufsetzen zu können.)**

- Unabhängig vom fachlichen Kontext, in dem analysiert, bewertet und entschieden wird, sind diese handlungsvorbereitenden Überlegungen durch drei fundamentale Denkschritte geprägt. Diese sind:
  - das Klassifizieren
  - das Ordnen
  - das Erkennen von Zusammenhängen.

  (Beispiel: Risikomanagement in Projekten. Identifizierte Risiken werden entsprechend ihrer Schwere klassifiziert und in eine Rangfolge gebracht. Ihre Auswirkungen auf die Projektziele werden analysiert.)

- Diese drei Denkschritte stellen die „Grundbausteine" dar, aus denen sich Analysen, Bewertungen und Entscheidungen gedanklich aufbauen. Insofern sind es grundlegende Denkschritte. Auch aus entwicklungspsychologischer Sicht haben sie diese grundlegende Bedeutung.

- Die grundlegenden Denkschritte sind auch unsere alltäglichen Denkschritte. Wir nutzen sie im Alltag fast automatisch und mehr oder weniger unbewusst **(beispielsweise beim Kauf eines Blumenstraußes)**.

- Durch ihren intuitiven Gebrauch im Alltag wird deren Kontext mit seinen Randbedingungen und Einflüssen oft nicht klar genug wahrgenommen und bedacht, relevante Parameter werden nicht explizit benannt und festgelegt. Die Güte und Tragweite der grundlegenden Denkschritte ist unter derartigen Umständen kaum zu beurteilen. (**Beispiel: Bau von Atomkraftwerken. Die Technologie wurde als „friedliche" Nutzung der Kernenergie zunächst willkommen geheißen, die damit verbundenen Sicherheits- und Entsorgungsprobleme jedoch in der breiten Öffentlichkeit kaum bedacht und diskutiert.**)

- Ein rationales Vorgehen dagegen verlangt, dass Randbedingungen und Einflüsse ausdrücklich in Augenschein genommen und diesbezügliche Parameter festgelegt werden. Damit kommt bei den grundlegenden Denkschritten eine subjektive Komponente mit ins Spiel, die grundsätzlicher Natur ist und sich nicht vermeiden lässt.

3 Vielfalt bewältigen durch Klassifizieren

3.1 Die Grundidee beim Klassifizieren

≡ Problematisch und hilfreich zugleich: Schubladendenken

Wir kennen es alle: Einige wenige Eigenschaften reichen uns oft aus, um Personen in eine „Schublade" zu packen und damit zu beurteilen. Dann wird der Fahrer eines sportlichen Luxuswagens schnell zu einem „notorischen Raser" oder der Hartz-IV-Empfänger zu einem „Sozialschmarotzer". Zurecht empfinden wir derartige Vereinfachungen als problematisch und titulieren ein solches Denken abfällig als „Schubladendenken".

Doch wenn wir Dinge, ohne genauer zu differenzieren, gedanklich in eine „Schublade" packen, ist das nicht immer nur negativ zu sehen. Wer auf nächtlicher Straße eine Person wahrnimmt, die vermummt daherkommt und deren Outfit an die radikale Hooligan-Szene erinnert, der wird in den meisten Fällen vermutlich automatisch seine Schritte beschleunigen, um sich nicht einer möglichen Gefahr auszusetzen. Die wenigen optischen Informationen reichen uns aus, um diese Person als „potenziell bedrohlich" einzustufen und entsprechend zu reagieren. Hierbei scheint in uns ein archaisches Verhaltensmuster fortzuwirken, das vermutlich in grauer Vorzeit bei unseren Urahnen durch die Begegnung mit wilden Tieren angelegt wurde.

Natürlich kann eine solche Reaktion völlig ungerechtfertigt und vorschnell sein. Wir können dabei einem Vorurteil unterliegen. Doch andererseits wissen wir: So können wir auf jeden Fall sicher sein, dass wir uns nicht unnötig einer Gefahr aussetzen. Wenn in kurzer Zeit eine Entscheidung getroffen werden muss, um einer Gefahr auszuweichen, kann es offenbar von unschätzbarem Vorteil sein, wenn wir Personen und Dinge auf Basis von nur ganz wenigen Informationen einschätzen und kategorisieren.

Doch nicht nur in Gefahrensituationen hat eine Vereinfachung der Realität seine Vorteile. Auch in unserer täglichen Kommunikation erleichtert sie uns das Leben. Mehr noch: Es scheint oft geradezu notwendig zu sein, die Dinge um uns herum zu vereinfachen, um uns und unser Gegenüber nicht mit unnötigen Informationen zu belasten oder gar zu überfordern.

Damit meine ich zum Beispiel Folgendes:

- Wir können getrost alle Arten **Kraftfahrzeuge** „in einen Topf werfen", wenn wir über das Unfallrisiko beim Autofahren reden und dieses mit dem Risiko bei einer Reise mit Bahn oder Flugzeug vergleichen. All die Details, durch die man die vielen verschiedenen Kraftfahrzeuge noch genauer unterscheiden könnte, spielen bei dieser Diskussion keine Rolle. Es würde vermutlich nur Verwirrung stiften, wenn man bei diesem Thema weiter differenziert.

- Wenn wir einen vor uns stehenden **Baum** als Eiche bezeichnen, so ordnen wir den konkret vor uns stehenden Baum der Schublade „Eiche" zu und sehen dabei von seiner speziellen Größe, dem möglicherweise eindrucksvollen Stammumfang und dergleichen ab. Und wenn wir darüber hinaus Buche, Eiche und Linde als Bäume bezeichnen, sehen wir von allen Merkmalen ab, durch die man sie unterscheiden könnte, und fasst sie auf Basis ihrer Gemeinsamkeiten unter dem Begriff „Baum" zusammen.

Wenn wir im Alltag über etwas reden und Dinge um uns herum benennen, denken wir also auch in „Schubladen": Wir vereinfachen die Realität, indem wir bestimmte Gemeinsamkeiten hervorheben und andere unterscheidende Aspekte ignorieren. Ohne diese Vereinfachung könnten wir die uns umgebende komplexe Realität und die damit verbundene Unmenge an Sinneseindrücken gedanklich auch gar nicht bewältigen. Sprachlich wird diese gedankliche Vereinfachung durch die *Begriffe* zum Ausdruck gebracht, die wir für diese „Schubladen" haben. „Kraftfahrzeug" und „Baum" waren zwei Beispiele dafür.

Mit dem Erwerb der Sprache sind uns diese Begriffe so sehr in Fleisch und Blut übergegangen, dass uns kaum noch bewusst wird, welche Objekteigenschaften diese jeweils betonen und von welchen sie abstrahieren. So können wir alle problemlos von einem „Baum" sprechen, und jeder versteht, was damit gemeint ist. Doch vermutlich dürften nur ganz wenige in der Lage sein, das Gemeinsame aller Bäume explizit zu benennen, welches mit dem Wort „Baum" zum Ausdruck gebracht wird.

Begriffe helfen uns, die Vielfalt der Erscheinungen gedanklich zu *strukturieren*:

- Wenn wir den Begriff „Baum" benutzen, unterscheiden wir das damit Bezeichnete offensichtlich von allen anderen Pflanzenarten.
- Wenn wir von einer „Eiche" reden, teilen wir – mehr oder weniger unbewusst – die Welt der Bäume in „Eichen" und „Nicht-Eichen" ein.

- Mit den Begriffen „Kochwäsche" und „Buntwäsche" wird verschmutzte Wäsche im Hinblick auf unterschiedliche Waschprogramme in zwei Gruppen eingeteilt und unterschieden.
- Pilze können im Hinblick auf ihre Verzehrbarkeit in „essbar" und „nicht essbar" eingeteilt werden.

Begriffe bieten uns einen Mechanismus, die Vielzahl der konkreten Dinge und Sachverhalte um uns herum gedanklich in verschiedene Gruppen einzuteilen und voneinander abzugrenzen. Genau das ist es, was man mit Klassifizieren, dem Bilden von Klassen, meint:

- *Klassifizieren* bedeutet, die Menge der jeweils betrachteten Objekte in *Gruppen* einzuteilen, indem man die Objekte durch bestimmte, dafür gewählte Merkmale unterscheidet und dabei über andere Detailunterschiede hinwegsieht.

Mit einer Klassifikation werden gezielt *Unterscheidungen* eingeführt. Die Welt der betrachteten Objekte wird dadurch strukturiert.

≡ Probleme beim Klassifizieren

Mithilfe von Begriffen klassifizieren wir. Klassifizieren ist für uns daher etwas sehr Alltägliches. Trotzdem kann man dabei Fehler machen. Auch wenn Korallen wie Meerespflanzen aussehen, sind es dennoch keine Pflanzen, und eine Kokosnuss ist biologisch gesehen auch keine Nuss. Solche falschen Eingruppierungen können durchaus vorkommen, sind aber durch entsprechendes Fachwissen natürlich schnell zu korrigieren.

Ich kann mich aber des Eindrucks nicht erwehren, dass derartige Fehler manchmal der Einfachheit halber oder aus taktischen Gründen einfach in Kauf genommen werden – in der schlichten Hoffnung, dass es andere nicht merken. Ich erinnere mich in diesem Zusammenhang an diverse Zeitungs- und Zeitschriftenartikel, in denen es um **Umweltverschmutzung und die CO_2-Emission von Kraftwerken** ging. Zur Illustration dieses Schadstoffausstoßes waren Fotos beigestellt, auf denen es gehörig aus großen Schloten dampfte. Doch was auf diesen Fotos zur Veranschaulichung der CO_2-Emission dargestellt wurde, waren keine rauchenden Schornsteine, sondern Kraftwerkskühltürme. Und aus diesen kommen keine CO_2-Abgase, sondern entweicht nur schlichter Wasserdampf. Mit den Fotos wurde also etwas in die Schublade „CO_2-emittierende Schornsteine" gepackt, was dort gar nicht hineingehört. Auch hier also eine fehlerhafte Klassifikation. Oder war es vielleicht gar kein ungewollter Fehler, sondern bewusste Absicht, da diese Dampfschwaden optisch viel eindrucksvoller sind als die fast unsichtbaren CO_2-Abgase aus den Schornsteinen?

Fehlerhafte Eingruppierungen dieser Art sind leicht zu erkennen. Aber es gibt leider auch deutlich subtilere Probleme beim Klassifizieren. Sie hängen damit zusammen, dass es manchmal keine objektiven, sondern nur subjektiv festgelegte Kriterien gibt, nach denen klassifiziert werden kann. Und die fehlende objektive Basis ist leider umso unauffälliger, je abstrakter die betrachteten Objekte und Sachverhalte, je vager die Begriffe sind, die bei der Klassifikation eine Rolle spielen.

Das, was mit dem Begriff „Arbeitsloser" bezeichnet wird, ist ein Beispiel dafür. Was damit gemeint ist, ist leider nicht so direkt und sinnlich wahrnehmbar wie ein Auto oder ein Baum. Und darunter einfach einen Menschen im arbeitsfähigen Alter ohne Anstellung zu sehen, mag naheliegend sein, ist aber leider zu naiv gedacht. Dennoch wird in den Medien so getan, als wüsste jeder, was damit gemeint ist, wenn neue Zahlen dazu bekanntgegeben werden, wenn Aussagen zu deren Altersverteilung, zur Dauer der Arbeitslosenzeit und dergleichen gemacht werden. Was einen als unvoreingenommenen Leser dann irritiert, ist: Zu diesen Dingen werden oft ganz unterschiedliche Zahlen genannt – je nachdem, aus welcher politischen Ecke und von welchem Interessenverband sie stammen.

Der einfache Grund dafür ist meistens, dass stillschweigend unterschiedlich festgelegt wird, wer als **Arbeitsloser** zu zählen ist. Mit den hier eingeführten Begrifflichkeiten ausgedrückt: Es gibt offenbar unterschiedliche Meinungen darüber, aufgrund welcher Merkmale jemand als „arbeitslos" zu klassifizieren ist. Gemäß SGB III zählt als arbeitslos, wer keinen Arbeitsplatz hat oder nur geringfügig (weniger als 15 Stunden wöchentlich) beschäftigt ist, dem Arbeitsmarkt zur Verfügung steht, Arbeit sucht und bei der Agentur für Arbeit gemeldet ist.[3] Diese Definition besagt aber im Klartext: Beschäftigungslose, die nicht bei der Agentur für Arbeit gemeldet sind oder sich auf private Vermittler stützen, fallen aus diesbezüglichen Statistiken raus. Gleiches gilt unter anderem für die Leute, die in einer sogenannten Trainingsmaßnahme sind, für Ein-Euro-Jobber und für Leute, die über 58 Jahre alt sind und seit mindestens einem Jahr kein Jobangebot mehr bekommen haben. Für viele Leute ein nicht akzeptables Zählverfahren. Was eben dazu führt, dass unterschiedliche Interessengruppen mitunter unterschiedliche Festlegungen zur Arbeitslosigkeit treffen. Und so werden dann Dinge interessegeleitet schön- oder schlechtgeredet, oder es werden scheinbare Trends ausgewiesen, die real gar nicht vorhanden sind.

Nicht eindeutig definierte Begriffe und demzufolge problematische Klassifikationen findet man natürlich nicht nur in der großen Politik, sondern zum Beispiel auch in Unternehmen. Denken Sie dazu etwa an ein neu geplantes Projekt zur Entwicklung eines neuen Produkts. Dann ist es in der Regel hilfreich, alle Einflüsse zu kennen, die auf ein solches Projekt einwirken. Das heißt: Alle beeinflussenden Kräfte sind zunächst zu identifizieren und dann danach zu unterscheiden und somit zu klassifizieren, ob sie unterstützend oder hinderlich für das Projekt sind. Auch bei dieser Klassifikation kann es Schwierigkeiten geben, denn „beeinflussende Kräfte" sind recht abstrakte Betrachtungsobjekte, bei denen das Unterstützende und das Hinderliche nicht so einfach greifbar sind. Hinzu kommt, dass beeinflussende Kräfte sehr oft sowohl eine fördernde als auch eine behindernde Seite haben. Eine vorhandene **Testabteilung** etwa ist sicherlich als förderlich und hilfreich anzusehen, wenn sie für das Projekt die erforderlichen Entwicklungstests durchführt, da das Projekt dann eigene Ressourcen schont. Andererseits hat das Ganze auch eine hinderliche Seite, da das Projekt sich damit in die Abhängigkeit eines Dienstleistungsbereichs begibt, den es selbst nicht direkt steuern kann. Und wenn dann noch dazukommt, dass diese Testabteilung auch andere Projekte und Unternehmensbereiche bedient, besteht das Risiko, dass sich die **Projekttests** verzögern und damit den Zieltermin für das Projekt gefährden.

Klassifikationen bei relativ abstrakten Betrachtungsobjekten sind also fehlerträchtig. Um diese Fehler zu vermeiden, muss man wissen: Wo lauern die Fallen beim Klassifizieren, durch die Fehler und fragwürdige Ergebnisse entstehen können?

Um das zu klären, muss man die einzelnen Schritte genauer betrachten, die beim Klassifizieren umzusetzen sind.

≡ **Objekte eingrenzen und zielgerichtet gruppieren**

Wenn Sie Heimwerker sind, werden Sie vielleicht – wie ich – Ihren Vorrat an Kleinmaterial wie beispielsweise **Schrauben** in kleinen Boxen aufbewahren. Und Sie werden die Schrauben vermutlich in irgendeiner Form sortieren und gruppieren, um bei späterem Bedarf nicht lange suchen zu müssen. Dann haben sie nicht nur gedanklich, sondern auch praktisch eine Klassifikation realisiert, bei der Sie im Prinzip die folgenden Schritte vollzogen haben:

- Zunächst einmal haben Sie die Schrauben von anderem Kleinmaterial wie Nägel, Nieten, Haken, Unterlegscheiben und dergleichen getrennt – die zu klassifizierenden Objekte also eingegrenzt.
- Um später eine bestimmte Schraube schnell wiederfinden zu können, werden Sie sich zunächst das Spektrum der Eigenschaften vor Augen geführt haben, die Ihre Schrauben haben, um sie sinnvoll gruppieren zu können. Dazu gehören vermutlich deren Art (Holz- oder Metallschraube), deren Länge, Dicke, Material und vielleicht noch anderes mehr.

- Vor diesem Hintergrund haben Sie sich überlegt, welche dieser Schraubeneigenschaften für das Gruppieren für Sie praktisch bedeutsam sind. Sie werden wahrscheinlich nur einige der möglichen Merkmale dafür betrachten – vielleicht nur Art und Schraubenlänge.

- Auf Basis dieser simplen Vorüberlegungen haben Sie sich dann die Schrauben genauer angesehen, deren Länge per Augenschein grob abgeschätzt und sie in die dafür vorgesehenen Boxen befördert.

Diese Gedanken und Überlegungen haben Sie sich wahrscheinlich nicht ausdrücklich in dieser Form Schritt für Schritt gemacht. Vermutlich haben Sie sie in wenigen Sekunden „ganz nebenbei" vollzogen. Ich habe sie hier explizit aufgeführt, weil sie deutlich machen, dass eine Klassifikation aus zwei entscheidenden Schritten besteht:

- Im ersten Schritt geht es darum, die zu betrachtenden Objekte einzugrenzen und klar zu unterscheiden von dem, was außerhalb der Betrachtung liegt. Diese Abgrenzung erfolgt über Merkmale, die diesen Objekten gemeinsam sind und durch die sie von anderen Objekten unterschieden werden können.

- Im zweiten Schritt wird diese abgegrenzte Objektmenge dann in kleinere Teilmengen zergliedert. Dieses Zergliedern erfolgt mithilfe ausgewählter Objektmerkmale, nach deren Ausprägungen die Objekte dieser Menge dann gruppiert werden.

Dreh- und Angelpunkt einer Klassifikation sind also die *Merkmale* von Objekten. Sie und ihre Ausprägungen stehen im Mittelpunkt der beiden genannten Schritte, bei denen es um die *Eingrenzung* einer Objektmenge und deren *Zergliederung* in Teilmengen geht.

Der zweitgenannte Schritt, die Zergliederung einer Objektmenge, ist das, was man üblicherweise vor Augen hat, wenn man von der „Klassifikation von Objekten" spricht. Durch sie werden die interessierenden Objekte im Hinblick auf bestimmte Merkmale gedanklich aufgeteilt.

Aber auch der zuerst genannte Schritt, die Eingrenzung einer Objektmenge, stellt eine Form von Klassifikation dar. Sie bezieht sich jedoch nicht auf die interessierenden Objekte, sondern auf die *Gesamtheit* aller überhaupt denkbaren Objekte. In dieser Gesamtheit wird mit der Eingrenzung einer Objektmenge ebenfalls eine Klassifikation eingeführt, denn mit diesem Schritt unterscheidet man zwischen den Objekten, die bestimmte gemeinsame Merkmale haben und genauer betrachtet werden sollen (also beispielsweise Schrauben), und den anderen Objekten der Gesamtheit (die „Nicht-Schrauben"), die diese Merkmale nicht tragen und außerhalb des Interesses liegen.

Wenn es darum geht, die möglichen Schwierigkeiten und Probleme zu ergründen, denen man bei einer Klassifikation begegnen kann, sind daher die folgenden drei Themenkomplexe näher zu beleuchten:

- Was ist charakteristisch für Merkmale, die man beim Klassifizieren für die Eingrenzung einer Objektmenge oder deren Zergliederung heranzieht? Was sind ihre kritischen, zu hinterfragenden Aspekte, die sich dann auch bei der Eingrenzung und Zergliederung der Objekte bemerkbar machen?

- Worauf ist zu achten, wenn man eine Menge von Objekten eingrenzt, um bei der Klassifikation eine klar definierte Betrachtungsmenge zu haben?

- Was ist zu bedenken, wenn diese Betrachtungsmenge schließlich gedanklich zergliedert wird, ihre Objekte also entsprechend einer bestimmten Zielsetzung gruppiert werden? Wo liegen hierbei die Stolpersteine?

Die nächsten drei Abschnitte widmen sich genau diesen Fragestellungen. Sie werden sehen, dass alle drei Themenfelder Punkte enthalten, die besondere Aufmerksamkeit verdienen und Fehlerquellen für das Klassifizieren darstellen können.

3.2 Merkmale und ihre Besonderheiten

≡ Nicht jedes Merkmal gilt immer:
   Objektbezogene und kontextabhängige Merkmale

Wir alle kennen eine Vielzahl an Situationen, in denen wir uns bewusst und möglicherweise sogar sehr intensiv mit Merkmalen auseinandersetzen. Zum Beispiel, wenn wir vorhaben, uns ein Auto, eine Waschmaschine, einen Laptop oder ein Hemd zu kaufen. In nahezu jeder **Produktbeschreibung**, auf die wir in einem Prospekt oder in einem Warenkatalog stoßen, werden uns die Merkmale des jeweiligen Produkts genannt, so dass wir uns als potenzielle Käufer ein detailliertes Bild machen können. Bei einem Kleidungsstück werden typischerweise Farbe, Größe und Material als Produktmerkmale genannt. Bei einem Laptop gehören diverse technische Daten wie zum Beispiel die Bildschirmgröße, der ROM-Speicherplatz, die Festplattenkapazität oder die Prozessorgeschwindigkeit dazu. Und natürlich ist auch immer der Preis angegeben.

Auch wenn wir einen Bekannten treffen und uns austauschen, nehmen wir ständig auf irgendwelche Merkmale oder Eigenschaften Bezug. Zum Beispiel, wenn wir von einer roten Rose schwärmen oder erwähnen, dass

Herr Meier Lehrer ist. Implizit haben wir hier die Merkmale „Farbe" beziehungsweise „Beruf" angesprochen und dafür jeweils ganz bestimmte Ausprägungen, nämlich die Werte „rot" beziehungsweise „Lehrer", genannt.

Beispiele dieser Art kennen wir alle zu Genüge. Die Aussage, dass derartige Merkmale die Eigenschaften eines Objekts wiedergeben, klingt für uns daher banal. Natürlich sind die Größe eines Hemdes oder der Festplattenkapazität eines Laptops Eigenschaften des Betrachtungsobjekts. Doch Vorsicht – nicht alle Merkmale, die man bei Objekten genannt bekommt, sind tatsächlich auch *reine* Eigenschaften des jeweiligen Objekts.

Zum Beispiel beim **Laptop**. Der Preis eines erwerbbaren Laptops ist für uns in der Tat eine wichtige Information für unsere Kaufentscheidung. Doch der Preis wird nicht nur durch den Sachwert des Laptops, sondern wesentlich durch Angebot und Nachfrage, Konkurrenz, Werbeaktionen usw. geprägt – also durch Dinge, die nicht nur vom Laptop allein abhängen.

Im Unterschied dazu werden Sie bei der **roten Rose** in der Farbe vermutlich eine „reinrassige" Objekteigenschaft sehen. Doch selbst diese ist es nicht. Denn die Rose erscheint für uns nur im gewohnten Tageslicht rot. Sie würde schwarz aussehen, wenn man sie mit einem Licht bestrahlt, das die Spektralzusammensetzung des Sonnenlichts ohne dessen roten Anteil besitzt. Auch die Farbe ist daher nicht eine reine Objekteigenschaft, sondern das Ergebnis eines optischen Prozesses, bei dem das Objekt und die gewählte Beleuchtung *zusammenwirken*. Besonders wichtig kann das zum Beispiel bei Teppichböden sein, die bei Tageslicht eine ganz andere Farbe zu haben scheinen als bei Kunstlicht.

Oder denken Sie an die Merkmale, die eine **Briefmarke** hat. Dazu gehören unübersehbar die Abmessungen und das dargestellte Motiv. Für die meisten von uns wird aber der aufgedruckte Wert das wichtigste Merkmal der Marke sein. Denn von diesem Wert hängt es ab, wie groß und schwer ein Brief maximal sein darf, wenn er mit dieser Marke frankiert wird. Das Bemerkenswerte an diesem aufgedruckten Markenwert ist: Er repräsentiert eine Eigenschaft der Marke, die überhaupt nichts mit dem sinnlich wahrnehmbaren Gegenstand „Briefmarke" selbst zu tun hat. Diese Eigenschaft ist allein durch Regelungen für die Postzustellung festgelegt und damit völlig unabhängig vom physischen Betrachtungsobjekt.

Es gibt also Eigenschaften, die wir im Alltag zwar einem Objekt zusprechen, die aber bei genauerer Betrachtung diesem Objekt per se gar nicht zu eigen sind. Vielmehr hängen sie auch von dem Kontext ab, in dem sich das betrachtete Objekt befindet oder genutzt wird. Insofern sagt der Preis, den ein Laptop „hat", nicht nur etwas über den Laptop aus, sondern gleichzeitig auch etwas über die aktuelle Marktsituation. Und der Wert, den eine

Briefmarke „hat", ist Ausdruck für den Umfang der Dienstleistung, den das Postunternehmen dafür festgelegt hat und zu erbringen bereit ist (was sich im Laufe der Zeit natürlich ändern kann). Selbst die Farbe der Rose sagt nicht nur etwas über die Rose aus, sondern auch etwas über das gewählte Beleuchtungsmittel.

Diese *Kontextabhängigkeit* ist bei vielen Merkmalen gegeben. Sie wird nur nicht immer ausdrücklich genannt und kann daher leicht übersehen werden:

- Man denke nur an die Situation, in der jemand eine Person beschreibt und dabei als deren Stärken hervorhebt, dass sie eine starke Phantasie hat, sehr assoziativ denkt und daher von einem Gedanken schnell zum nächsten kommt. Doch ist dieses **Persönlichkeitsmerkmal** wirklich eine Stärke? Für Aufgaben, in denen nach neuen kreativen Ideen gesucht wird, sind diese Eigenschaften vermutlich positiv und förderlich. Für Aufgaben, die eine kontrollierte systematische Vorgehensweise erfordern, sind diese Eigenschaften wahrscheinlich weniger hilfreich. Denkt man an die Funktionsbereiche in einem Unternehmen, so könnten Mitarbeiter im Bereich Marketing diese Persönlichkeitseigenschaften daher als Stärke, im Controlling aber möglicherweise als Schwäche ansehen. Die Einstufung eines Persönlichkeitsmerkmals in die Kategorien „Stärke" und „Schwäche" ist also stark vom betrachteten Kontext, den Zielen und der subjektiven Einstellung des Beobachters abhängig.

- Beispiele liefern uns im Alltag auch diverse Zeitschriften und Illustrierte. Hier gibt es immer mal wieder Artikel über „**gesunde"** **und „ungesunde" Lebensmittel**. Da wird dann beispielsweise in einem Artikel die Ananas wegen ihrer Vitamine, Enzyme und Radikalfänger als „gesund" angepriesen, während sie in einem anderen Artikel wegen ihres hohen Fruchtzuckergehalts als problematisch eingestuft wird. Je nach Fragestellung oder Kontext kann man also diese Frucht in die eine oder andere „Schublade" stecken.

Bei kontextabhängigen Merkmalen, wie sie gerade genannt wurden, sind die Merkmalsausprägungen, die man einem Objekt zuordnet, implizit vom Betrachter abhängig, da dieser den Kontext bestimmt. Daher kommt bei solchen Merkmalen immer eine subjektive Sicht mit ins Spiel.

☰ In der Regel subjektiv: Abgeleitete Merkmale

Es gibt noch einen weiteren Typ von Merkmalen, bei denen sehr oft subjektive Anteile mitspielen: Das sind die sogenannten *abgeleiteten Merkmale*. Ihr Name rührt daher, dass sie sich über eine klar definierte Rechenvorschrift aus bestimmten, objektiv messbaren Basisgrößen ableiten. Die Durchschnittsgeschwindigkeit eines Läufers ist dafür ein Beispiel. Sie errechnet sich als Quotient aus zurückgelegter Wegstrecke und dazu benötigter Zeit und ist eine physikalisch wohldefinierte Größe.

Oder denken Sie an den sogenannten **Body Mass Index** (BMI), der bei Ernährungs- und Gesundheitsthemen in den Medien oft genannt wird. Der BMI ist medizinisch motiviert und dient dazu, unterschiedliche Grade von Übergewicht und Untergewicht in Relation zum Normalgewicht zu unterscheiden. Auch der BMI ist ein abgeleitetes Merkmal und errechnet sich aus der Körpergröße (in m) und dem Körpergewicht (in kg):

$$BMI = \frac{Gewicht}{Körpergröße \times Körpergröße}$$

Bild 2 stellt den BMI grafisch dar.[4] Jeder Punkt in der Ebene steht für eine bestimmte Kombination aus Körpergröße und Gewicht und damit auch für einen bestimmten BMI. Alle Personen mit einem bestimmten Wert für den BMI liegen in diesem Bild auf einer Linie. Einige Linien sind in gestrichelter Form eingezeichnet. Sie grenzen die Körpergröße-Gewicht-Bereiche voneinander ab, die von Medizinern im Hinblick auf die damit verbundenen Gesundheitsrisiken meistens unterschieden werden.

Die Vorschriften zur Berechnung der Durchschnittsgeschwindigkeit und des BMI sind wissenschaftlich begründet und in der Fachwelt allgemein akzeptiert. Individuelle Abweichungen davon wären nicht akzeptabel.

In vielen Studien und Analysen, über die uns in den Medien berichtet wird, spielen jedoch oft abgeleitete Merkmale eine zentrale Rolle, die diesen objektiven

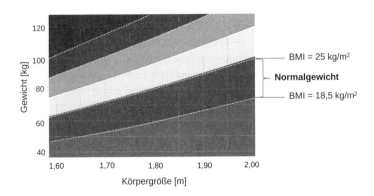

Bild 2
Zusammenhang zwischen Körpergröße, Gewicht und Body Mass Index (BMI)

Hintergrund nicht besitzen. Diese abgeleiteten Merkmale werden erst spezifisch im Rahmen der jeweiligen Studie festgelegt und sind damit subjektiv geprägt.

Ein Beispiel dafür ist die Stärke des Einflusses von Personen des öffentlichen Lebens. Das Merkmal **Einflussstärke** ist ein komplexes Persönlichkeitsmerkmal, das man nicht direkt messen, sondern nur an ausgewählten, beobachtbaren Teilaspekten festmachen kann. Welche Aspekte man dabei einbezieht und wie man aus diesen dann das Merkmal „Einflussstärke" ableitet, ist jedoch nicht objektiv und allgemein anerkannt definiert. Es ist eine rein subjektive Festlegung. Eine kritische Haltung ist daher angebracht, wenn in den Medien von einer Erhebung zur Einflussstärke und deren Ergebnissen berichtet wird.

Ein oft zitiertes Beispiel dafür ist die **Celebrity-100-Liste** des amerikanischen Wirtschaftsmagazins *Forbes*, in der die 100 einflussreichsten Prominenten aufgeführt werden. In dieser Liste sind diverse Sänger und Schauspieler aufgeführt, die zweifellos sehr bekannt sind. Aber man kann sich bestimmt darüber streiten, ob sie auch wirklich so einflussreich sind. Und diverse andere, wirklich einflussreiche Personen dieser Welt wird so mancher in dieser Gruppe der 100 Einflussreichsten vermissen.[5]

Ein anderes beliebtes Untersuchungsobjekt stellen Städte dar. Von breitem Interesse ist hier die **Lebensqualität**, welche die betrachteten Städte jeweils ihren Bürgern bieten. Dieses Merkmal wird regelmäßig untersucht, und über die Ergebnisse wird dann ebenfalls gerne in den Medien berichtet. Bekannt dafür ist die jährliche Studie der Unternehmensberatung *Mercer*, die über 200 Städte weltweit vergleicht und dazu diverse Indikatoren aus den Bereichen Wirtschaft, Politik, Sicherheit, Gesundheitswesen, Bildung und Nahverkehr auswertet. Doch auch andere Institutionen machen solche Untersuchungen. Bemerkenswert daran ist, dass diese zum Teil andere Indikatoren als die Mercer-Studie heranziehen und dadurch natürlich zu teilweise ganz anderen Ergebnissen kommen.[6]

Diese Unterschiede verwundern nicht. Wie für die Einflussstärke einer Person, so gibt es auch für die Lebensqualität einer Stadt kein einfaches Messgerät, bei dem man wie bei einem Zollstock den Wert nur abzulesen braucht. Es ist offensichtlich, dass in der Lebensqualität viele Aspekte zusammenfließen müssen. Doch welche das sind, dazu kann es natürlich sehr unterschiedliche Meinungen geben:

- Macht zum Beispiel ein hoher Anteil an Gewerbe und Industrie eine Stadt attraktiv? Im Hinblick auf die Tatsache, dass dadurch viele Arbeitsplätze vor Ort geschaffen werden, kann man das so sehen. Denkt man dabei aber an die damit verbundenen unvermeidlichen

Umwelt- und Verkehrsbelastungen, sieht dieser Aspekt vermutlich weniger rosig aus. Wie wichtig dieser Aspekt für die Lebensqualität gesehen wird, wird vermutlich auch stark davon abhängen, wen man dazu befragt: Sind es Industrievertreter, Umweltschützer, alle Einwohner der Stadt, oder sind es die Bürger, die nicht in der Stadt wohnen und die Sicht „von außen" repräsentieren?

■ Zu dieser Thematik könnten weiterhin auch Infrastrukturthemen wie die Verfügbarkeit von Schulen und Gesundheitseinrichtungen, von Grünflächen und Erholungsmöglichkeinen gehören und dergleichen mehr.

■ Und bei den Gesundheitseinrichtungen wird der eine oder andere vielleicht noch weiter differenzieren wollen, um zwischen niedergelassenen Ärzten, Krankenhäusern, Reha-Einrichtungen usw. unterscheiden zu können.

■ Auch der Zeitgeist kann bei der Festlegung und Auswahl der beitragenden Aspekte mitwirken: Was heute als wichtige Beitragsgröße für ein abgeleitetes Merkmal erachtet wird, kann sich morgen schon ins Gegenteil verkehren. Man denke nur an die Zeiten zurück, als die Forderung nach einer autogerechten Stadt in aller Munde war und als ein Beitrag zur Lebensqualität gesehen wurde. Heute wird dieses Thema ganz anders bewertet.

Die „Lebensqualität" einer Stadt ist also ein abgeleitetes Merkmal, in dem verschiedene Indikatoren in komplexer Weise zusammenwirken und ihren Beitrag leisten. Welche das sind, muss ausdrücklich festgelegt werden. Wie stark jeder Indikator dann zum abgeleiteten Merkmal beiträgt, wie dieses Merkmal sich also aus den Indikatoren berechnet, ist ebenfalls Definitionssache. All diese Festlegungen sind subjektive Entscheidungen und können damit auch durch spezielle individuelle Interessen beeinflusst sein. Wenn man daher in den Medien auf einen Bericht über die Lebensqualität von Städten stößt, sollte man genau hinschauen, zu welchen Indikatoren Daten erhoben wurden und ob es gerechtfertigt ist, genau diese in das abgeleitete Merkmal „Lebensqualität" einfließen zu lassen.

Auch in Unternehmen sind abgeleitete Merkmale und die damit verbundenen möglichen Probleme ein wichtiges Thema. Der Erfolg, den ein Unternehmen hat, ist ein derartiges Merkmal und für das Management von großer Bedeutung. Eine einzige finanzielle Kennzahl wie zum Beispiel „erzielter Gewinn" ist als Indikator dafür in der Regel nicht ausreichend, denn dann ständen junge Startup-Unternehmen immer relativ schlecht da. Es kommt auch darauf an, wie sich dieser Gewinn im Laufe der Zeit entwickelt und welcher Umsatz damit verbunden ist. Weitere

Indikatoren könnten auch die Entwicklung des Kundenstammes, das Wachstum der Mitarbeiterschaft, die Verringerung der Abhängigkeit von externen Know-how-Trägern und dergleichen mehr sein. Im **Unternehmenserfolg** fließen also diverse Teilmerkmale zusammen. Welche es sind und wie sie zu einer einzigen Erfolgskennzahl verrechnet werden, ist auch hier spezifisch, also unternehmens- und branchenabhängig festzulegen. Kontext und subjektive Einschätzungen prägen damit auch das abgeleitete Merkmal „Unternehmenserfolg".

Der „Unternehmenserfolg" ist natürlich nicht das einzige abgeleitete Merkmal im Businessumfeld. Auch die „Stärke" eines Geschäftsfeldes und die „Attraktivität" des Marktumfeldes sind typische Beispiele dafür. Auf solche abgeleiteten Merkmale stützt sich insbesondere das Management. Denn es benötigt für seine Analysen und Entscheidungen aggregierte Informationen, die von den Einzelheiten im Detail abstrahieren und es möglich machen, eine Gesamtsicht auf das Unternehmen und sein Marktumfeld herzustellen. Abgeleitete Merkmale begegnen einem daher auch bei verschiedenen Managementwerkzeugen.

Für Merkmale ist damit zusammenfassend festzustellen: Achtsamkeit ist bereits bei der Festlegung der Merkmale erforderlich, die man bei einer Klassifikation von Objekten heranziehen möchte. Der Grund liegt in den darin enthaltenen subjektiven Anteilen, durch die versteckt auch individuelle Interessen eingebracht werden können:

- *Merkmale* eines Objekts sind nicht unbedingt immer Eigenschaften des *Objekts* „per se", sondern oft auch vom *Kontext* abhängig, in dem das Objekt steht oder gesehen wird.

- Was in diesen Kontext einbezogen wird, hängt häufig von der spezifisch gegebenen Situation und von der Zielsetzung ab, die mit der angestrebten Klassifizierung verbunden ist. Da es dazu unterschiedliche Sichten geben kann, sind *kontextabhängige Merkmale* stark subjektiv geprägt.

- *Subjektiver* Natur sind oft auch *abgeleitete Merkmale*, deren Ausprägungen von Submerkmalen abhängen. Welche Submerkmale dabei in welcher Weise berücksichtigt werden und wie sie dann zu einer einzigen Größe zusammengeführt werden, ist ebenfalls oft von Zielsetzung und Kontext abhängig und damit eine individuelle Festlegung.

Nutzt man Merkmale mit derartigen subjektiven Anteilen für eine Klassifikation, so besitzt natürlich auch die Klassifikation diese subjektiven Anteile.

Merkmale und ihre Besonderheiten

Wenn man Objekte klassifizieren will, muss man nicht nur klären und festlegen, welche Merkmale dieser Objekte man dazu betrachten will oder muss. Man muss sich auch noch Klarheit darüber verschaffen, welche Ausprägungen (Werte) jedes dieser Merkmale überhaupt haben kann. Auch dieser Aspekt hat seine problematischen Seiten.

Die Höhe eines Schranks oder das Gewicht einer Melone zu bestimmen, ist dank Maßband und Waage natürlich für uns überhaupt kein Problem. Und wenn wir in einem Formular unser Geschlecht oder den Familienstand angeben müssen, ist auch dieses ein einfaches Unterfangen. Auch hierbei ist die Bestimmung der Werte dieser Merkmale durch die schlichte Wahl aus vorgegebenen möglichen Werten (männlich/weiblich bzw. ledig/verheiratet/geschieden) schnell und einfach getan.

Führerscheinklasse, Blutgruppe, Handelsklasse einer Ware, Sprachkenntnisse eines Menschen, Wohnort einer Person sind weitere Beispiele von Merkmalen mit einem derart einfachen Wertespektrum. Sie begegnen uns im Alltag auf Schritt und Tritt und lassen uns glauben, dass die Bestimmung des Wertes eines Merkmals eigentlich kein Problem sein sollte.

Doch manchmal kann die Situation bereits bei solchen Alltagsbeispielen etwas komplizierter werden. Nehmen wir dazu nur die Angabe der **Größe eines Hemds**. Hier finden wir ganz unterschiedliche Varianten, nach denen diese Größe angegeben wird. Weit verbreitet ist sowohl die amerikanische Einstufung nach S (*small* = klein) / M (*medium* = mittel) / L (*large* = groß) / XL (*extra large* = sehr groß) und zusätzlich vielleicht noch XS und XXL, als auch die Einstufung der Größe nach der Weite des Hemdkragens (in cm gemessen).

Dieses einfache Beispiel zeigt: Bei den möglichen Werten eines Merkmals sind ebenfalls oft noch Klärungen und spezifische Festlegungen erforderlich, da es unterschiedliche Feinheiten für die Abstufung dieser Werte geben kann.

Selbst bei der Angabe der **Farbe einer Rose** sind unterschiedlich differenzierte Nennungen für die Ausprägung dieses Merkmals möglich: Wir können die Farbe einfach als „rot" bezeichnen, wir können aber auch genauer werden und das Rot als „hellrot", „dunkelrot", „rubinrot", „purpurrot" und dergleichen beschreiben. Wir könnten sogar noch detaillierter werden und den Farbton durch den sogenannten **RGB-Wert** angeben, der für leidenschaftliche Fotografen im Rahmen der Bildbearbeitung interessant ist. Dieser RGB-Wert bezieht sich auf die Grundfarben rot (R), grün (G) und blau (B), durch die jede andere Farbe gemischt werden kann. Der RGB-Wert gibt dann durch eine Zahl zwischen 0 und 255 für jede Grundfarbe an, zu welchem Anteil sie in der Mischfarbe vertreten ist. Aber diese Skala funktioniert nur für selbstleuchtende Systeme – bei Druckfarben gilt eine andere Skala, nämlich CMYK (Cyan, Magenta, Yellow und Key = Schwarz), und die Umwandlung zwischen den beiden Skalen ist nur näherungsweise möglich.

Für ein Merkmal kann es also *unterschiedliche Werteskalen* geben, welche die möglichen Ausprägungen dieses Merkmals unterschiedlich fein zergliedern. *Auch bei diesen Werteskalen hängt es wieder von Zielsetzung und Kontext ab, welche davon für eine Klassifikation sinnvoll ist.*

Mitunter ist die Situation aber noch komplizierter. Nicht nur, dass es unterschiedlich granulare Werteskalen gibt und daher die zu betrachtende Skala ausdrücklich festzulegen ist. Manchmal kann grundsätzlich noch offen sein, welche Werte ein Merkmal überhaupt haben kann. Denn nicht bei allen Merkmalen gibt es dafür allgemein akzeptierte Regelungen und Vorgaben. Dann sind grundlegende Festlegungen dazu erst noch erforderlich. In so einem Fall sind die subjektiven Anteile im Merkmal natürlich besonders dominant. Dazu im Folgenden ein Beispiel aus der Unternehmenswelt, bei dem es um die möglichen Ausprägungen des Mitarbeitermerkmals „Rolle" geht.

≡ **Beispiel: Die Ausprägungen des Merkmals „Rolle"**

Dem **Mitarbeiter eines Unternehmens** kann man verschiedene Merkmale zuordnen, die seine dortige Position und Funktion beschreiben. Dazu gehört seine Zugehörigkeit zu einer bestimmten Abteilung, seine Zugehörigkeit zu einer bestimmten Gruppe innerhalb dieser Abteilung sowie auch seine **Rolle**, die er in dieser Gruppe ausfüllt. Mit dem Merkmal „Rolle" drückt man dann aus, für welche Aufgaben ein Mitarbeiter in dieser Gruppe zuständig ist.

Eine Rolle wird daher typischerweise durch ihre Verantwortlichkeiten und Befugnisse, durch die sich daraus ableitenden Aufgaben und Aktivitäten und durch die dazu erforderlichen Fähigkeiten und Fertigkeiten beschrieben.

Indem man diese Aspekte festlegt und beschreibt, kann man also klar umreißen, was jemand zu tun und zu lassen hat, wenn er die Rolle des „Designers", „Testers" oder des „Qualitätsverantwortlichen" zugewiesen bekommt. Der betreffende Mitarbeiter wird dadurch in gewisser Weise „kalkulierbar".

Welche Ausprägungen des Mitarbeitermerkmals „Rolle" man allerdings definiert, welche spezifischen Rollen man also in einem Unternehmen führt, wie fein oder grob man dabei unterscheidet – dafür gibt es keine allgemeinverbindlichen Regelungen. Diese Dinge müssen unternehmensspezifisch festgelegt werden.

In einem Unternehmen, das projektorientiert arbeitet, findet man typischerweise die Rolle des **Projektleiters**. Wie diese Rolle verstanden wird, kann sich jedoch von Unternehmen zu Unternehmen unterscheiden. Viele sehen diese Rolle relativ universell und beschreiben sie generisch und unabhängig von irgendwelchen Fachdisziplinen. Andere Unternehmen werden spezifischer und differenzieren hierbei. Bei diesen findet man für diese Aufgabe dann nicht nur eine Rollenbeschreibung vor, sondern mehrere: jeweils eine Rollenbeschreibung für den Gesamtprojektleiter, eine für den Software-Projektleiter, eine für den Hardware-Projektleiter, eine für den Mechanik-Projektleiter usw. Das zeigt, dass man die Ausprägungen des Merkmals „Rolle" mit sehr unterschiedlicher Granularität festlegen kann, wenngleich die Unterschiede in den Beschreibungen dann oft nur marginal sind.

Welche Granularität die „richtige" ist, was also die „korrekte" Beschreibung der Rollen darstellt, darüber werden in einem Unternehmen mitunter heftige Dispute geführt. Doch ein „korrekt" oder „richtig" kann es hierbei per se nicht geben. Denn eine Rolle ist ja nichts anderes als die Ressource für eine Menge an Aktivitäten. Aus diesen Aktivitäten allein lassen sich jedoch keine direkten Schlüsse ziehen, welche Granularität für eine Rollenspezifikation angemessen ist. Es gibt hier kein absolutes „richtig" oder „falsch". Es gibt nur ein „sinnvoll": Mithilfe von Rollenbeschreibungen sollen Verantwortlichkeiten konsistent beschrieben werden, sie sollen möglichst einfach sein, und Mitarbeiter sollen sich mit ihren Aufgaben in den dargestellten Rollen wiederfinden können.

☰ Hilfsmittel in der Praxis: Grobe Werteskalen

Wenn wir im Alltag bestimmte Dinge nachfragen, formulieren wir oft Entscheidungsfragen. Zum Beispiel: Ist ein Pilz essbar oder nicht? Ist ein Lebensmittel verdorben oder nicht? Ist es draußen warm oder kalt? Ist Kollege X gesund oder krank? Ist Herr Y höflich oder nicht? Das heißt: Wir zielen darauf ab, eine einfache Antwort im Sinne von „ja" oder „nein", „richtig" oder „nicht richtig" oder ähnlich zu bekommen.

Es geht uns also oft nur darum zu klären, ob bei einem Objekt ein Merkmal einen bestimmten Wert hat oder nicht. Anders ausgedrückt: In vielen Fällen genügt uns eine *binäre Werteskala*, eine zweiwertige Merkmalsabstufung. Wir begnügen uns mit einer solchen minimal möglichen Information, wenn sie bereits ausreicht, um uns zu orientieren und um Entscheidungen treffen zu können.

Auch in Unternehmen tauchen Fragestellungen auf, die lediglich eine binäre Antwort erwarten. Auch dafür zwei Beispiele:

- Wenn im Management Überlegungen zur weiteren strategischen Ausrichtung angestellt werden, dann sind dafür meistens auch die vorhandenen internen Potenziale zu bewerten. Dabei begnügt man sich in der Tat oft mit einer schlichten zweiwertigen Einstufung, indem man einzig und allein zwischen den Werten „Stärke" und „Schwäche" unterscheidet und dann die internen Potenziale danach gruppiert. Die sogenannte **SWOT-Analyse** macht genau dieses. Die SWOT-Analyse schaut außerdem auch noch auf das Unternehmensumfeld und unterteilt die daraus resultierenden Einflüsse in „Chancen" und „Bedrohungen", macht dafür also ebenfalls eine zweiwertige Einteilung.

- Auf der operativen Ebene geht es oft darum, Dinge zu priorisieren – seien es anstehende Aufgaben im Projekt, seien es die für ein neues Produkt zu entwickelnden Funktionen oder seien es zu besetzende Mitarbeiterstellen. Wenn man dann kurzfristig entscheiden und handeln muss, nimmt man im ersten Schritt auch hierbei oft nur eine Unterscheidung zwischen den zwei schlichten Rubriken „wichtig" und „weniger wichtig" vor.

Die Frage, die sich in der Praxis bei solchen Entscheidungsfragen dann allerdings stellt, ist: Kann man im konkret gegebenen Fall immer klar zwischen den beiden binären Möglichkeiten unterscheiden? Ist die *Grenze* zwischen den beiden binären Werten immer unmissverständlich und eindeutig definiert?

Eine solche Grenzziehung ist in der Tat nicht immer einfach. Ob eine **Aufgabe** als „wichtig" oder als „weniger wichtig" einzustufen ist, ist oft nur schwer zu erkennen, da es der Aufgabenstellung per se nicht angesehen werden kann. Diese Unterscheidung erfordert die explizite Angabe von Abgrenzungskriterien. Doch damit hat man in der Praxis oft Mühe, weshalb man dieses Erfordernis dann stillschweigend ignoriert. Man vertraut darauf, dass es ein intuitives Verständnis von „wichtig" und „weniger wichtig" gibt. Selbst wenn man noch stärker differenziert und zwischen „sehr wichtig", „eher wichtig", „eher unwichtig", „überhaupt nicht wichtig" unterscheidet, setzt man auf diese Intuition.

Die Zuordnung zu einem dieser Werte ist dann eine rein subjektive Festlegung des Betrachters, die er aufgrund der von ihm eingeschätzten aktuellen Situation, dem angestrebten Zielzustand, den vorliegenden Randbedingungen, seinen individuellen Interessen und dergleichen vornimmt. Die genannten Merkmalswerte bilden somit eine *subjektive Werteskala*.

Die Vagheit in der Abgrenzung der möglichen Werte einer solchen Skala versucht man meistens dadurch auszugleichen, dass man die Einstufungen durch einen möglichst großen Kreis davon Betroffener machen lässt. Damit verbindet sich die Hoffnung, über eine Konsensbildung eine einigermaßen verlässliche Einschätzung erreichen zu können.

Diese Vorgehensweise wird bei Merkmalen mit stark wertenden Anteilen relativ oft genutzt. Auch bei dem erwähnten Beispiel zur Ermittlung der **Lebensqualität** einer Stadt wird ein solcher Weg meistens eingeschlagen. Denn es ist im Allgemeinen viel zu kompliziert und zu aufwendig, zur Ermittlung der Lebensqualität zunächst solide objektive Daten für alle darin einfließenden Indikatoren zu erheben und auszuwerten. Daher behilft man sich auch hier bei den Indikatoren meistens mit einfachen subjektiven Bewertungsskalen und lässt dann durch eine möglichst große Anzahl an Personen den jeweiligen Sachverhalt einschätzen. Die Erwartung ist, dass sich über eine Mittelwertbildung dann doch ein hinreichend objektives Bild ergibt.

Zusammenfassend lässt sich damit feststellen, dass auch bei den Werten eines Merkmals subjektive Einflüsse möglich sind. Das betrifft:

- die Definition der möglichen Werte, die nicht immer eine objektive Basis haben, sondern manchmal auch subjektiv festgelegt werden
- die Abgrenzung dieser Werte voneinander
- die Art und Anzahl der Werte und damit die Granularität der genutzten Werteskala.

Bei Attributen mit stark wertenden Anteilen wird darüber hinaus als „Messinstrument" der Beobachter oft selbst genutzt und damit die Subjektivität zu einem expliziten methodischen Schritt gemacht.

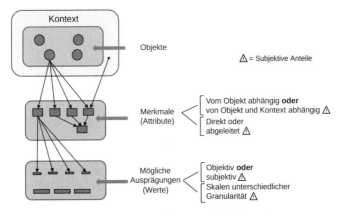

Bild 3 Objekte, ihre Merkmale und deren mögliche Ausprägungen

Wenn einem bei einer Klassifikation nicht alles schlüssig und realitätsgerecht erscheint, kann es an diesen subjektiven Aspekten liegen.

Bild 3 fasst in grafischer Form zusammen, wo bei Objektmerkmalen (Attributen) und ihren möglichen Ausprägungen (Werten) subjektive Festlegungen erfolgen können und was daher bei einer Klassifikation genauer zu prüfen ist.

3.3 Objekte durch Merkmale eingrenzen

≡ **Nicht verwechseln:**
Was voneinander abhängig oder unabhängig ist

Sie kennen diese Art von Fragen vermutlich von Rätseln aus Kindertagen:

- Was ist das? Es dient zur Beförderung von (maximal 8) Personen zu Lande, ist durch Motorkraft angetrieben, mehrspurig, nicht an Schienen gebunden.

- Was ist das? Es ist eine geometrische Figur, hat vier Ecken, vier gleich lange Seiten und gleich große (Innen-)Winkel.

Das erste Beispiel ist für Sie vermutlich unschwer als **Pkw** („bis zu VW-Bus-Größe") zu erkennen. An das Letztere erinnern Sie sich vielleicht aus der Schulzeit als mögliche Beschreibung eines Quadrats.

Durch die Angabe bestimmter Merkmale können wir also Objekte spezifisch eingrenzen. Die Beschreibung des Quadrats ist ein vergleichsweise einfaches Beispiel dafür. Die Definition eines Pkw durch die Angabe seiner Eigenschaften ist schon deutlich komplizierter und möglicherweise durch obige Umschreibung auch noch nicht präzise genug erfasst. Sie wird durch den Bezeichner „Pkw" auf einen kurzen Begriff gebracht. Kennt man die definierenden Merkmale, hat man das Mittel in der Hand, um dadurch gekennzeichnete Objekte (in der Gesamtheit aller denkbaren Objekte) identifizieren und vom Rest dieser Gesamtheit unterscheiden zu können.

Die beiden Beispiele zeigen, dass bei der Eingrenzung von Objekten oft *mehrere* Merkmale *gleichzeitig* betrachtet werden. Dadurch können allerdings Probleme entstehen, die es noch nicht gibt, wenn man zur Eingrenzung nur *ein* Merkmal heranzieht.

Die Beschreibung des **Quadrats** soll dieses verdeutlichen: Wenn man zu seiner Spezifikation nicht nur die Eckenanzahl, die Seitenlängen und die Innenwinkel heranzieht, sondern zusätzlich auch noch eine Aussage zur Länge der Diagonalen macht, dann kann das zu Ungereimtheiten führen. Würde man dann nämlich aussagen, dass die Diagonalen unterschiedlich lang sind, dann stände dieses im Widerspruch zu den anderen drei Merkmalsangaben. Denn aus den getroffenen Festlegungen für die Eckenanzahl, die Seitenlängen und die Winkelgrößen folgt unausweichlich, dass die Diagonalen gleich lang sein müssen. Nur diese Aussage wäre konsistent zu den übrigen Angaben. Die Diagonallänge ist durch die anderen drei Merkmalsangaben bereits eindeutig bestimmt. Sie ist daher als ein davon *abhängiges* Merkmal anzusehen. Eckenanzahl, Seitenlänge und Innenwinkel bilden dagegen einen Satz voneinander *unabhängiger* Merkmale.

Dass man zur Beschreibung von Objekten neben unabhängigen auch voneinander abhängige Merkmale aufgreift, ist nicht ungewöhnlich. Zum Beispiel benutzt man bei der Beschreibung von Autos oft Formulierungen wie: „Es ist ein **Pkw der Kompaktklasse**." Man benennt also das Merkmal „Fahrzeugsegment" (Ausprägung hier: Kompaktklasse) und das Merkmal „Fahrzeugart" (Ausprägung hier: Pkw). Letzteres wäre eigentlich überflüssig, da ein Wagen der Kompaktklasse bereits beinhaltet, dass es sich um einen Pkw handeln muss und kein Lkw, Bus oder Kraftrad sein kann. Denn die Menge aller Kompaktwagen ist eine Teilmenge der Menge aller Pkws. Dadurch *erben* Objekte, die mit dem Begriff „Kompaktwagen" beschrieben werden, automatisch auch alle Eigenschaften, die mit dem Begriff „Pkw" verbunden sind. Zwischen den Merkmalen „Fahrzeugsegment" und „Fahrzeugart" besteht insofern eine *semantische* Abhängigkeit.

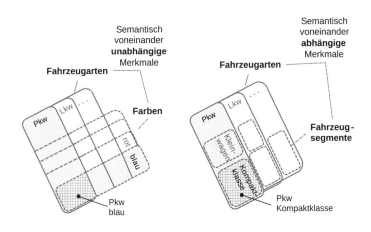

Merkmale:
Fahrzeugart – Ausprägungen: Pkw, Lkw, Bus, Motorrad, …
Fahrzeugsegment – Ausprägungen: Kleinwagen, Kompaktklasse, …
Farbe – Ausprägungen: schwarz, blau, rot, …

Bild 4 Eingrenzung einer Menge von Objekten durch Merkmale, die semantisch voneinander unabhängig (links) und voneinander abhängig (rechts) sind

Anders sieht es aus, wenn man von einem „blauen Pkw" spricht. Dann werden als Merkmale „Fahrzeugart" und „Farbe" angesprochen und damit zwei Merkmale genannt, die semantisch voneinander *unabhängig* sind. Dieses bedeutet: Mit der Wahl der Farbe (in diesem Fall: blau) ist noch nicht die Fahrzeugart festgelegt und mit der Fahrzeugart (in diesem Fall: Pkw) ist noch nichts über die Farbe ausgesagt. Die Menge der Pkws und die Menge der blauen Fahrzeuge überschneiden sich zwar, keine davon ist jedoch vollständig in der anderen enthalten. Das ist der Unterschied zum erstgenannten Fall. In Bild 4 ist dieser Unterschied veranschaulicht. Die umrandeten Bereiche symbolisieren Objektmengen, die jeweils durch die Ausprägungen der dargestellten Merkmale charakterisiert werden.

Zusammenfassend ist damit festzustellen:

- Merkmale, die man zur Beschreibung von Objekten oder zur Eingrenzung einer Objektmenge nutzt, können voneinander *abhängig* oder *unabhängig* sein.

- Voneinander *unabhängige* Merkmale zeichnen sich dadurch aus, dass die Ausprägung eines Merkmals keinen Einfluss auf die Ausprägungen der anderen Merkmale hat. Die Ausprägungen dieser Merkmale können unabhängig voneinander festgelegt werden.

- Beeinflussen sich die Merkmalsausprägungen, so sind die Merkmale voneinander *abhängig*.

Abhängige Merkmale werden bei der Beschreibung und Abgrenzung von Objekten oft ergänzend zu den voneinander unabhängigen Merkmalen genannt – um Sachverhalte ausdrücklich zu betonen und sicherzustellen, dass alles unmissverständlich und vollständig gesagt worden ist. Sie sind bei einer Objektmengeneingrenzung immer klar zu identifizieren, damit die Konsistenz der genannten Merkmalsausprägungen sichergestellt werden kann, oder um erkennen zu können, welche dieser Merkmale wegen ihrer redundanten Rolle ganz weggelassen werden können.

≡ **Die Kunst der Zergliederung:**
Wie man die Hierarchie von Merkmalen einschätzt

Wer sich einen Fernseher, einen Espressoautomaten oder ein neues Fahrzeug anschaffen will und sich dabei noch nicht genau festgelegt hat, wird sich typischerweise erst einmal einen Überblick über das jeweils existierende Produktangebot verschaffen. Er wird anhand der ihm wichtigen Produkteigenschaften die Vielfalt der möglichen Objekte dann Stück für Stück eingrenzen, bis schließlich nur noch wenige Objekte zur Auswahl stehen oder vielleicht sogar nur noch ein einziges Objekt verbleibt.

Am Beispiel des Kaufs eines **Kraftfahrzeugs** will ich dieses etwas genauer erläutern. Meistens hat man hierzu klare Rahmenvorstellungen und

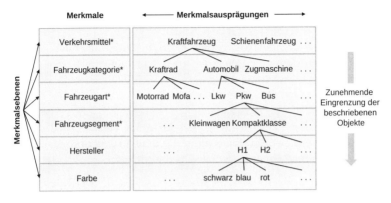

Bild 5 Eingrenzung von Objekten mithilfe von Merkmalen unterschiedlicher Ebenen einer Merkmalshierarchie. Die mit einem Stern (*) gekennzeichneten Merkmale sind semantisch voneinander abhängig.

beschränkt sich daher bei der Suche zum Beispiel auf die Fahrzeugkategorie „Automobil" und hierbei auf die Fahrzeugart „Pkw". Dann wird man im nächsten Schritt die Menge aller möglichen Pkws einschränken und zum Beispiel auf die Wagen der Kompaktklasse fokussieren. Dabei würden dann sicherlich auch Herstellervergleiche erfolgen, so dass ein nächster Eingrenzungsschritt darin bestehen kann, sich bei der Wahl auf die Kompaktwagen eines bestimmten Herstellers zu beschränken. Anschließend wird man dann vermutlich im Hinblick auf Farbe, Motorisierung, Ausstattungsmerkmale und dergleichen weiter eingrenzen.

Bild 5 veranschaulicht das genannte Vorgehen. Die gerade angesprochenen Merkmale sind dort untereinander aufgeführt und repräsentieren in dieser Darstellung unterschiedliche begriffliche Ebenen, auf denen man Kraftfahrzeuge betrachten und demzufolge auch die Menge aller Kraftfahrzeuge gedanklich in Teilmengen zergliedern kann. Die möglichen Zergliederungen sind durch die dort genannten Merkmalsausprägungen beschrieben.

So wird die Menge aller Kraftfahrzeuge in Krafträder, Automobile und Zugmaschinen unterteilt. Die Menge der Automobile gliedert sich wiederum in Lkws, Pkws und Busse und so fort. Die Abbildung macht deutlich, dass auf diese Weise für die Merkmalsausprägungen eine pyramidenförmige hierarchische Struktur entsteht, die ich als *Merkmalshierarchie* bezeichnen möchte. Charakteristisch für sie ist:

- Je weiter man Stufe für Stufe in einer Merkmalshierarchie hinuntersteigt, desto *feiner* wird die ursprüngliche Betrachtungsmenge in Teilmengen gedanklich zergliedert.

Indem man als Kaufinteressent auf jeder dieser Hierarchiestufen die gewünschte Merkmalsausprägung für das Kaufobjekt festlegt, wird die ursprünglich betrachtete Menge aller Kraftfahrzeuge immer detaillierter spezifiziert und damit die Menge der möglichen Kaufobjekte immer stärker eingegrenzt. Die Eingrenzung könnte also wie folgt aussehen: Kraftfahrzeug -> Automobil -> Pkw -> Kompaktklasse -> H1 -> schwarz -> ... Im Hinblick auf die Merkmalshierarchie heißt dieses anschaulich: Man geht von der Ausgangsmenge an der Pyramidenspitze entsprechend diesen Ausprägungsfestlegungen einen definierten Pfad hinunter zu genau einer der darunter liegenden Ausprägungen in dieser Struktur.

Die in Bild 5 dargestellte Merkmalshierarchie zur schrittweisen Eingrenzung der infrage kommenden Fahrzeuge ist nicht völlig willkürlich, sondern hat auf den oberen vier Merkmalsebenen eine spezifische Systematik. Auf diesen Ebenen wurden nämlich bewusst Merkmale zur Beschreibung der Objekte herangezogen, zwischen denen *semantische Abhängigkeiten* bestehen. Diese Abhängigkeiten bestehen deshalb, weil eine dort genannte Merkmalsausprägung auch immer die „darüber" liegenden Eigenschaftswerte mit einschließt. Wenn man beispielsweise von einem Fahrzeug der Kompaktklasse spricht, drückt man damit automatisch auch mit aus, dass es sich um einen Pkw handelt. Und weiter: Indem es sich um einen Pkw handelt, fällt es auch in die Kategorie „Automobil", weshalb es wiederum auch ein Kraftfahrzeug darstellt.

Um diese Ausprägungsabhängigkeiten in der Hierarchie abzubilden, wurden die Merkmale dort so eingeordnet, dass sie von oben nach unten immer spezifischer werden. Deshalb steht zum Beispiel die Fahrzeugart unterhalb der Fahrzeugkategorie, denn ein Pkw ist immer gleichzeitig auch ein Automobil, und ein Mofa ist automatisch auch ein Kraftrad. Die jeweils umgekehrte Aussage wäre nicht richtig. Damit bleibt festzuhalten:

- ■ Werden in einer Merkmalshierarchie voneinander abhängige Merkmale benutzt, ist deren Reihenfolge in dieser Hierarchie nicht frei wählbar.

Anders ist der Gestaltungsspielraum jedoch bei Merkmalen, die nicht voneinander abhängig sind. Dieses ist in Bild 5 für die Merkmale „Hersteller" und „Farbe" gegeben. Sie sind unabhängig voneinander, und sie sind auch unabhängig von den darüber liegenden Merkmalen.

Bei solchen voneinander unabhängigen Merkmalen gibt es Spielräume für die Zuordnung zu den Merkmalsebenen. Sie erfolgt auf Basis subjektiver Überlegungen *und Interessen.* Statt der dargestellten Merkmalsabfolge „... Fahrzeugsegment – Hersteller – Farbe" wäre hier auch eine Hierarchisierung gemäß der Reihenfolge „... Fahrzeugsegment – Farbe – Hersteller" denkbar

Objekte durch Merkmale eingrenzen

und vielleicht für jemanden naheliegend, dem die Farbe wichtiger ist als der Hersteller.

Diese individuelle Gestaltungsmöglichkeit für unabhängige Merkmale ist nicht nur gedanklich bedeutsam, sondern kann auch ganz praktische Auswirkungen haben. Halten Sie sich dazu nur das **Kleidungsangebot in Kaufhäusern** vor Augen. Hier können Sie heutzutage zwei grundsätzlich unterschiedliche Formen der **Warenpräsentation** finden. Zum einen gibt es die Variante, die Kleidung getrennt nach der Art der Kleidungsstücke wie Hemden, Hosen oder Pullover in voneinander getrennten Bereichen anzubieten und dann dort die verschiedenen Marken zusammen zu präsentieren – zum Beispiel nach Größen oder nach Farben sortiert. Zum anderen gibt es das sogenannte „Shop-in-Shop-Konzept", nach dem für jede Marke getrennte Verkaufsflächen vorgesehen werden und dann pro Marke die verschiedenen Kleidungsstücke vom Hemd bis zur Hose zusammengestellt und präsentiert werden. Im ersten Fall hat man die Kleidung nach der Art der Kleidungsstücke zunächst grob klassifiziert und darunter nach den Marken unterschieden, sich also in der Merkmalshierarchie das Merkmal „Art des Kleidungsstücks" oberhalb des Merkmals „Marke" gedacht, im zweiten Fall hat man es genau umgekehrt gemacht.

≡ **Hier wird's kompliziert:**
Wenn es für Merkmale keine verbindlichen Festlegungen gibt

Die in Bild 5 dargestellte Hierarchie von Merkmalen dürfte für die meisten nachvollziehbar sein und wenig Interpretationsspielraum erlauben. Denn die dort aufgeführten Merkmale sind als mögliche Fahrzeugmerkmale allgemein vertraut und deren mögliche Ausprägungen sind in entsprechenden Richtlinien, gesetzlichen Festlegungen und dergleichen definiert und dadurch eindeutig voneinander abgrenzbar.

Eine solche Situation ist nicht immer gegeben. *Insbesondere bei abstrakteren Betrachtungsobjekten kann man sich manchmal darüber streiten, durch welche Merkmale sie spezifiziert und eindeutig voneinander abgegrenzt werden können. Nicht immer gibt es hierzu allgemeinverbindliche Festlegungen und eindeutige Regelungen.*

Ich hatte im einleitenden Abschnitt dieses Kapitels als Beispiel dafür die Gruppe der **Arbeitslosen** erwähnt. Für diese Gruppe ist es durchaus strittig, durch welche Merkmale sie definiert wird und wodurch sie sich von anderen Personen abgrenzt. Ähnlich problematisch dürfte vermutlich auch zum Beispiel eine Grenzziehung für „rechtsradikale Gruppierungen" sein. Oder denken Sie an Nahrungsmittel: Wie grenzt man **Bio-Lebensmittel** von anderen Lebensmitteln ab? Auch dazu gibt es keinen Konsens. Die EU-Richtlinien ziehen für die Auszeichnung von Produkten mit dem grünen *Bio-Siegel* andere Merkmale und Kriterien heran als zum Beispiel *Demeter* oder *Bioland,* deren Standards in der Regel höher angesiedelt sind.

Auch in Unternehmen gibt es solche vagen Begrifflichkeiten:

- Unternehmen machen in der Regel periodische Auswertungen über ihren **Kundenstamm.** Doch wie grenzen sich dabei **Neukunden** von „Altkunden" ab? Ist jemand, den man mal als Kunde hatte, dann aber für einige Jahre verlor und schließlich wiedergewinnen konnte, ein Neukunde oder nicht? Ist eine Firma, die man in der Vergangenheit als Kunde beliefert hat, dadurch, dass sie Teil eines anderen Konzerns geworden ist, bei erneuter Belieferung ein Neukunde oder nicht? Oder wird sie zu einem Neukunden, wenn man ihr (alternativ oder zusätzlich) ein völlig andersartiges Produkt verkauft als bisher?

- Um die Qualität der Arbeit in der Entwicklungsabteilung eines Unternehmens abzusichern, werden meistens auch die **Entwicklungsabläufe** standardisiert und daher in Form von verbindlichen Vorgaben beschrieben. Dieses erfordert, die einzelnen Entwicklungsaktivitäten hinreichend genau festzulegen. Wie bei jedem anderen Objekt (beispielsweise einem Fahrzeug) bedeutet dieses: Es sind die spezifischen Merkmale festzulegen, durch welche die Betrachtungsobjekte „Entwicklungsaktivitäten" beschrieben werden. Doch welche Merkmale sind das? Und auf welcher Ebene in der Merkmalshierarchie sind diese dann angesiedelt? Was heißt „hinreichend genau"? Bis zu welcher Tiefe in dieser Hierarchie soll man gehen, um die einzelnen Entwicklungsaktivitäten voneinander abzugrenzen?

Zu diesen Fragen gibt es keine allgemeinverbindlichen Antworten. Die Reaktion der Praktiker auf diese Fragen ist deshalb auch meistens nicht einheitlich. Schauen wir uns dazu das zuletzt genannte Beispiel etwas genauer an.

Dem Manager reicht zur Beschreibung und Abgrenzung von Entwicklungsaktivitäten oft eine grobe Beschreibungsweise aus. Ihm genügt es meistens, die erforderlichen Arbeitsschritte grob zu benennen und nur zu unterscheiden, ob sie zum Ablauf „Anforderungsanalyse", zum Ablauf „Design" oder zum Ablauf „Test" gehören. Und er möchte zusätzlich wahrscheinlich auch festgelegt haben, was bei jedem dieser Abläufe als Ergebnis (als „Output") herauskommen soll. Aus dieser Sicht gäbe es im Bild der Merkmalshierarchie folglich die Merkmalsebene der „Abläufe", auf der auch die Outputs festgelegt werden. Darunter folgt dann eine zweite Ebene, auf der die einzelnen Arbeitsschritte grob definiert werden,

Objekte durch Merkmale eingrenzen

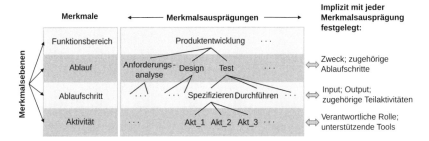

Bild 6 Merkmalshierarchie zur Beschreibung von Entwicklungsaktivitäten

die zu einem Ablauf gehören. Aus Managementsicht würde eine Spezifikation bis hin zu dieser Ebene der „Ablaufschritte" vermutlich genügen.

Anderen wird diese Form der Beschreibung nicht ausreichen, da sie zu wenig Hilfestellung für den durchführenden Mitarbeiter bietet. Dieser erwartet in der Regel, dass man die Ablaufschritte noch weiter in die einzelnen, dazugehörigen Aktivitäten untergliedert und den erwarteten Output nicht auf Ebene der einzelnen Abläufe benennt, sondern ihn spezifischer für jeden Ablaufschritt festlegt. Und mit dem Output sollten zusätzlich auch die Eingangsdokumente (die „Inputs") spezifiziert werden, die für jeden Ablaufschritt erforderlich sind.

Eine solche detaillierte Beschreibungsform wäre dann durch eine Merkmalshierarchie repräsentiert, wie sie in Bild 6 dargestellt ist. Dieser Abbildung ist zu entnehmen:

- Jede Entwicklungsaktivität hat entsprechend dieser dargestellten Struktur eine bestimmte Ausprägung der Merkmale „Funktionsbereich", „Ablauf", „Ablaufschritt" und „Aktivität".

- So wie bei einem Auto mit Nennung des Fahrzeugsements (zum Beispiel: „Kompaktklasse") automatisch bestimmte Proportionen und andere Eigenschaften des Autos festgelegt sind, sind hier bei Angabe einer Merkmalsausprägung wie zum Beispiel „Spezifizieren (von Tests)" beim Merkmal „Ablaufschritt" ebenfalls weitere Daten und Informationen implizit festgelegt – nämlich der Input und der Output des Ablaufschritts und die zu diesem Schritt gehörenden Aktivitäten. Analoges gilt für die anderen Merkmale dieser Merkmalshierarchie.

Die Darstellung ist natürlich nicht der Weisheit letzter Schluss. Man kann hier noch andere Details ergänzen. Und es lassen sich weitere Fragen daran anknüpfen. Zum Beispiel: Wie stark differenziere ich die Ablaufschritte? Oder anders formuliert: Wie viele Aktivitäten fasse ich zu einem

Ablaufschritt zusammen? Damit wird die Frage der Granularität der Merkmalsausprägungen angesprochen, die ebenfalls zu klären ist. Hier gibt es kein absolutes und allgemein gültiges „Richtig" oder „Falsch". Dennoch sind mir immer wieder solche Erwartungen begegnet. Möglicherweise muss es für einen Ablauf mehrere Beschreibungen unterschiedlicher Granularität geben – spezifisch für unterschiedliche Adressatenkreise formuliert.

Es ist also eine gehörige Portion an subjektiven Festlegungen erforderlich, wenn man relativ abstrakte Objekte wie beispielsweise „Entwicklungsaktivitäten" zu beschreiben und einzugrenzen versucht, deren Merkmale nicht allgemeinverbindlich definiert sind. Deshalb sind bei einer Klassifikation solcher Objekte diese subjektiven Anteile immer genau zu prüfen.

3.4 Objekte zielgerichtet gruppieren

≡ **Hat Einfluss aufs Ergebnis: Die Zielsetzung**

Wenn man die Menge der Objekte, die man betrachten möchte, klar definiert und abgegrenzt hat, kann man zum Kern dessen kommen, was das Klassifizieren ausmacht: Es geht darum, diese Objektmenge entsprechend den Ausprägungen *ausgewählter Merkmale* in kleinere Teilmengen zu zergliedern, die betrachteten Objekte also zu *gruppieren*.

Dieses kann ganz konkret und real erfolgen – wie im dargestellten Schraubenbeispiel – oder auch nur virtuell. Letzteres ist zum Beispiel gegeben, wenn **Supermarktkunden** (die Betrachtungsobjekte) an der Kasse nach der Postleitzahl (PLZ) ihres Wohnsitzes gefragt werden, um sie nach genau dieser PLZ aufschlüsseln und klassifizieren zu können.

Solche Klassifikationen erfolgen immer im Rahmen einer zu lösenden Problemstellung und sind mit einer bestimmten *Zielsetzung*, mit einer bestimmten Absicht oder einem bestimmten Erkenntnisinteresse verbunden.

Bei dem Schraubenbeispiel ist es das Ziel, im Bedarfsfall Schrauben (die Objekte) geeigneter Länge später schnell wiederfinden zu können. Hinter der PLZ-Klassifikation steht vermutlich das Interesse, eine Übersicht darüber zu bekommen, was das Einzugsgebiet des jeweiligen Supermarktes ist, wie viele Kunden in welchem PLZ-Bereich vorhanden sind, ob die Kunden je nach PLZ mehr, weniger oder andere Produkte kaufen, wo der Markt gezielt auf seine Konkurrenz reagieren sollte, welche seiner Filialen wie attraktiv sind, wo er sein Werbematerial am sinnvollsten platzieren sollte und dergleichen mehr.

Es hängt von der subjektiven Zielsetzung und dem spezifischen Erkenntnisinteresse ab, welche Merkmale man zur Klassifikation der Objekte in einer Betrachtungsmenge heranzieht und welche Merkmale man dabei überhaupt nicht weiter beachtet, da deren Ausprägungen für die Klassifikation keine Rolle spielen.

Abgesehen von den Merkmalen, die man bereits zur Eingrenzung einer Betrachtungsmenge heranzieht, sind bei einer zielgerichteten Gruppierung von Objekten also noch zwei weitere Arten von Merkmalen zu beachten – die *klassifizierenden* und die weiterhin *nicht-beachteten* Merkmale. Für beide dieser Merkmalsarten gibt es spezifische Anforderungen, die sich aus der jeweils vorgegebenen Zielsetzung ableiten. Die folgenden beiden Abschnitte erläutern dieses genauer.

≡ **Die richtige Gruppierung: Vollständig und überschneidungsfrei**

Um eine Objektmenge durch eine Klassifikation zielgerichtet zu zergliedern, bedarf es eines Merkmals, durch das zweierlei erreicht wird: Es muss zu der Zielsetzung passen und es muss die Zergliederung unterstützen. Den ersten Punkt habe ich bereits angesprochen. Der zweitgenannte Punkt bedarf noch einiger Erläuterung.

Eine Objektmenge zu zergliedern bedeutet, dass jedes Objekt dieser Menge dabei erfasst wird und dass es eindeutig einer zergliedernden Klasse zugewiesen wird. Damit dieses möglich wird, müssen die Ausprägungen des Merkmals etwas Grundlegendes gewährleisten:

- Die *Ausprägungen* des Merkmals müssen zwei fundamentale Eigenschaften besitzen: Sie müssen *vollständig* und *überschneidungsfrei* sein.

Doch was heißt das?

Zunächst zur Eigenschaft der „Vollständigkeit". Halten Sie sich dazu die **Universitäten und Hochschulen** vor Augen, bei denen die dort vertretenen Wissenschaften in Form von Fakultäten oder Fachbereichen gegliedert werden. Theologie, Medizin, Sozialwissenschaften, Rechtswissenschaften, Mathematik/Informatik, Wirtschaftswissenschaften usw. sind klassische Beispiele dafür. In neuerer Zeit haben sich an Hochschulen aber auch interdisziplinäre Wissenschaften entwickelt wie zum Beispiel die Kognitionswissenschaft. Und dafür scheint es keine überzeugende Zuordnungsmöglichkeit zu einem der etablierten Fachbereiche zu geben, da die Kognitionswissenschaft auf einem Zusammenspiel unterschiedlichster Disziplinen beruht. Biologie, Informatik, Psychologie und Philosophie gehören zum Beispiel dazu. Insofern ist das organisatorische Merkmal „Fachbereich" mit den althergebrachten Ausprägungen nicht vollständig.

Oder stellen Sie sich eine Sammlung **elektronisch gespeicherter Musik** vor, in die man mehr Ordnung bringen möchte, indem man den Musikstücken neben Titel und Interpret auch eine Musikrichtung zuordnet. Wenn einem dazu dann die groben Kategorien „Jazz", „Pop" und „Klassik" einfallen, wird dieses nicht immer ausreichen – jedenfalls dann nicht, wenn man in der Sammlung zum Beispiel Musicals hat. Dann wären auch hier die möglichen Werte des Attributs „Musikrichtung" nicht vollständig.

Diese *Vollständigkeit* ist immer abzusichern, damit *jedes* Objekt der Betrachtungsmenge einer Klasse zugeordnet werden kann.

Meistens macht es keine großen Probleme, diese Vollständigkeit sicherzustellen. Denn man wird direkt darauf gestoßen, sobald einem Objekt der Betrachtungsmenge keine Merkmalsausprägung zuzuordnen ist. Im erwähnten PLZ-Beispiel bedeutet das, auch den PLZ-Wert „unbekannt" vorzusehen, da möglicherweise einige der befragten Kunden ihre PLZ nicht nennen wollen oder – bei Kindern und Jugendlichen – vielleicht auch gar nicht sicher kennen. Ähnlich könnte man bei der Musikrichtung die Kategorie „Sonstige" ergänzen.

Etwas schwieriger kann es mitunter bei der zweitgenannten Eigenschaft, der „Überschneidungsfreiheit" werden. Was steckt dahinter?

Ich komme manchmal an einem **Restaurant** vorbei, das an seinem Eingangsbereich damit wirbt, dass hier chinesische, japanische und asiatische Gerichte angeboten werden. Hier wird die Art der Gerichte durch Merkmalswerte beschrieben, die sich ganz offensichtlich überschneiden: Natürlich ist ein „chinesisches" Gericht zugleich auch ein „asiatisches" Gericht.

Gesehen habe ich ebenso die Werbung eines **Handwerksbetriebs**, der auf seinen Dienstwagen seine Leistungen anbietet mit den Schlagworten „Maurerarbeiten, Elektroarbeiten, Heizungs- und Sanitärarbeiten, Trockenbau, Altbausanierung". Auch hier eine Aufzählung von Tätigkeiten, die sich zum Teil überschneiden. Eine solche Art von Überlappung ist für Werbezwecke sicherlich unkritisch, für systematische Analysen aber problematisch. Will dieser Handwerksbetrieb zum Jahresabschluss nach diesen Begriffen seine Aufträge auswerten, wird das zu Problemen führen, da Maurerarbeiten möglicherweise auch speziell im Rahmen von Altbausanierungen angefallen sind.

Die Werte eines klassifizierenden Merkmals müssen überschneidungsfrei sein, damit einem Objekt *eindeutig* genau eine Merkmalsausprägung zugeordnet werden kann.

Objekte zielgerichtet gruppieren

In den gerade genannten Beispielen war es offensichtlich, dass diese Anforderung verletzt wurde. Manchmal kann das Überschneidungsproblem aber auch versteckter sein. Dazu die folgende Situation:

Angenommen, ein Softwareentwicklungsunternehmen hat ein neues Softwarepaket für ein **Anwendungsprogramm** entwickelt und beim anschließenden Testen dieser neuen Software Fehler entdeckt. Dann ist es natürlich die vordringliche Aufgabe, diese Fehler zu beheben. In dem Zusammenhang wird das Unternehmen aber vielleicht darüber hinaus auch noch eine Fehleranalyse durchführen. Ziel einer solchen Fehleranalyse ist es, zu identifizieren, von welcher Art die entstandenen Fehler sind. Es geht – etwas genauer ausgedrückt – bei dieser Analyse also um eine Klassifikation der aufgetretenen Fehler nach der Art der jeweils erforderlichen Fehlerkorrektur. Mit diesem Wissen wird man dann gezielt Verbesserungsmaßnahmen im Entwicklungsablauf definieren und anstoßen können, so dass diese Fehler bei zukünftigen Entwicklungsarbeiten nicht erneut gemacht werden.

Einige dieser Fehler können zum Beispiel Korrekturen an der Architektur, also am strukturellen Aufbau und Zusammenspiel der Softwarebausteine erfordern. Ein anderer Teil der Fehler ist vielleicht im Zusammenhang mit der Definition der neuen Softwarefunktionen entstanden, andere betreffen vielleicht den Datenaustausch zwischen Softwareblöcken und damit sogenannte Schnittstellen. Weitere Fehler liegen vielleicht bei bestimmten Datenzuweisungen vor oder sind durch mangelhafte Plausibilitätsprüfungen entstanden. Die Fehleranalyse liefert auf diese Weise eine Klassifikation der Fehler nach dem Merkmal „Fehlerart" mit den möglichen Werten „Architektur", „Funktion", „Schnittstelle" und so weiter.

Mit dem Merkmal „Fehlerart" und den dazu genannten Ausprägungen nutzt dieses Beispiel relativ abstrakte Begriffe, bei denen es deutlich schwieriger ist, die Überschneidungsfreiheit der Merkmalswerte zu erkennen. In der Tat kann man sich nämlich fragen, ob die Fehlerarten „Funktion" und „Schnittstelle" immer klar voneinander unterscheidbar und damit überschneidungsfrei sind, da in den meisten Softwarearchitekturen Schnittstellen einen fundamentalen Anteil an der Festlegung der Funktionen haben. Hier wäre also im konkreten Fall genauer zu prüfen und gegebenenfalls das Spektrum der möglichen Ausprägungen für die Fehlerart zu verändern, um deren Überschneidungsfreiheit zu gewährleisten, damit konsistente Auswertungen dazu möglich werden.

≡ **Beachtenswert: Die nichtbeachteten Merkmale**

Wenn man im erwähnten **Supermarkt**-Beispiel bei den Kunden nur nach der PLZ fragt, heißt das gleichzeitig, dass andere Personeneigenschaften wie Geschlecht, Alter, Familienstand oder Beruf für die zu klärende Fragestellung offenbar irrelevant sind. Bezüglich dieser Eigenschaften werden die befragten Käufer bei der Erhebung nicht unterschieden, werden diesbezüglich also als gleichwertig angesehen (wobei wir nicht wissen, ob nicht vielleicht im Hintergrund eine Software auf der Basis der gekauften Produkte eine solche Klassifizierung vornimmt – vielleicht sogar mit hoher Genauigkeit).

Interessiert man sich jedoch nicht nur dafür, wie die Käufer sich auf die PLZ-Bereiche verteilen, sondern auch für deren Kaufkraft, reicht die Frage nach der PLZ allein nicht aus. Und dann sind die Befragten auch nicht mehr alle als gleichwertig einzustufen. Denn ein Kunde, der eine ganze Familie zu versorgen hat, wird einen ganz anderen Umsatz im Supermarkt generieren als eine alleinstehende Rentnerin. Bei einem derartigen Erkenntnisinteresse müsste man neben der PLZ noch weitere Daten erheben. Ein Merkmal wie „Familienstand" wäre dann zum Beispiel ein wichtiges Unterscheidungsmerkmal und dürfte dann nicht mehr den nichtbeachteten Merkmalen zugeordnet werden.

Damit ist das Entscheidende genannt, worauf es bei den nichtbeachteten Merkmalen ankommt:

- Bei einer Klassifikation sind die klassifizierenden Merkmale so zu wählen, dass die verbleibenden nichtbeachteten Merkmale im Hinblick auf die Zielsetzung keine Rolle spielen: Alle Objekte müssen bezüglich dieser nichtbeachteten Merkmale als gleichwertig oder äquivalent angesehen werden können.

Doch diese Äquivalenz ist nicht immer einfach abzusichern. Je abstrakter die betrachteten Objekte werden, desto schwieriger kann es werden, dafür zu sorgen, dass die Ausprägungen der nichtbeachteten Merkmale bei der Klassifikation zurecht ignoriert werden können, *dass die Objekte diesbezüglich also alle gleichwertig sind.* Die beiden folgenden Beispiele illustrieren diese Erfahrung.

≡ **Beispiel Milchaufschäumer:**
Produktanforderungen in der Entwicklung

Stellen Sie sich ein Unternehmen vor, das einen elektrisch angetriebenen **Milchaufschäumer** mit neuen zusätzlichen Bedienmöglichkeiten auf den Markt bringen möchte.

Einer der ersten Schritte bei solchen Neuentwicklungen besteht darin, die Anforderungen an das Gerät zu ermitteln und zu sammeln. Es gilt zu klären, welche Funktionalität das Gerät bereitstellen soll, wie es ausgelegt sein soll, welchen äußeren Belastungen und Einflüssen es standhalten muss und dergleichen mehr.

Dabei könnten dann Anforderungen zusammenkommen wie zum Beispiel:

- Der Behälter für die Aufnahme der zu schlagenden Milch und des entstehenden Milchschaums soll eine Wandstärke von 1 mm haben.
- Dieser Behälter soll zylinderförmig sein, eine Höhe von 80 mm und einen Durchmesser von 100 mm haben.
- Eingefüllte Milch soll innerhalb von 30 Sekunden geschäumt und dabei auf 60 °C erwärmt werden können.

Derartige Anforderungen sind in diesem Fall die Betrachtungsobjekte. Wie alle Objekte, so haben auch Anforderungen ihre spezifischen Merkmale. Ein Beispiel für ein solches Merkmal ist die Anforderungsart, durch die unterschieden werden kann, ob die Anforderung technischer oder nichttechnischer Natur ist. Ein weiteres Merkmal beschreibt den Gegenstandsbereich, auf den sich die Anforderung bezieht, so dass man zwischen Anforderungen an die Funktionalität, Ergonomie, Sicherheit, Zuverlässigkeit und dergleichen unterscheiden kann.

Dazu gehört auch das etwas andersartige Merkmal „Anforderungsstatus" (kurz: „Status"), das es möglich macht, den Fortschritt bei der Abarbeitung der Anforderungen zu verfolgen. Diese Abarbeitung umfasst mehrere Schritte. Im ersten Schritt sind die Anforderungen zu erfassen. Danach werden sie im Hinblick auf deren Umsetzungsmöglichkeit analysiert. Abhängig vom Ergebnis dieser Analyse werden sie dann als „abgelehnt" beiseite gestellt oder aber ins Entwicklungsteam eingebracht und akzeptiert, um sie danach umzusetzen und schließlich zu testen. Für das Merkmal „Anforderungsstatus" sind daher sinnvollerweise die Ausprägungen „erfasst", analysiert", „akzeptiert", „abgelehnt", „umgesetzt" und „getestet" zu unterscheiden.

Hat man als Manager eines Entwicklungsprojekts das Ziel, die Abarbeitung der Anforderungen zu verfolgen, ist das mithilfe dieses Anforderungsstatus relativ einfach – man muss zu jedem Beobachtungszeitpunkt die vorliegenden Anforderungen nur nach den Ausprägungen dieses Merkmals klassifizieren und dann auszählen:

- Die *Anzahl* der zu einer Klasse gehörenden Objekte ist bei jeder Klassifikation eine eindeutig definierte, einfache *quantitative Größe*.

Wenn man dieses in regelmäßigen Abständen macht, lässt sich die Veränderung der Zahlen und damit auch der Fortschritt der Abarbeitung kontinuierlich verfolgen.

Bild 7 zeigt das Ergebnis einer solchen monatlichen Klassifikation und Auszählung in grafischer Form. Das Bild gibt einen Einblick in die Geschwindigkeit der Abarbeitung und erlaubt Trendaussagen.

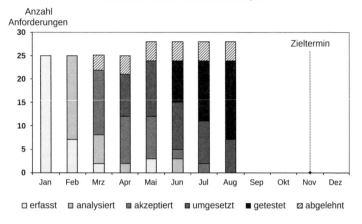

Anzahl und Status von Anforderungen

erfasst · analysiert · akzeptiert · umgesetzt · getestet · abgelehnt

Bild 7 Zeitliche Verfolgung einer Klassifikation von Anforderungen.

Entsprechend dieser Darstellung waren im Januar 25 Anforderungen erfasst worden. Der Stand im April war, dass alle Anforderungen in der Bearbeitung fortgeschritten waren: 2 Anforderungen hatten den Stand „analysiert", 10 Anforderungen waren nach der Analyse akzeptiert und 4 abgelehnt worden, und 9 Anforderungen waren auch schon umgesetzt. Im Mai und Juni war diese Abarbeitung natürlich weiter fortgeschritten, wobei im Mai noch 3 neue Anforderungen dazugekommen waren.

Betrachtet man die letzten beiden Monate, so erkennt man, dass pro Monat etwa vier umgesetzte Anforderungen auch ihre Tests durchlaufen haben. Dieses macht einen Trend deutlich, den man nutzen kann, um abzuschätzen, ob die restlichen Anforderungen noch innerhalb der verbleibenden Zeit bis zum Zieltermin getestet werden können. In diesem Fall sind noch sieben Anforderungen zu testen. Folglich sollte man erwarten, dass diese Tests bis zum Zieltermin abgeschlossen sein werden.

Eine derartige **Fortschrittsverfolgung** *wird in der Praxis oft genutzt, hat aber seine Tücken. Denn die Aussage für den zeitlichen Testaufwand und die daraus abgeleitete Trendaussage setzen voraus, dass alle Anforderungen, die man hier klassifiziert hat, im Hinblick auf ihre Umsetzung als gleichwertig zu betrachten sind. Sie sollten alle den ungefähr gleichen Aufwand erfordern, so dass man den Schluss ziehen darf, dass doppelt so viele Anforderungen auch die doppelte Zeit benötigen.*

Diese Voraussetzung ist aber oft nicht gegeben. Das ist auch hier bei dem Milchaufschäumer der Fall. Die drei genannten Anforderungsbeispiele machen das deutlich.

Objekte zielgerichtet gruppieren

Die ersten beiden Anforderungen sind rein mechanische Konstruktionsvorgaben und insofern relativ einfach. Die erste Anforderung sticht dadurch heraus, dass sie eine einzige, nicht weiter zerlegbare Vorgabe beinhaltet. Insofern kann man sie als „atomar" bezeichnen. Die zweite Anforderung ist schon etwas komplexer als die erste, da sie zwei „atomare" Anforderungen zusammenfasst – eine Anforderung an die Höhe und eine an den Durchmesser. Man hätte diese beiden Anforderungsaspekte daher auch getrennt als zwei separate atomare Anforderungen formulieren können. Die dritte Anforderung ist unter den drei genannten die komplexeste, da für ihre Umsetzung mechanische, thermische und elektronische Komponenten des Produkts gezielt zusammenspielen müssen. Aus dieser komplexen Anforderung würde man nach entsprechender Analyse eine ganze Reihe solcher atomarer Anforderungen ableiten können. Dementsprechend ist die Umsetzung dieser dritten Anforderung im Vergleich zu den beiden erstgenannten Anforderungen mit einem deutlich höheren Aufwand verbunden.

Die Komplexität der Anforderungen – ebenfalls ein Anforderungsmerkmal – ist in diesem Beispiel also sehr unterschiedlich. Damit ist auch der daraus resultierende Entwicklungsaufwand von Anforderung zu Anforderung sehr unterschiedlich. Die Objekte der Betrachtungsmenge – die vorliegenden Anforderungen – sind demzufolge im Hinblick auf die Zielsetzung, Prognosen für den Abarbeitungsfortschritt geben zu können, nicht als untereinander gleichwertig anzusehen. Damit ist die wichtige Äquivalenzeigenschaft für die nach dem Status klassifizierten Objekte nicht gegeben.

Um diese Äquivalenz zu gewährleisten, müsste man alle komplexeren Anforderungen vorher so in Teilanforderungen zerlegen, dass alle daraus resultierenden Anforderungen schließlich vergleichbare Komplexität besitzen. Nur dann wäre Äquivalenz gegeben, nur dann würde das Zählen der Anforderungen pro Klasse auch sinnvolle Abarbeitungsabschätzungen liefern.

Diese Arbeit macht man sich meistens jedoch nicht. Vermutlich deswegen, weil ein derartiges gezieltes Zerlegen und Strukturieren von Anforderungen einen sehr hohen Arbeitsaufwand bedeutet. Daher sollte man Trendaussagen, die aus einem Diagramm wie in Bild 7 abgeleitet werden, immer mit Vorsicht genießen. Allerdings muss man zur Ehrenrettung aller Nutzer dieser Diagramme auch sagen: Wenn sehr viele Anforderungen vorliegen, dann reduziert sich glücklicherweise die Problematik ihrer unterschiedlichen Komplexität. Denn dann gleicht sich diese im Mittel aus, so dass man im Mittel auch wieder zu einigermaßen zuverlässigen Prognosen kommt.

Projekte haben das grundsätzliche Ziel, bestimmte Aufgaben innerhalb eines vorgegebenen Zeitrahmens mit vorgegebenen Ressourcen umzusetzen. Das Managen von Projekten erfordert deshalb auch die Auseinandersetzung mit den **Projektrisiken**, die auf dem Weg zu diesem Ziel lauern. Risiken sind – das ist das allgemeine Verständnis – potenzielle Probleme, die zukünftig mit einer gewissen Wahrscheinlichkeit auftreten können. Und treten sie dann auf, hat das einen negativen Effekt auf das Projektziel. Sie sind also mit einem gewissen Schaden verbunden. Dieser Schaden kann in erhöhten Kosten, Terminverschiebungen oder in Qualitätseinbußen bestehen, er kann störende Seiteneffekte auf parallele Aktivitäten beinhalten und dergleichen mehr. Daher gilt es für Projekte, Risiken zu identifizieren und ihnen proaktiv zu begegnen.

Ein Hilfsmittel bei der Analyse und Bewertung der Risiken ist eine Klassifikation dieser Risiken (das sind in diesem Fall die betrachteten Objekte) mithilfe einer sogenannten *Risikomatrix*. Diese klassifiziert die Risiken nach zwei Merkmalen: nach der *Eintrittswahrscheinlichkeit* und der *Schadenshöhe* eines Risikos. Die möglichen Werte dieser beiden Risikomerkmale werden dann meistens durch eine einfache Stufenskala (zum Beispiel die Stufen 1 bis 5 mit 1 als niedrigster Stufe und 5 als höchster Stufe) dargestellt (dass solche Skalen nicht ganz unproblematisch sind, sei an dieser Stelle zunächst einmal ignoriert; ich werde im nächsten Kapitel darauf zurückkommen).

Jedem identifizierten Risiko wird dann einer dieser Werte für die Eintrittswahrscheinlichkeit und für die Schadenshöhe zugeordnet. Auf diese Weise ergibt sich für die Risiken eine *zweidimensionale Klassifikation*, da hierbei zwei Merkmale gleichzeitig betrachtet werden. Bild 8 veranschaulicht die dadurch entstehenden 25 Klassen. Sie sind im linken Teil der Abbildung grafisch dargestellt und spannen ein Quadrat auf. In diese Klassen sind also die identifizierten Risiken „einzusortieren".

Um in dieser Menge von Risiken jene zu identifizieren, denen mit oberster Priorität zu begegnen ist, fasst man diese relativ große Anzahl von Klassen meistens noch einmal neu zusammen. Dazu bewertet man die „Schwere" der Risiken für jede dieser 25 Klassen. Da ein Risiko umso schwerer wiegt, je größer seine Eintrittswahrscheinlichkeit oder sein Schadensausmaß ist, hat man für diese sogenannte *Risikoschwere* folgende Festlegung getroffen:

Risikoschwere = Eintrittswahrscheinlichkeit × Schadenshöhe

Die Risikoschwere ist also eine abgeleitete Kennzahl und hat einen Wert zwischen 1 und 25, wenn man die genannte fünfstufige Skala für die Eintrittswahrscheinlichkeit und die Schadenshöhe zugrunde legt. Die Werte

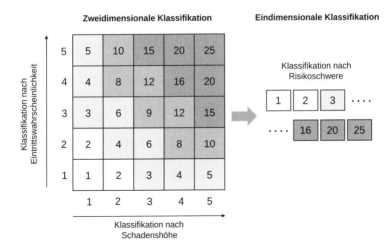

Bild 8 Zweidimensionale Klassifikation von Risiken durch die Risikomatrix und deren Transformation in eine eindimensionale Klassifikation

der Risikoschwere sind für jede der 25 Klassen ebenfalls in der Abbildung eingetragen. Risiken mit einem Wert von 25 für die Risikoschwere wiegen am schwersten. Sie haben insofern allerhöchste Priorität. Zu ihnen sind vorrangig Maßnahmen aufzusetzen, durch die sie abgemildert oder vielleicht sogar ganz vermieden werden können.

Bemerkenswert ist, dass durch diese abgeleitete Kennzahl eine neue Klassifikation der Risiken entsteht. Diese ist jetzt eindimensional, da sie nur auf dieser einen Kennzahl beruht. Sie hat nur noch 15 Ausprägungen, welche den Werten 1, 2, 3, 4, 5, 6, 8, 9, 10, 12, 15, 16, 20 und 25 der Risikoschwere zugeordnet sind. Dieses ist im rechten Teil der Abbildung angedeutet.

Im Hinblick auf das Ziel, gleich schweren Risiken mit der gleichen Aufmerksamkeit und Intensität zu begegnen, stellt sich bei dieser Risikoschwere-Klassifikation jetzt die Frage: Ist diese eindimensionale Klassifikation dieser Zielsetzung angemessen? Sind alle Objekte (Risiken) einer Klasse gleichgewichtig, also in dieser Hinsicht äquivalent und daher mit gleicher Priorität zu behandeln?

Ist also ein Risiko mit kleiner Eintrittswahrscheinlichkeit (Wert = 1) und großer Schadenshöhe (Wert = 5) genauso wichtig und schwerwiegend wie ein Risiko mit kleiner Schadenshöhe (Wert = 1), aber dafür hoher Eintrittswahrscheinlichkeit (Wert = 5)? Beide haben den gleichen Wert 5 für die Risikoschwere, liegen also diesbezüglich in der gleichen Klasse.

Dazu ein konkretes Beispiel: Da in Deutschland täglich etwa 1,2 Menschen beim Radfahren sterben, so ist dieses gleichwertig dazu, dass bei einer großtechnischen Anlage etwa alle 10 Jahre eine Katastrophe passieren kann, bei der in Folge ca. 4500 Personen umkommen können.[7] Die Wahrscheinlichkeit eines Unglücks bei der Anlage ist zwar deutlich kleiner als beim Radfahren, dafür aber umso schwerer in seinen Auswirkungen. Beide Risiken hätten rein formal etwa die gleiche Risikoschwere. Doch viele von uns werden die Anlagenkatastrophe deutlich schlimmer empfinden als die tägliche Unfallgefahr beim Radfahren. Dieses drückt sich auch in den Berichten von Tageszeitungen aus, die meistens in aller Ausführlichkeit von **Anlagenkatastrophen** berichten, aber kaum und allenfalls am Rande die **tödlichen Unfälle beim Radfahren** zum Thema haben. Beide Risiken werden also selten als äquivalent angesehen. Aus Sicht der Kennzahl „Risikoschwere" wären sie mit gleicher Priorität zu behandeln, mit Blick auf deren Details würde man sie aber vielleicht lieber unterscheiden, wie es bei der zweidimensionalen Klassifikation in der Abbildung links der Fall ist.

Man kann aber auch so argumentieren: Die Risiken einer Risikoschwere-Klasse sind vielleicht nicht alle gleichgewichtig, man sieht aber darüber hinweg und begegnet ihnen im Projekt trotzdem mit gleicher Priorität. Im Hinblick auf die *Behandlung* im Projekt sind sie dann als gleichwertig und zueinander äquivalent angesehen. Und genau so verfährt man auch in der Praxis.

Ebenso kann man bei Risikobetrachtungen, bei denen keine Standards ein streng formales Vorgehen einfordern, „großzügiger" mit der Klassifikation der Risiken und den damit verbundenen Äquivalenzanforderungen umgehen. Dieses wäre zum Beispiel bei einer **Firmengründung** oder dem **Schritt in die Selbstständigkeit** gegeben. Entscheidend ist, dass man die dabei drohenden Risiken überhaupt identifiziert. Dazu gehören zum Beispiel: eigene Krankheit (bei schwerwiegender Erkrankung im Extremfall die Erwerbsunfähigkeit) oder die Erkrankung des Personals, Zahlungsausfälle, Probleme mit Lieferanten, Vandalismus, Brand- oder (Verkehrs-)Unfallschäden, zu wenige Kunden (zum Beispiel aufgrund neuer Konkurrenten), Restriktionen durch die Bank, schlechtes Wetter usw. Eine vereinfachte Risikobetrachtung kann auch bei manchen **privaten Anschaffungen** interessant sein, zum Beispiel im Hinblick auf eine Versicherung, etwa für ein Fahrrad oder ein Musikinstrument.

Diese Beispiele weisen darauf hin, dass es Sinn macht, bei einer Klassifikation die Äquivalenz der Objekte in der Betrachtungsmenge aus Sicht der *Zielsetzung* nochmals auf den Prüfstand zu stellen.

Objekte zielgerichtet gruppieren

3.5 Unterstützende Tools aus der Unternehmenswelt

Das Klassifizieren ist für uns alle etwas sehr Alltägliches und Vertrautes. Daher mag es zunächst verwundern, dass man in Unternehmen dafür Tools vorfindet. Dieses liegt wohl vor allem daran, dass man es hier meistens nicht mit so anschaulichen und konkreten Dinge wie im Alltag zu tun hat, sondern sich in der Regel mit Fragestellungen auseinandersetzen muss, die durch relativ abstrakte Begriffe und Konzepte geprägt sind.

Typische Beispiele für Tools zum Klassifizieren sind (in alphabetischer Reihenfolge):

- Kraftfeldanalyse
- Pareto-Analyse
- PMI-Methode
- Priorisierungsraster
- Risikoanalyse
- Stärken-Schwächen-Profil
- SWOT-Analyse.

Diese Aufzählung erhebt keinen Anspruch auf Vollständigkeit. Sie soll darauf aufmerksam machen, dass die spezifischen Problemstellungen und Fallstricke des Klassifizierens ein Thema für Sie sind, wenn Sie eines der hier genannten oder damit verwandten Werkzeuge einsetzen oder wenn Sie deren Ergebnisse nutzen.

Einige dieser Tools habe ich in diesem Kapitel bereits kurz angesprochen. Eine genauere Beschreibung der Werkzeuge und Hinweise darauf, welche Stolpersteine lauern, wenn Sie sie beim Klassifizieren einsetzen, finden Sie in Kapitel 8.

3.6 Klassifizieren – Das Wichtigste in Kürze

Für das Klassifizieren von zentraler Bedeutung sind die Merkmale (Attribute), welche die jeweils betrachteten Objekte besitzen, und deren mögliche Ausprägungen. Zu beachten ist dabei:

- Das, was man einem Objekt als Merkmal zuschreibt, ist nicht immer eine Eigenschaft dieses Objekts allein, sondern oft auch vom Umfeld oder Kontext abhängig, in dem das Objekt betrachtet wird (**Beispiel: Der Preis eines Fernsehers oder auch die Farbe einer Blume**). Mit der spezifischen Festlegung des Kontexts fließen in derartige Merkmale immer subjektive Aspekte mit ein.

- Zu unterscheiden sind direkte Merkmale (**Beispiel: Körpergröße einer Person**) und abgeleitete Merkmale (**Beispiel: Body Mass Index**). Für abgeleitete Merkmale gibt es oft keine allgemeinverbindlichen Definitionen, so dass dafür spezifische Festlegungen getroffen werden müssen (**Beispiel: Attraktivität einer Stadt**).

- Merkmale eines Objekts können voneinander abhängig (**Beispiel: Fahrzeugart (Pkw, Lkw, …) und Fahrzeugsegment (Kleinwagen, Kompaktklasse, …) bei Kraftfahrzeugen**) oder voneinander unabhängig (**Beispiel: Fahrzeugart und Fahrzeugfarbe**) sein. Unabhängige Merkmale zeichnen sich dadurch aus, dass die Wertveränderung eines Merkmals keinen Einfluss auf die Werte der anderen Merkmale hat.

- Für jedes Merkmal müssen seine möglichen Ausprägungen (Werte) definiert sein (**Beispiel: RGB-Werte für die Angabe einer Farbe**). Es hängt von Zielsetzung und Kontext ab, welche Werte betrachtet werden und wie fein diese abgestuft werden.

- Bei der Eingrenzung von Objekten werden meistens mehrere Merkmale gleichzeitig betrachtet. Diese lassen sich hierarchisch übereinander liegenden Merkmalsebenen (**Beispiel: Fahrzeugart – Fahrzeugsegment – Hersteller – … bei Kraftfahrzeugen**) zuordnen. Je weiter man in dieser Hierarchie hinabsteigt, desto feiner kann man zwischen den betrachteten Objekten unterscheiden.

- Werden in einer Merkmalshierarchie voneinander abhängige Merkmale genutzt, ist deren Zuordnung zu den Merkmalsebenen nicht frei wählbar, sondern bereits durch diese Abhängigkeiten vorbestimmt und dementsprechend zu berücksichtigen. (**Beispiel: Fahrzeugart klassifiziert gröber als Fahrzeugsegment und liegt daher auf einer höheren Merkmalsebene.**)

- Auf welcher Ebene einer Merkmalshierarchie man Objekte beschreibt und damit deren Eigenschaften im Detail festlegt, hängt von der Zielsetzung und dem damit verbundenen Erkenntnisinteresse ab.

Objekte können auf Basis ihrer Merkmale klassifiziert werden:

- Klassifizieren bedeutet, in der Menge der jeweils betrachteten Objekte (kurz: Betrachtungsmenge) Unterscheidungen einzuführen, indem man diese Objekte entsprechend den Ausprägungen bestimmter Merkmale gedanklich gruppiert und so die Betrachtungsmenge in kleinere Teilmengen zergliedert (**Beispiel: Gruppierung von Schrauben nach ihrer Länge**).

Klassifizieren – Das Wichtigste in Kürze

- Eine Klassifikation ist immer in einen Kontext eingebunden. Mit ihr ist ein bestimmtes subjektives Erkenntnisinteresse, also eine bestimmte Zielsetzung verknüpft **(Beispiel: Klassifikation von Schrauben, um benötigte Schrauben einfach finden zu können).**

- Diese Zielsetzung bestimmt die Wahl der Merkmale, nach deren Werten die Betrachtungsmenge zergliedert wird.

- Die Ausprägungen (Werte) dieser klassifizierenden Merkmale müssen vollständig und überschneidungsfrei sein, so dass jedem Objekt der Betrachtungsmenge genau ein Attributwert zugeordnet werden kann. **(Beispiel: Für das Merkmal „Handwerkerdienstleistungen" sind die Ausprägungen „Maurerarbeiten" und „Elektroarbeiten" überschneidungsfrei, „Maurerarbeiten" und „Altbausanierung" dagegen nicht.)**

- Die Zielsetzung bestimmt gleichzeitig auch die Objektmerkmale, welche bei dieser Klassifikation *nicht* berücksichtigt werden, weil deren Ausprägungen im Hinblick auf die Zielsetzung keine Rolle spielen. Alle Objekte müssen bezüglich dieser nichtbeachteten Merkmale als gleichwertig oder äquivalent angesehen werden können. **(Beispiel: Erhebt man für die Klassifikation von Supermarktkunden nur deren Postleitzahl, so werden sie bezüglich Alter und Geschlecht als äquivalent angesehen.)**

- Die Eingrenzung einer Menge von Objekten ist eine spezielle Klassifikation in der Gesamtheit aller denkbaren Objekte. Sie erfolgt durch die Festlegung der Ausprägungen solcher Merkmale, die den interessierenden Objekten gemeinsam sind und durch die sie vom Rest dieser Gesamtheit unterschieden werden können. **(Beispiel: Indem man die Objektmenge der Pkws betrachtet, werden die Objekte dieser Welt in Pkws und Nicht-Pkws eingeteilt.)**

Bei den meisten der hier genannten Punkte spielen subjektive Festlegungen eine große Rolle. Sie sollten genau geprüft werden, da die Güte und Adäquatheit einer Klassifikation entscheidend davon abhängt.

4 Übersicht schaffen durch Ordnen

4.1 Ordnung ist das halbe Leben

„Ordnung ist das halbe Leben!" Wohl jeder kennt diesen Spruch, den Eltern zitieren, wenn sie wollen, dass die Kinder endlich ihr Zimmer oder ihren Schreibtisch aufräumen. Und möglicherweise sind Sie als Kind dieser Aufforderung mit der Antwort „Ordnung ist das halbe Leben, Chaos ist die andere Hälfte" begegnet. In der Tat ist Ordnung nicht alles im Leben. Doch Ordnung prägt große Bereiche unseres Alltags – auch ohne unser eigenes aktives Zutun. Und vermutlich ist selbst der, der eher das Chaos um sich herum vorzieht, letztendlich froh darüber.

Denn jeder wäre überfordert, in einem Buchladen nach einem bestimmten Buch zu suchen, wenn nicht die Bücher in den Regalen nach Themengebieten geordnet und innerhalb dieser Themengebiete dann zum Beispiel nach dem Verfasser sortiert wären. Der Einkauf einer Hose im Kaufhaus würde uns viel Zeit kosten, wenn diese nicht der Größe nach sortiert auf der Stange hängen würden. Ein Telefonbuch wäre völlig unbrauchbar, wenn die Fernsprechteilnehmer darin nicht alphabetisch einsortiert, sondern willkürlich aufgelistet wären. Und vielleicht hat der eine oder andere Hobbyfotograf unter Ihnen vielleicht auch schon mal bei der Suche nach einem Foto laut geflucht, weil er seine Bilder wahllos und unsortiert in einer Kartonbox gesammelt hat.

Wer die Dinge um sich herum von links nach rechts, von vorne nach hinten, von unten nach oben oder nach irgendeiner anderen Regel in eine Reihenfolge bringt, verschafft sich *Ordnung im Raum*. Sie ermöglicht uns Orientierung und Übersicht und erleichtert uns das Leben.

Das Gleiche gilt für eine *Ordnung von Dingen in der Zeit*. Sie alle kennen die „Taktgeber" dieser zeitlichen Ordnung – die Minuten, Stunden, Tage, Monate und Jahre. Sie gliedern den stetigen Fluss der Zeit. Wir sind geradezu existenziell damit verbunden und gliedern auch die Abläufe und Ereignisse um uns herum nach diesen Rhythmen. Nicht umsonst sind Uhr und Kalender für uns unverzichtbare, tägliche Begleiter. Durch sie können wir unsere Vorhaben und Handlungen planen und damit zeitlich ordnen und sortieren:

- Wir nehmen uns bestimmte Vorhaben wie Einkäufe, Besuche oder Gartenarbeiten an ausgewählten Tagen vor und ordnen sie damit zeitlich.

- Wir bringen die Tätigkeiten zur Vorbereitung einer Mahlzeit in eine zielgerichtete zeitliche Abfolge.

- Wir halten uns als Autofahrer bei einer zu regelnden Vorfahrt (wie zum Beispiel „rechts vor links") an die vorgegebene zeitliche Reihenfolge.

- Wir stellen uns beim Postschalter oder bei einem Amt in der Reihe an und ordnen uns damit in die zeitliche Abfolge ein, in der nacheinander die Kunden bedient werden.

Dinge oder Sachverhalte nach „erst ... dann ..." oder „vorher ... nachher ..." zeitlich zu ordnen, schafft also ebenfalls Übersicht und Orientierung. Es ist wahrscheinlich kein Zufall, wenn viele Arbeitslose oder Rentner unter ihrer Situation auch deshalb leiden, weil ihnen genau eine solche Ordnung im Tagesablauf fehlt.

Durch Ordnung strukturieren wir also Dinge oder Ereignisse in Raum und Zeit.

Manchmal beschäftigen wir uns aber auch mit Dingen, für die ihre Position in Raum und Zeit keine Rolle spielt, sondern andere Eigenschaften wichtig sind. Auch nach diesen Eigenschaften kann man ordnen. Die Ordnung, die dabei entsteht, drückt sich dann meistens in Form von *Rangfolgen* aus. Diese geben uns keine räumliche oder zeitliche, sondern eine gedankliche Übersicht und Orientierung und helfen uns damit ebenfalls im Alltag:

- Ein simples Beispiel dafür sind die **Bestsellerlisten**, bei denen Bücher nach ihren Verkaufszahlen oder Kinofilme nach ihren Besucherzahlen angeordnet werden.

- Oder denken Sie an die **Bundesligatabelle**, die die Gesamtheit der beteiligten Mannschaften nach ihren erzielten Spielergebnissen ordnet.

- Nach Verantwortung und Einfluss sind die **Hierarchien** in einem Unternehmen und die **Dienstränge** beim Militär geordnet.

- Die **Leistungen** von Schülern werden durch Noten bewertet und damit ebenfalls in eine Rangfolge gebracht.

- Auch Produkte werden in **Verbrauchertests** verglichen und „benotet" und so ebenfalls nach diesen Noten geordnet – was für viele eine große Einkaufshilfe darstellt.

- Und stehen wir vor einem Berg anstehender **Aufgaben**, hilft es, diese Aufgaben zunächst einmal nach ihrer Wichtigkeit zu **sortieren** und zu **priorisieren**. Damit bringt man eine gewisse Ordnung hinein und wird fähig zu entscheiden, was bis wann in welcher Reihenfolge tatsächlich erledigt werden kann.

Und selbst unserem inneren Erleben tut Ordnung gut. Wenn wir uns in einer Situation befinden, die unser Handeln erfordert, wir aber noch nicht wissen, was am besten zu tun ist, wird mancher von uns sich schon mal gesagt haben: „Ich muss erst mal meine Gedanken ordnen." Und wer emotional sehr aufgewühlt ist, der sagt dann auch mitunter: „Ich muss erst mal meine Gefühle sortieren." Wir suchen also in den verschiedensten Zusammenhängen immer wieder nach Ordnung:

- Ordnung verschafft uns Übersicht. Sie erspart uns dadurch unnötige Wege und Zeit, entspannt damit unsere Lebenssituation und gibt uns Freiräume.
- Ordnung regelt Sachverhalte und gibt uns damit Orientierung und Sicherheit.
- Ordnung macht Unterschiede deutlich und hilft uns, Bedeutsames von weniger Bedeutsamem zu unterscheiden.
- Ordnung macht uns damit handlungsfähig.

≡ **Ordnung ist nicht immer logisch.**
Und nicht auf Anhieb nachvollziehbar.

Wie das Klassifizieren, so ist auch das physische oder gedankliche Ordnen für uns ein alltäglicher Vorgang. Doch wie beim Klassifizieren und Gruppieren gibt es auch beim Ordnen einige Dinge, die es zu beachten gilt.

Auch beim Ordnen muss man sich zunächst Klarheit darüber verschaffen, welches *Ziel* man damit erreichen will. Entsprechend diesem Ziel hat man dann die *Merkmale* zu wählen, nach denen die betrachteten Objekte geordnet werden sollen.

Dabei kann man durchaus auf Schwierigkeiten stoßen. Denn nicht alle Merkmale sind für ein Ordnen geeignet:

- So kann ein Schneider seine Stoffe wohl nach ihrer Farbe gruppieren, jedoch gibt es für diese **Farbgruppen** zunächst einmal keine selbsterklärende Reihenfolge und damit Ordnung.
- Man kann Personen nach ihrer **Religionszugehörigkeit** klassifizieren, aber für die möglichen Werte dieses Merkmals, die Religionen, gibt es keine ordnende Abstufung.
- Gruppiert man dagegen Personen nach ihrem **Alter**, hat man sie dadurch nicht nur klassifiziert, sondern gleichzeitig auch geordnet.

Denn das Lebensalter wird üblicherweise durch eine schlichte Zahl angegeben, deren Werte bekanntlich eine aufsteigende Reihenfolge bilden. Entsprechend dieser Folge können dann natürlich auch die Personen selbst gedanklich geordnet werden. Dieses wird in regelmäßigen Abständen ja auch immer wieder getan und beispielsweise in Form einer sogenannten **Alterspyramide** dargestellt. Bild 9 zeigt dazu ein Beispiel.[8]

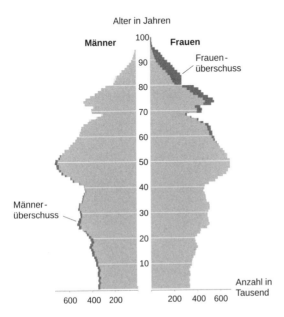

Bild 9 Alterspyramide der Bevölkerung von Deutschland für das Jahr 2013

Ist ein Merkmal identifiziert, nach dem geordnet werden kann, so bleibt dann immer noch die Frage, ob es für die konkrete Fragestellung und das angestrebte Ziel auch wirklich geeignet ist.

So besteht bei internationalen Sportwettkämpfen in der Regel das Interesse, den Erfolg der beteiligten Länder zu vergleichen. Zu diesem Zweck wird dann üblicherweise ein **Medaillenspiegel** erstellt und veröffentlicht. Bei diesem ergibt sich der Rangplatz dadurch, dass man die Länder zunächst nach den meisten Goldmedaillen sortiert, dann bei Gleichstand nach der Zahl der Silbermedaillen abstuft und hier bei Gleichstand analog mit den Bronzemedaillen verfährt. Auf diese Weise wird durch die Anzahl der Gold-, Silber- und Bronzemedaillen als Ländermerkmale eine Rangordnung (*Ranking*) der Länder geschaffen.

≡ Ordnung ist nicht immer logisch.
Und nicht auf Anhieb nachvollziehbar.

77

Die Frage ist allerdings: Gibt diese Rangfolge wirklich den sportlichen Erfolg eines Landes wieder? Bei dem in Tabelle 1 dargestellten Medaillenspiegel ist demzufolge Japan (11. Rang) bei der Sommerolympiade 2012 weniger erfolgreich gewesen als Ungarn (9. Rang). Aber dieses Ergebnis kann man durchaus infragestellen. Man könnte auch die Ansicht vertreten, dass Japan eigentlich erfolgreicher war als Ungarn. Japan hat zwar eine Goldmedaille weniger, dafür aber 10 Silbermedaillen mehr. Und diese große Überzahl an Silbermedaillen sollte man doch deutlich höher gewichten als die eine fehlende Goldmedaille. Zumal man weiß, dass in den meisten Disziplinen die ersten drei Plätze sehr eng beieinanderliegen.

Tabelle 1
Medaillenspiegel der olympischen Sommerspiele in London 2012 (Auszug)

Platz	Land	Gold	Silber	Bronze	Gesamt
1	USA	46	29	29	104
2	China	38	27	23	88
3	Großbritannien	29	17	19	65
4	Russland	24	26	32	82
5	Südkorea	13	8	7	28
6	Deutschland	11	19	14	44
7	Frankreich	11	11	12	34
8	Italien	8	9	11	28
9	Ungarn	8	4	5	17
10	Australien	7	16	12	35
11	Japan	7	14	17	38
12	Kasachstan	7	1	5	13

Das Beispiel macht deutlich: Bei jeder Ordnungsbeziehung, die einem gezeigt wird oder die man nutzt, sollte kritisch hinterfragt werden, ob sie tatsächlich auch die angestrebte Zielsetzung unterstützt.

Und das Beispiel macht gleichzeitig noch auf eine weitere, damit verbundene Fragestellung aufmerksam. Nämlich: Wie soll man etwas ordnen, wenn für die Erstellung der Rangordnung mehr als ein Merkmal zu berücksichtigen ist? Wie also verfahren, wenn es zum Beispiel drei Merkmale gibt, wie die Anzahl der Gold-, Silber-, und Bronzemedaillen? Dann müsste man diese Merkmale sinnvollerweise irgendwie gegeneinander abwägen. Aber: Wieviel ist dann eine Goldmedaille im Unterschied zur Silber- oder Bronzemedaille wert? Wieviel wiegt das eine gegen das andere?

Die Antwort scheint nicht einfach zu sein. Denn die Art der Medaille sagt leider nichts über den genauen Leistungsstand im Vergleich zu den Nächstplatzierten aus. Ein zweiter Platz und damit eine Silbermedaille bei zum Beispiel einem 100-m-Lauf kann dadurch zustande gekommen, dass der Zweitplatzierte nur eine Hundertstel Sekunde langsamer als der Erste war, aber einen deutlichen zeitlichen Abstand zum Drittplatzierten hat. Ein zweiter Platz kann aber auch dadurch zustande kommen, dass der Zweite bereits einen deutlichen Zeitabstand zum Ersten hat, aber glücklicherweise den Bruchteil einer Sekunde schneller als der Dritte gelaufen ist. In diesem Fall würde man ihn deutlich schlechter als den Erstplatzierten empfinden. In der erstgenannten Situation wiegt das „Silber" fast so wie „Gold", in der zweiten Situation ist es eher wie „Bronze" anzusehen. Kurz: „Silber" ist offenbar nicht unbedingt immer gleich „Silber". Das weiß natürlich jeder Sportinteressierte auch.

Dass Silber nicht immer gleich Silber ist und Gold nicht immer gleich Gold, wussten auch früher schon schlaue Händler, die im 16./17. Jahrhundert, als die Wechselkursunterschiede besonders groß waren, in einem Land Gold gegen Silber tauschten und in einem anderen Silber gegen Gold und dann wieder im ersten Gold gegen Silber. Das ergab gute Gewinne.

Bleiben wir noch ein wenig bei der **Leichtathletik** und der Problematik des gegenseitigen „Aufwiegens": Wenn zum Beispiel ein Sportler beim 100-m-Lauf den ersten Platz belegt und beim Speerwurf nur den zehnten Platz, ist er dann ein guter, ein schlechter oder ein mittelmäßiger Sportler? Kann man das Merkmal „Leistung beim 100-m-Lauf" und das Merkmal „Leistung beim Speerwurf" zusammenfassen, also quasi eine „Gesamtnote" für diesen Sportler vergeben? Unterschiedliche Merkmale gegeneinander aufzuwiegen und dann für ein Ranking zusammenzufassen kann ein richtiges Problem sein und ist nicht immer zielführend. Aber manchmal geht es eben genau darum: Beim Sieben- und beim Zehnkampf behilft man sich mit einer Wertung, für die man alle Leistungen in Punkte umrechnet, die dann zusammengezählt werden.

Genauso passiert es in der Schule: Aus den Zensuren („sehr gut", „gut", „befriedigend", ...) der verschiedenen Fächer bilden die Schüler (und auch die Lehrer, die Eltern und die Schule im Abschlusszeugnis) durchaus den Mittelwert, um die **Schulleistung** insgesamt zu benennen. Darf das denn so sein? Was für eine Rolle spielt im Abschlusszeugnis die Note in Religion, wenn jemand Pharmazie studieren will?

Unterschiedliche Leistungsnoten zu einer Gesamtbenotung zusammenzuführen ist nicht nur ein Thema in der Schule. Es begegnet uns auch in anderen Alltagsbereichen. Zum Beispiel:

≡ Ordnung ist nicht immer logisch.
Und nicht auf Anhieb nachvollziehbar.

79

- Sie wollen für den Urlaub ein **Hotel** buchen und suchen dazu bei einem Internet-Vergleichsportal bei der Hotelbewertung Hilfestellung. Hier finden Sie zu allen Hotels Ihres Urlaubsortes **Kundenbewertungen** und dementsprechend Rankings durch die Vergabe von 1 bis 5 Sternen. Nehmen wir einmal die Extremsituation an, ein für Sie interessantes Hotel hat sehr oft 5 Sterne, aber etwa ebenso oft auch nur 1 Stern bekommen. Würden Sie daraus den „Mittelwert" bilden und sagen: Das Hotel hat im Schnitt 3 Sterne und ist damit von durchschnittlicher Qualität und Ausstattung? Vermutlich nicht. Vermutlich werden Sie genauer hinschauen, um festzustellen, dass hier die Ausstattung wahrscheinlich die Kunden polarisiert hat: Zimmer mit einem gezielt gewählten modernen Designstil finden die einen „cool" und attraktiv, die anderen dagegen nüchtern und ungemütlich. Umfassende Einrichtungen des Hotels zur Kinderbetreuung empfinden Familien oft als eine große Hilfe, Ruhesuchende dagegen als Hinweis auf durchgehend zu erwartenden Kinderlärm und damit eher negativ. Dieses zeigt: Diese extremen Bewertungen kann man nicht sinnvoll zu einer einzigen Bewertungsaussage aggregieren.

- Sie stehen vor der Situation, einen neuen **Fernseher** kaufen zu wollen. Natürlich würden Sie gerne ein qualitativ gutes und auch möglichst preisgünstiges Gerät erwerben. Doch es ist natürlich schwer, all die technischen Aspekte und Ausstattungsmerkmale unter den verschiedenen Herstellern zu vergleichen, um zu einer Kaufentscheidung zu kommen. Sie sind daher froh, dass es dazu Testberichte gibt, die all die verschiedenen Gerätemerkmale erfassen, sie sogar irgendwie gegeneinander abwägen und darüber zu einer Gesamtbewertung für jedes Gerät kommen. Sie können sich daher an der „Bestenliste" des **Testinstituts** orientieren und Ihre Entscheidung treffen. Auch bei diesen Bestenlisten hat man offenbar aggregiert. Doch auch hier muss man sich wieder fragen: Ist diese Aggregation logisch korrekt und erlaubt? Ist die Situation hier nicht genauso problematisch wie im Beispiel der Hotelbewertung? Oder gibt es Unterschiede?

Anhand der bisherigen Ausführungen können Sie vermutlich schon erahnen, dass das Ordnen von Dingen und Sachverhalten kein „Selbstläufer" ist. Nicht umsonst kamen bei den Beispielen immer wieder Fragen auf, die sich wie folgt zusammenfassen lassen:

- Wann sind Merkmale als ordnende Merkmale geeignet?
- Wenn für das Ordnen von Objekten mehrere Merkmale relevant sind: Wie geht man damit um? Sollte man dann die Rangordnungen für die verschiedenen Merkmale besser nebeneinander stehen lassen?

Ordnung ist das halbe Leben

- Oder kann man diese Rangordnungen auch zu einer Art Gesamtnote zusammenführen? Und wie wägt man dann die verschiedenen Merkmale gegeneinander ab?

Diese Fragen sind zu klären. Dass es sie gibt, deutet an, dass nicht nur beim Klassifizieren, sondern auch beim Ordnen einige Stolpersteine lauern.

☰ Ein Fahrplan für die nächsten Abschnitte

In den folgenden Abschnitten möchte ich diese Stolpersteine genauer beleuchten. Nur wenn man sie kennt, ist es möglich, auch die Tools korrekt zu nutzen, die es für das gedankliche Ordnen gibt. Um ihnen systematisch auf die Spur zu kommen, werde ich genau die gerade genannten Fragen nacheinander behandeln:

- Zunächst einmal ist die grundsätzliche Funktion der *Merkmale* eines Objekts zur Erzeugung einer geordneten Objektmenge darzustellen. Dazu gehört die Klärung, wann ein Merkmal als ein ordnendes Merkmal angesehen und für das Ordnen genutzt werden kann. Dazu gehört auch die Beantwortung der Frage, welche Art von *Skalen* die Ausprägungen der Merkmale bilden können und welche Rechnungen damit möglich sind und welche nicht.

- Dann geht es um die Frage, wie man Objekte vergleichen und ordnen kann, wenn dabei mehrere Merkmale zu berücksichtigen sind und die Objekte für diese verschiedenen Merkmale unterschiedliche Rangfolgen bilden. Die einfachste Lösung besteht darin, diese unterschiedlichen Rangfolgen nebeneinander stehenzulassen und in Form von *Merkmalsprofilen* übersichtlich darzustellen. Durch diese Profile werden etwas komplexere Objektvergleiche möglich, sie besitzen aber auch ihre Anwendungsgrenzen.

- Für diverse Fragestellungen reichen solche Profildarstellungen nicht aus. Dann ist es erforderlich, die Ausprägungen der verschiedenen Merkmale eines Objekts gegeneinander abzuwägen und geeignet zu einer einzigen Kennzahl, zu einer Art „Gesamtnote" zusammenzuführen. (Ja, für bestimmte Zwecke ist das tatsächlich machbar!) Dadurch entsteht eine einzige, *aggregierte* Größe, nach der man die Objekte ordnen kann. Es wird zu klären sein, unter welchen Umständen dieses überhaupt möglich ist und wie eine solche Aggregation dann aussehen muss.

4.2 Ordnung erzeugen durch ordnende Merkmale

Wenn ich hier von „Ordnen" oder „Ordnung" spreche, stellen Sie sich bitte die elementarste Form von Ordnung vor, die man sich denken kann: Die Ordnung, die dadurch entsteht, dass man Objekte nach irgendeiner Regel in eine *Reihenfolge* oder *Rangfolge* bringt und sie damit in räumlicher, zeitlicher oder irgendeiner anderen, abstrakten Hinsicht sortiert. Alle komplexeren Ordnungsstrukturen und Muster, die uns umgeben, bauen darauf auf und lassen sich als Kombinationen und Verschachtelungen solcher einfachen Abfolgen interpretieren.

Beispiele dazu habe ich im Abschnitt 4.1 bereits genannt. Das dort erwähnte Ordnen von Personen nach dem Merkmal „Religionszugehörigkeit" hat bereits einen wesentlichen Punkt deutlich gemacht:

- Nicht jedes Merkmal ist geeignet, Objekte zu ordnen. Ordnende Merkmale müssen über die Möglichkeit des Klassifizierens hinaus offenbar noch zusätzliche Eigenschaften besitzen.

In vielen Formularen von Behörden wird man zur Angabe der **Religionszugehörigkeit** aufgefordert, entsprechend einer beigefügten Schlüsseltabelle eine Ziffer für die Religion einzutragen. Zum Beispiel: 1 = evangelisch, 2 = katholisch, ... und so weiter. Dieses bedeutet jedoch nicht, dass man die verschiedenen Religionen wie Zahlen behandeln kann: Die Religionszugehörigkeit wird dadurch nicht plötzlich zu einem Merkmal, dessen Ausprägungen man wie Zahlen in eine ordnende Reihenfolge bringen

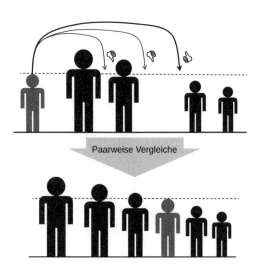

Bild 10 Erzeugung einer geordneten Menge durch paarweise Vergleiche

kann. Nein, diese Ziffern sind reine Symbole, Kurzzeichen für die möglichen Religionen, und keine Rechengrößen im Sinne der Mathematik. Mit diesen Ziffern kann man bei dem Merkmal „Religionszugehörigkeit" einzig und allein nur sagen, ob zwei Personen die gleiche Merkmalsausprägung haben oder nicht. Die Ziffern erlauben, Personen zu klassifizieren – mehr nicht.

Im Gegensatz dazu ist die **Körpergröße** einer Person – wie Sie alle wissen – sehr wohl ein Merkmal, um Personen zu ordnen und danach eine Rangfolge zu erstellen: Eine einfache Messung genügt, um festzustellen, ob zwei Personen gleich groß sind oder nicht und wer davon gegebenenfalls die größere Person ist. Und dazu braucht man im Prinzip noch nicht einmal ein Maßband: Es genügt, Personen nach ihrer Größe paarweise zu vergleichen, um sie in eine Reihenfolge absteigender Größe zu bringen (Bild 10).

Eine solche abstufende Reihenfolge hat eine unmittelbar einsichtige Eigenschaft: Wenn Person A größer als Person B ist und B wiederum größer als Person C ist, dann ist A natürlich auch automatisch größer als C, was man als *Transitivität* bezeichnet.

≡ **Das Ziel entscheidet. Das macht es nicht immer einfach.**

Welches Merkmal man zum Ordnen nimmt, hängt von der jeweiligen *Zielsetzung* ab. Nicht immer ist das dafür geeignete Merkmal dann direkt und so einfach an den Objekten ablesbar wie die Körpergröße bei Personen. Will man zum Beispiel Hotels nach ihrer Ausstattungsqualität, Skipisten nach ihrem Schwierigkeitsgrad, Erdbeben nach ihrer Intensität oder Winde nach ihrer Stärke abstufen, ist die Situation deutlich komplizierter. Dann muss man sich grundsätzlich erst einmal darüber einigen, was man unter dem Merkmal „Ausstattungsqualität", „Schwierigkeitsgrad", „Erdbebenintensität" oder „Windstärke" überhaupt verstehen will. Dabei ist dann auch festzulegen, welche abstufenden Werte man bei diesen Merkmalen unterscheiden will und wie sich diese beobachten lassen. Genau dieses wurde und wird in solchen Fällen auch gemacht. Nicht immer findet man hierbei Konsens und deshalb trifft man dabei immer wieder auf länderspezifische Unterschiede.

Wie das Ergebnis solcher Festlegungen dann aussehen kann, zeigt Tabelle 2 am Beispiel der **Windstärke**.[9] Hier ist die sogenannte Beaufort-Skala dargestellt, nach der die Stärke von Winden nach phänomenologischen Kriterien bestimmt und eingeordnet werden kann. Bei dieser Skala wurden die Stufen von 0 bis 12 als mögliche Windstärken-„Werte" festgelegt und jeder dieser „Werte" durch beobachtbare Wirkungen des Windes qualitativ definiert.

Tabelle 2 Die Beaufort-Skala für die Windstärke

Wind- stärke (Bft)	Bezeichnung	Wirkung an Land	Wind- geschw. (km/h)
0	Windstille	Keine Luftbewegung, Rauch steigt senkrecht empor	0-1
1	Leiser Zug	Kaum merklich, Rauch treibt leicht ab, Wind- flügel und Windfahnen unbewegt	2-5
2	Leichte Brise	Blätter rascheln, Wind im Gesicht spürbar	6-11
3	Schwache Brise	Blätter und dünne Zweige bewegen sich, Wimpel werden gestreckt	12-19
4	Mäßige Brise	Zweige bewegen sich, loses Papier wird vom Boden gehoben	20-28
5	Frische Brise	Größere Zweige und Bäume bewegen sich, Wind deutlich hörbar	29-38
6	Starker Wind	Dicke Äste bewegen sich, hörbares Pfeifen an Drahtseilen, an Telefonleitungen	39-49
7	Steifer Wind	Bäume schwanken, Widerstand beim Gehen gegen den Wind	50-61
8	Stürmischer Wind	Große Bäume werden bewegt, Fensterläden werden geöffnet, Zweige brechen von Bäu- men, beim Gehen erhebliche Behinderung	62-74
9	Sturm	Äste brechen, kleinere Schäden an Häusern, Ziegel werden von Dächern gehoben, Garten- möbel werden umgeworfen, beim Gehen erhebliche Behinderung	75-88
10	Schwerer Sturm	Bäume werden entwurzelt, Baumstämme brechen, Gartenmöbel werden weggeweht, größere Schäden an Häusern	89-102
11	Orkanartiger Sturm	Heftige Böen, schwere Sturmschäden, schwere Schäden an Wäldern, Dächer werden abgedeckt, Autos werden aus der Spur gewor- fen, Gehen ist unmöglich	103-117
12	Orkan	Schwerste Sturmschäden und Verwüstungen	> 117

≡ **Allgemeine Regeln beim Ordnen von Objekten**

Die bisher angesprochenen Beispiele zum Ordnen zeigen bereits das Wesentliche auf, was zum Ordnen einer Menge von Objekten erforderlich ist und welche Eigenschaften diese geordnete Objektmenge dann hat. Es lässt sich wie folgt zusammenzufassen:

■ Um eine Menge von Objekten nach einem Merkmal zu ordnen, müssen sich die möglichen Ausprägungen (Werte) dieses Merkmals in Form einer Rangfolge oder Reihenfolge abstufen lassen. Über den Abstand der Rangplätze gibt es dabei keinerlei Festlegungen. Die

Ordnung erzeugen durch ordnende Merkmale

Merkmalsausprägungen bilden dann – so sagt man – eine *Ordinalskala* (lateinisch *ordo* = Reihenfolge, Ordnung).

- Dabei hat sich die folgende Sprechweise eingebürgert: Nimmt eine Merkmalsausprägung *a* einen höheren Rang als eine Ausprägung *b* ein, so sagt man kurz, dass *a* „größer" ist als *b*.

- Über die Werte dieses Merkmals können die Objekte dann geordnet werden (indem man sie zum Beispiel paarweise vergleicht): Der größere Wert dieses Merkmals kennzeichnet dann das diesbezüglich „größere" Objekt. Wenn Objekt A in diesem Sinne „größer" als Objekt B ist, schreibt man dafür kurz: A > B. Sind die Merkmalswerte bei beiden Objekten gleich, schreibt man A = B.

- Wenn man auf diese Weise in einer Menge von Objekten A, B, C ... eine Ordnung eingeführt hat, dann kann man zwei beliebige Objekte immer miteinander vergleichen, und es gilt die Transitivitätsregel: Wenn A > B und B > C ist, dann ist auch A > C.

- Welches Merkmal zum Ordnen der Objekte gewählt wird, hängt von der jeweiligen Fragestellung und Zielsetzung für die Ordnung ab.

- Merkmale, die auf diese Weise eine Menge von Objekten ordnen, sollen im Folgenden kurz als *ordnende Merkmale* bezeichnet werden.

Dass ich hier die symbolische Schreibweise „>" zur Beschreibung der Ordnung eingeführt habe, hat seinen Grund. Es ist die kürzeste und prägnanteste Form, eine Ordnung auszudrücken. Denken Sie nur an die folgenden beiden Situationen:

- Wenn Sie sich ein neues **Produkt** kaufen wollen, werden Sie sich bei teuren Anschaffungen wahrscheinlich zunächst einmal einen Überblick über die Anbieter verschaffen und diese dabei nach dem verlangten Preis vergleichen. Sie ordnen damit die Anbieter – und zwar mit dem Preis als ordnendes Merkmal. Ergibt dieser Vergleich dann „A > B", steht dieses kurz und knapp für die Beobachtung: „Der Preis von Anbieter A weist einen größeren Betrag aus als der Preis von Anbieter B", was man im Alltag allerdings schlicht und einfach durch „A ist teurer als B" ausdrücken kann.

- Bei einem **Sportwettkampf**, bei dem die Mannschaften nach dem erreichten Rangplatz geordnet werden, wird man die Situation „Mannschaft A hat einen höheren Rangplatz erreicht als Mannschaft B" sprachlich kurz und einfach durch „A war besser als B" ausdrücken, was in gleicher Weise durch die Kurzschreibweise „A > B" dargestellt werden kann.

Je nach Kontext ist also das Symbol „>"zu übersetzen als: „größer", „teurer", schneller", „wichtiger", „besser" ...

≡ Nicht jede Regel taugt als ordnende Regel

Wenn jemand Objekte nach einem Merkmal ordnet, dann setzt er dabei eine ordnungsbildende Regel um. Sie wird in vielen Fällen kurz und bündig durch die schlichte Formulierung „Ordne die Objekte nach den Ausprägungen des Merkmals X" wiedergegeben.

Aber manchmal ist die Situation auch komplizierter. Mitunter muss auch ein Bündel an Regeln formuliert werden, um eine Ordnung zu definieren. Zwei Beispiele sollen das deutlich machen.

Als erstes Beispiel möchte ich die Ordnung nennen, die in jedem **Wörterbuch, Lexikon** oder **Duden** umgesetzt ist. Wir wissen, dass diese Nachschlagewerke die vielen Begriffe unserer Sprache in einer geordneten Weise auflisten, denn ohne diese Ordnung wäre ein gezieltes Nachschlagen nicht möglich. Diese Ordnung ist aber durch eine etwas komplexere Rangregelung festgelegt. Ausgangspunkt ist die Ordnung der Buchstaben im Alphabet. Zwei Worte A und B werden verglichen und in eine Rangfolge gebracht, indem man paarweise deren Buchstaben vergleicht und dabei mit dem Anfangsbuchstaben beginnt. Es gilt dann: Wort A kommt *vor* Wort B (in Kurzschreibweise: A > B) genau dann, wenn der Buchstabe, durch den sich diese beiden Worte erstmalig unterscheiden, bei Wort A weiter vorne im Alphabet als bei Wort B steht. Insofern kommt zum Beispiel das Wort „Auge" vor dem Wort „Auto", weil nach den gleichlautenden ersten beiden Buchstaben „A" und „u" das „g" (von „Auge") im Alphabet vor dem Buchstaben „t" (von „Auto") steht. Ergänzt man diese Regel dann noch durch spezifische Regelungen für einige Spezialfälle (Einordnung von Umlauten, Regelung für den Vergleich von Worten unterschiedlicher Länge, ...), dann erhält man die uns allen bekannte, sogenannte *lexikografische Ordnung.* Wir wissen aus eigener Erfahrung, dass durch dieses Bündel an Regeln die Gesamtheit aller Wörter geordnet wird und dass diese Gesamtheit auch die oben beschriebenen Eigenschaften einer geordneten Menge besitzt. (In der exakt bei uns benutzten Form gilt diese lexikographische Ordnung nur für die deutschsprachigen Länder – schon bei den meisten Nachbarländern gibt es Unterschiede.)

Für das zweite Beispiel stellen Sie sich bitte vor, Sie wollen ein **Elektronikgerät** bestimmter Funktionalität kaufen und haben zwischen den Marken A, B, und C zu entscheiden. Um diese Entscheidung zu erleichtern, möchten Sie für diese Marken eine Rangfolge bilden. Dabei sind Ihnen die beiden Merkmale „Preis" und „Qualität der Verarbeitung" wichtig.

Falls Sie eindeutig bei diesen beiden Merkmalen noch priorisieren können und der Preis zum Beispiel für Sie die wichtigste Größe ist, dann wäre es eine Möglichkeit, auch hier die einfache lexikografische Ordnung als ord-

Ordnung erzeugen durch ordnende Merkmale

nende Regel anzuwenden, um diese beiden Merkmale gleichzeitig zu berücksichtigen:

- Danach wäre dann grundsätzlich A > B („Marke A ist besser als Marke B"), wenn A billiger ist als B. Bei Preisgleichheit entscheidet dann die Qualität; dann ist also A > B, wenn A eine höhere Qualität als B hat.

Sie können aber natürlich auch etwas differenzierter an den Vergleich herangehen und versuchen, Preis und Qualität in gewissem Umfang auch gegeneinander abzuwägen. Zum Beispiel so:

- Wenn die Preisdifferenz zwischen zwei Marken weniger als 50 Euro beträgt, dann ist die Marke mit der höheren Qualität vorzuziehen, andernfalls wird die billigere Marke genommen.

Tabelle 3 Zur Auswahl stehende Elektronikgeräte, zwischen denen eine Kaufentscheidung zu treffen ist

Marke	Preis	Qualität
A	320 EUR	niedrig
B	365 EUR	mittel
C	400 EUR	hoch

Überlegen wir uns nun die Rangfolge nach dieser zuletzt genannten Regel für die in Tabelle 3 dargestellten Marken! Nach der letzten Regel wäre C > B und B > A. Aber andererseits wäre auch A > C. Das ist aber genau ein Widerspruch zum grundlegenden Prinzip der Transitivität, wonach aus C > B und B > A in einer geordneten Menge die Abstufung C > A folgen muss. Die zuletzt genannte Regel taugt daher nicht als Ordnungsregel.

Dieses Beispiel zeigt deutlich: *Regeln zur Erzeugung von Ordnung sollten genau geprüft werden. Die grundlegenden Ordnungseigenschaften müssen durch sie gewährleistet sein.*

Und es zeigt abermals, dass die Berücksichtigung mehrerer Attribute beim Ordnen etwas schwieriger zu sein scheint. Ich werde in Abschnitt 4.4 ausführlich darauf zurückkommen.

≡ Wer glaubt, dass man mit ordnenden „Zahlen" immer rechnen kann, der verrechnet sich

Greifen wir noch einmal die Beaufort-Skala zur Einstufung der **Windstärken** auf. Die Zahlen 0, 1, 2, ... 12, die hier verwendet werden, können etwas Falsches suggerieren. Sie sehen wie Zahlen aus, sind aber nur abkürzende Bezeichnungen für die verschiedenen Windstärkenkategorien.

Man hätte diese Kategorien auch anders benennen können – zum Beispiel: A, B, C… Indem man die Ziffern verwendet, hat man allerdings den Vorteil, damit auch gleich die Rangfolge der verschiedenen Windstärken ausdrücken zu können. Ähnlich wie der Rangplatz in der Bundesligatabelle sagt jedoch die Windstärkenziffer nichts darüber aus, wie groß der Abstand zwischen zwei Windstärkenstufen ist.

Und das ist der entscheidende Unterschied zu den Zahlen 0, 1, 2, … 12 aus dem Mathematikunterricht: Diese Zahlen sind der Größe nach auf dem Zahlenstrahl angeordnet, bilden also ebenfalls eine Rangfolge, haben aber eine wichtige *zusätzliche* Eigenschaft, durch die Rechenoperationen wie Addition und Subtraktion überhaupt erst möglich werden:

- Die Zahlen sind äquidistant auf dem **Zahlenstrahl** angeordnet: Benachbarte (ganze) Zahlen haben immer den *gleichen* Abstand.

Der Abstand zweier beliebiger Zahlen hat dadurch immer einen eindeutigen, wohldefinierten Wert. Dieser Abstand ist bei zwei benachbarten Zahlen bekanntlich 1 und zwischen übernächsten Nachbarn dementsprechend 2. Dadurch wird es möglich, auch Rechenoperationen wie zum Beispiel 10 – 8 = 2 und 2 – 0 = 2 auszuführen und deren Ergebnisse zu vergleichen. Was in diesem Fall zu der simplen Feststellung führt, dass der Unterschied zwischen 10 und 8 genauso groß ist wie der Unterschied zwischen 2 und 0, nämlich 2.

Betrachten wir dazu im Vergleich die entsprechenden Windstärken 10 und 8 beziehungsweise 2 und 0. Die Unterschiede sind wegen der qualitativen Beschreibung natürlich schwieriger zu fassen. Aber vermutlich werden auch Sie den Unterschied bei der Wirkung des Windes zwischen Windstärke 0 und 2 in der Beaufort-Skala kleiner empfinden als den Unterschied zwischen Windstärke 8 und 10 (Bild 11). Anhand der Windgeschwindigkeitsbereiche, um die man diese qualitative Skala später ergänzt hat (Tabelle 2), wird diese Empfindung auch objektiv nachvollziehbar. Die „Zahlen" der Beaufort-Skala verhalten sich also anders als die Zahlen, mit denen man rechnen kann. Sie sind nur Bezeichner für eine Abstufung.

Das Windstärkenbeispiel ist kein exotischer Sonderfall, bei dem man Ziffern nutzt, um eine Abstufung auszudrücken, die jedoch keine mathematischen Rechengrößen darstellen. Auch die **Risikomatrix**, die Sie im Rahmen der Ausführungen zum Klassifizieren bereits kennengelernt haben (siehe Abschnitt 3.4), ist dafür ein Beispiel.

Die Risikomatrix erlaubt es, Risiken nach der Größe der beiden Risikomerkmale Eintrittswahrscheinlichkeit und Schadenshöhe zu klassifizieren und darzustellen. Für die möglichen Ausprägungen dieser beiden

Ordnung erzeugen durch ordnende Merkmale

Zahlen

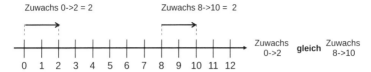

Windstärke

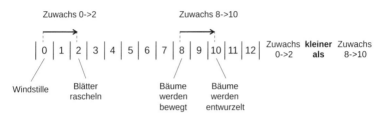

Bild 11 Darstellung des Unterschieds zwischen den ganzen Zahlen der Mathematik und den Rangzahlen der Windstärkenskala

Merkmale wählt man üblicherweise nur wenige Kategorien, meistens drei oder fünf. Bei einer fünfstufigen Aufteilung der möglichen Ausprägungen hat man demzufolge die fünf Kategorien „hoch" > „eher hoch" > „mittel" > „eher niedrig" > „niedrig", nach denen die Risiken zu klassifizieren sind.

Diese Kategorien sind zwar nicht scharf voneinander abgegrenzt, ermöglichen aber dennoch eine grobe, qualitative Einteilung von Risiken. Mit deren Benennung wird gleichzeitig zum Ausdruck gebracht, dass die Kategorien eine abgestufte Rangfolge bilden und damit eine Ordinalskala darstellen.

Meistens werden solchen Kategorien statt obiger Bezeichnungen jedoch die Ziffern von 1 („niedrig") bis 5 („hoch") zugeordnet. Doch auch diese Zahlen sind dann nur Bezeichner zum Ausdruck der Rangfolge, keine Zahlen zum Rechnen. Das Erstaunliche ist: *Es ist dennoch gängige Praxis in Unternehmen und Organisationen, auf Basis dieser Zahlen das Produkt aus Eintrittswahrscheinlichkeit und Schadenshöhe zu berechnen und dieses als quantitatives Maß für die Schwere des Risikos zu interpretieren.*

Doch eine solche „Rechnung" mit Rangfolgen macht auch in diesem Fall keinen mathematischen Sinn. Wenn man es trotzdem macht, kann dieses allenfalls als ein Kunstgriff verstanden werden, um von einer zweidimensionalen zu einer eindimensionalen Klassifizierung der Risiken zu kommen, wie es in Abschnitt 3.4 dargestellt worden ist. Die Werte der „berechneten" Risikoschwere sind dann lediglich als Bezeichner für die Klassen dieser eindimensionalen Risikoklassifikation zu deuten. Sie drücken durch ihre Größe einzig und allein die Rangfolge in dieser neu gewonnenen, eindimensionalen Risikoklassifikation aus – mehr nicht.

Bild 12 macht diesen Sachverhalt nochmals in anderer Form deutlich: Die linke Darstellung zeigt, dass der Abstand d_2 der Risikoschwere in der Klasse (5,5) mit der höchsten Schadenshöhe (5) und höchsten Eintrittswahrscheinlichkeit (5) zur Risikoschwere der „mittleren" Klasse (3,3) doppelt so groß ist wie der Abstand d_1 zwischen der Klasse (1,1) mit der niedrigsten Risikoschwere und der „mittleren" Klasse (3,3).

Aber: Für die 5 Stufen von Eintrittswahrscheinlichkeit und Schadenshöhe hätte man statt der Ziffern 1, 2, 3, 4, 5 natürlich auch zum Beispiel die Ziffern 1, 3, 5, 7, 9 als Bezeichner nehmen können. Wie die rechte Darstellung zeigt, wäre dann der Abstand d_2 deutlich größer als $2 \times d_1$ – obwohl dabei die gleichen Risiken wie im Bild links verglichen werden. Dieses zeigt: Die Abstände dieser Risikoklassen, die man nach der Risikoschwere berechnet, sind nicht sinnvoll interpretierbar. *Die Werte der Risikoschwere wie mathematische Zahlen zu behandeln und weiterzuverwenden, ist insofern nicht erlaubt.*

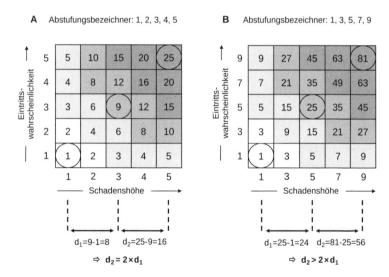

Bild 12 Darstellung von Risiken in Form der Risikomatrix. Abhängig von den gewählten Bezeichnern für die möglichen Ausprägungen von Eintrittswahrscheinlichkeit und Schadenshöhe ergeben sich unterschiedliche Konstellationen für die Abstände der Risikogruppen, wenn man diese Abstände mittels der Risikoschwere berechnet.

Ordnung erzeugen durch ordnende Merkmale

Bei ordnenden Merkmalen, bei denen die Ausprägungen eine Ordinalskala bilden, ist also Vorsicht geboten, wenn man damit rechnen will. *Ist der Abstand dieser Ausprägungen nicht definiert, ist auch keine Rechenoperation erlaubt.*

☰ Tools, bei denen man wirklich rechnen muss: Wo ist der Haken?

Umstände, unter denen in fragwürdiger Weise „gerechnet" wird, trifft man leider häufiger an als vielleicht auf den ersten Blick vermutet. Diverse Tools verleiten dazu. Die Risikomatrix war nur ein erstes Beispiel dafür. Doch es ist nicht das einzige Werkzeug, bei dem diese Problematik auftaucht. Auch bei anderen Werkzeugen, die in Unternehmen und Organisationen eingesetzt werden, ist sie gegeben.

Stellvertretend dafür will ich hier die sogenannte *PMI-Methode* erwähnen. PMI steht als Akronym für „Plus", „Minus" und „Interessant" und ist ein Tool, um das Abwägen von Pro- und Kontra-Argumenten für eine Handlungsentscheidung zu unterstützen (Details dazu in Abschnitt 8.9).

In einem Unternehmen sind **Handlungsentscheidungen** das tägliche Brot. Wenn mehrere Handlungsoptionen offenstehen und man sich zwischen ihnen zu entscheiden hat, sammelt man üblicherweise im ersten Schritt für jede dieser Optionen die Pro- und Kontra-Argumente. Meistens sind diese Argumente jedoch nicht alle gleichbedeutend, so dass man sie in irgendeiner Form gewichten muss, um sie angemessen zu berücksichtigen. Dazu kann man die PMI-Methode heranziehen, bei der man für die Pro- und Kontra-Argumente Punkte vergibt. Dabei geht das Spektrum von beispielsweise 1 Punkt (= geringe Bedeutung) bis 5 Punkte (= sehr bedeutend). Die Punkte bei den Pro-Argumenten bekommen bei dieser Methode dann ein Plus und die Kontra-Argumente ein Minus als Vorzeichen. Anschließend werden die vergebenen Punkte zusammengezählt. Das Ergebnis ist dann eine einzige Zahl als Ausdruck dafür, ob und wie stark in Summe die Pro- oder die Kontra-Argumente bei der jeweiligen Option überwiegen. Tabelle 4 veranschaulicht dieses Vorgehen an einer Beispielsituation aus dem Alltag, dem **Wohnortwechsel.** (Der Einfachheit halber wurde hierbei die „Interessant"-Kategorie der PMI-Methode nicht mitbetrachtet.)

Doch eine derartige „Addition" von Punkten muss man kritisch hinterfragen. Denn die Vergabe von Punkten führt zwar zu einer Ordinalskala, doch bei dieser Skala ist nicht definiert, wie groß der Abstand zwischen zwei benachbarten Punktekategorien ist. Der Unterschied zwischen einem Argument, das 4 Punkte, und einem Argument, das 5 Punkte bekommen hat, ist nicht unbedingt identisch mit dem Unterschied von zwei Argumenten, die 2 beziehungsweise 3 Punkte bei der Gewichtung bekommen haben.

Tabelle 4 Anwendung der PMI-Methode auf die Fragestellung: Soll Herr X von seiner Kleinstadt in die nahegelegene Großstadt umziehen, weil er dort eine neue Arbeitsstelle angetreten hat? Bei den in der Tabelle dargestellten Argumenten spricht alles dafür, da sich die vergebenen Punkte zu +15 − 11 = +4, also zu einer positiven Zahl addieren.

Pro-Argumente	Punkte	Kontra-Argumente	Punkte
Kurzer Arbeitsweg	+5	Aufgabe des jetzigen sozialen Netzes	-5
Attraktives Freizeit- und Kultur-angebot	+3	Mehr Unruhe und Hektik	-2
Gute Infrastruktur mit kurzen Wegen	+4	Teureres Wohnen	-4
Gute Ausbildungsmöglichkei-ten für die Kinder	+3		
Summe	+15		-11

Doch nicht nur in Unternehmen und Organisationen hat man mitunter diese Berechnungsproblematik. Man findet sie ebenso bei sozialen und psychologischen Untersuchungen, wenn in deren Rahmen Befragungen zur Erfassung persönlicher Einstellungen durchgeführt werden.

Solche **Befragungen** erfassen Einstellungen zu einem Thema typischerweise durch ein Bündel an Aussagen, zu denen die Interviewten dann Stellung nehmen sollen. Und zwar sollen sie zu jeder Aussage angeben, wieweit sie glauben, dass die Aussage richtig ist oder nicht. Dazu wird ihnen eine abgestufte Skala an möglichen Antworten angeboten, aus der sie dann eine auszuwählen haben. (Ein derartiges Vorgehen ist auch in Unternehmen im Zusammenhang mit **Mitarbeiterbefragungen** sehr beliebt.)

Diese, in Bild 13 schematisch dargestellte Skala (die sogenannte *Likert-Skala*) ist eine typische Ordinalskala. Denn wenn man mit gewissen Einschränkungen der abgefragten Aussage zustimmt, dann wird man weder die volle Zustimmung geben („trifft zu") noch die neutrale Antwort „weder noch" wählen, sondern sich sagen, dass die Wahrheit „irgendwo dazwischen" liegt. Dementsprechend wird man dann die Antwortmöglichkeit „trifft eher zu" wählen, ohne sich Gedanken zu machen, wieweit diese Antwort von der vollen Zustimmung oder der neutralen Mitte entfernt ist. Zumal es zu diesen Abständen in der Befragung meistens auch keinerlei Anhaltspunkte gibt.

Abgestufte Antwortmöglichkeiten müssen natürlich nicht unbedingt die in Bild 13 gezeigte fünfstufige Form haben. In Meinungsbefragungen werden diverse Varianten davon genutzt. Das *ZDF-Politbarometer* gibt zur

Ordnung erzeugen durch ordnende Merkmale

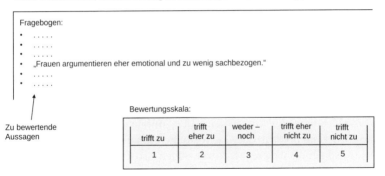

Beispiel:
Es soll erhoben werden, wie die Einstellung der Bevölkerung zu Frauen in Führungspositionen ist.

Fragebogen:
- . . . . .
- . . . . .
- . . . . .
- „Frauen argumentieren eher emotional und zu wenig sachbezogen.“
- . . . . .
- . . . . .

Zu bewertende Aussagen

Bewertungsskala:

trifft zu	trifft eher zu	weder – noch	trifft eher nicht zu	trifft nicht zu
1	2	3	4	5

Bild 13 Erhebung persönlicher Einstellungen zu einem bestimmten Thema mithilfe der Likert-Skala

Ermittlung der Beliebtheit von Politikern den Befragten eine ordinale Skala von minus 5 (geringste Wertschätzung) bis plus 5 (höchste Wertschätzung) vor, so dass jeder Interviewte seine **Politikerbewertung** direkt in Form einer Ziffer zum Ausdruck bringen kann. Diese Ziffern werden dann im Rahmen dieser Befragung gemittelt, so dass jeder Politiker quasi eine „Durchschnittsnote“ für seine Beliebtheit erhält. Auf diese Weise lässt sich eine „Top-Ten-Liste“ generieren, die üblicherweise im monatlichen Turnus ermittelt und veröffentlicht wird.[10]

Das Problematische bei derartigen Erhebungen und Umfragen ist, dass man die jeweiligen Antwortmöglichkeiten in Form von Ziffern vorgibt oder als Ziffern kodiert und damit den Eindruck erweckt, als könne man damit rechnen. Dieses wird in der Tat auch getan, indem man zum Beispiel alle Rückantworten zu einer Aussage durch eine Mittelwertbildung zusammenfasst. Doch die vorgegebenen ordinalen Bewertungsskalen erlauben solche Rechenoperationen eigentlich nicht, da hier keine wohldefinierten Abstände zwischen den Merkmalsausprägungen vorliegen. Eine gesunde Vorsicht bei so errechneten und dann veröffentlichten Zahlen ist daher angebracht. Je mehr die Rückantworten zu einzelnen Aussagen streuen, desto kritischer sind die Ergebnisse zu bewerten.

≡ Merkmale, mit denen man immer rechnen kann

Aber natürlich werden beim Ordnen von Objekten, beim Bilden von Reihenfolgen und Rangfolgen manchmal auch Merkmale genutzt, die grundsätzlich mehr erlauben als das reine Anordnen. Solche Merkmale sind zum Beispiel:

- das Alter von Personen (in Anzahl Lebensjahre)
- das Monatseinkommen von Angestellten
- die Einwohnerzahl von Städten
- die Entfernung zweier Orte
- der Pegelstand eines Flusses
- der Preis von Pkws
- die Temperatur von Luft oder Wasser (in °C).

Diese Merkmale sind uns aus dem Alltag hinreichend vertraut als Größen, mit denen man Dinge oder Sachverhalte ordnen und vergleichen kann. Die Ausprägungen dieser Merkmale bilden also jeweils eine Ordinalskala.

Was diese Merkmale aber zusätzlich auszeichnet ist, dass auch der *Abstand* zwischen zwei Merkmalsausprägungen eindeutig definiert ist. Und dieses macht es möglich, dass man über das Ordnen hinaus zum Beispiel den Unterschied in der **Entfernung** zweier Orte, die Differenz der **Pegelstände** aufeinander folgender Tage oder das **Durchschnittsalter** einer Personengruppe berechnen kann.

Für Merkmale, deren Ausprägungen diese Eigenschaft haben, gilt eine sogenannte Intervallskala:

- Eine *Intervallskala* liegt vor, wenn die Merkmalsausprägungen eine Ordinalskala bilden und außerdem der *Abstand* zwischen den Merkmalsausprägungen eindeutig definiert ist.
- Dadurch ergibt sich eine äquidistante Einteilung der Werte auf dieser Skala.
- Bei einer Intervallskala sind Additionen und Subtraktionen möglich und sinnvoll interpretierbar.

Sie werden sich vielleicht fragen, ob man bei den genannten Beispielen genauso gut auch sinnvoll multiplizieren und dividieren kann. Bei **Entfernungen** kann man in der Tat auch sagen: Entfernung x ist zweimal so groß wie Entfernung y, was mathematisch durch den Ausdruck $x = 2 \times y$ wiedergegeben wird. In ähnlicher Weise kann man mit Alter, Einkommen oder Einwohnerzahlen rechnen. Hier sind Multiplikationen und damit auch Divisionen möglich und das Ergebnis ist wieder als Alter, Einkommen oder Einwohnerzahl sinnvoll interpretierbar.

Anders sieht es bei der **Temperatur** aus. Natürlich kann ich die Mittagstemperaturen zweier Orte X und Y vergleichen und dabei vielleicht feststellen, dass am Ort X das Thermometer einen doppelt so großen Wert anzeigt wie am Ort Y – also zum Beispiel 20 °C statt 10 °C (Amerikaner würden mit der Fahrenheit-Skala 50 °F und 68 °F messen, also 36 Prozent mehr).

Ordnung erzeugen durch ordnende Merkmale

Was ist bei der Temperatur also anders? Celsius- und Fahrenheitskala unterscheiden sich unter anderem in der Wahl des Nullpunktes (mit 0 °C beziehungsweise 0 °F markiert). Dieser Nullpunkt ist jeweils durch Vereinbarungen festgelegt worden und ihm entspricht keine als „Null" interpretierbare, absolute Wirklichkeit. Darin unterscheidet sich die Temperatur von den anderen genannten Beispielen:

- Entfernung = 0 m bedeutet in der Realität „kein Abstand".
- Alter = 0 Jahre bezieht sich auf Neugeborene.
- Einkommen = 0 € heißt „ohne Einkommen".

In diesen Beispielen ist der Nullwert absolut definiert und besitzt eine Entsprechung in der Realität. Daher hat eine Aussage wie „X ist doppelt so alt wie Y" auch einen anschaulichen Sinn und bedeutet: Der Altersabstand zum Neugeborenen (Alter = 0 = Nullpunkt) ist bei X doppelt so groß wie bei Y.

Im Temperaturbeispiel kann man zwar sagen: Der Abstand der Temperatur am Ort X zur Temperatur 0 °C (Nullwert) ist doppelt so groß wie dieser Abstand am Ort Y. Eine Aussage „X ist doppelt so warm wie Y" ist jedoch wegen des fehlenden absoluten Nullwertes nicht richtig. Die Doppelung bezieht sich nur auf den Temperatur*unterschied* (zu 0 °C).

Wissenschaftler rechnen oft mit der Kelvin-Skala, die am absoluten Nullpunkt beginnt. Mit ihr sind Aussagen wie „Die Temperatur ist doppelt so hoch" grundsätzlich möglich. 0 °C entsprechen 273,15 K, 100 °C entsprechen 373,15 K.

Es gibt also Merkmale, bei denen die Merkmalsausprägungen nicht nur eine Intervallskala darstellen, sondern die darüber hinaus auch noch einen *eindeutigen Nullwert* besitzen.

- In einem solchen Fall bilden diese Merkmalsausprägungen eine sogenannte Verhältnisskala oder *Rationalskala.*
- Bei einer Rationalskala sind zusätzlich auch die Rechenoperationen „Multiplikation" und „Division" möglich und sinnvoll interpretierbar. Damit können insbesondere die Verhältnisse von Merkmalsausprägungen und demzufolge zum Beispiel auch Prozentwerte berechnet werden.

Die Celsiusskala ist – wie erläutert – keine Rationalskala. Das Gleiche gilt zum Beispiel auch für den **Pegelstand**. Auch beim Pegelstand ist der Pegelnullpunkt nicht absolut definiert, sondern resultiert aus einer spezifischen Festlegung, die man auch hätte anders treffen können. Das bedeutet für die Praxis:

- Wird mit ordinalen Merkmalsausprägungen gerechnet, hat man zu hinterfragen, ob diese Merkmalsausprägungen auch die Anforderungen einer Intervallskala oder Rationalskala erfüllen:
  - Nur bei einer Intervall- und einer Rationalskala sind die additiven Rechenoperationen +, − erlaubt.
  - Nur bei einer Rationalskala sind darüber hinaus auch die multiplikativen Rechenoperationen ×, : erlaubt.

≡ **Ordnende Merkmale aus dem Alltag:**
Manchmal wird's ein wenig komplizierter

Die bisher dargestellten Beispiele haben gezeigt, dass eine Intervall- oder Rationalskala insbesondere dann nicht vorliegen kann, wenn die abstufenden Merkmalsausprägungen nur qualitativ definiert sind und die Abgrenzung der Ausprägungen demzufolge unscharf bleibt. Paradebeispiele dafür waren die Windstärkenskala, die möglichen Werte für die Schadenshöhe und die Eintrittswahrscheinlichkeit von Risiken oder die Likert-Skala für die Einschätzung von Aussagen.

Aber wie ist die Situation zu bewerten, wenn die Abstufungen bei den Reihenfolgen oder Rangfolgen klar definiert und die Grenzen zwischen diesen Rangfolgenstufen klar zu erkennen sind?

Eine erste Antwort darauf lässt sich aus dem in Abschnitt 4.1 angesprochenen Beispiel zum **Medaillenspiegel** ableiten. Bei diesem liegen klar definierte Regeln zur Festlegung der Rangfolge vor. Aber die leistungsbezogenen *Abstände* zwischen den Rangplätzen waren durch diese ordnenden Regeln nicht definiert, so dass diese Rangplätze keine Intervallskala und damit erst recht auch keine Rationalskala bilden.

Eine andere, genau gegensätzliche Antwort liefert das Beispiel zur Einstufung von Personen nach ihrem **Lebensalter**. Im Unterschied zur Medaillenrangfolge bilden die Jahreszahlen für das Lebensalter nicht nur eine Ordinalskala, sondern sogar eine Rationalskala, so dass hierfür keine Einschränkungen bezüglich der Rechenoperationen bestehen. In der Tat sind wir es gewohnt und finden es mathematisch absolut korrekt, wenn man zum Beispiel von Altersunterschieden oder von einem Durchschnittsalter spricht.

Dabei macht man allerdings eine stillschweigende Annahme: Man geht davon aus, dass dieses Alter in Anzahl vollendeter Lebensjahre angegeben wird. Jemand, der 23 Jahre und einen Tag alt ist, ist dann 1 Jahr älter als jemand, der 22 Jahre und 364 Tage alt ist – dabei bestehen je nach Geburtstag nur 2 oder 3 Tage Altersunterschied! Doch bei der Einstufung von Personen nach dem Alter sind auch andere Einstufungsformen möglich:

Ordnung erzeugen durch ordnende Merkmale

- Man könnte Personen auch entsprechend ihrer Entwicklungsstufe altersmäßig einordnen und daher zwischen Säugling (0 bis 1 Jahr), Kleinkind (über 1 bis 3 Jahre) und dergleichen unterscheiden.

- Man könnte sie auch – wie in vielen Sportarten üblich – nach Altersgruppen U12 (jünger als 12 Jahre), U15 (12 Jahre und älter, aber jünger als 15), U18 (15 Jahr oder älter, aber jünger als 18) usw. einordnen und abstufen.

Anders ausgedrückt: Man könnte die Altersstufen auch durch Wertebereiche „von ... bis", also durch *Intervalle* angeben. Auch dann lägen klare Definitionen und Abgrenzungen vor.

Doch es scheint höchst fragwürdig, ob diese Wertebereiche ebenfalls eine Intervallskala oder gar Rationalskala bilden. Denn dann müsste man wie bei der Angabe des Alters durch vollendete Lebensjahre auch wohldefinierte Altersunterschiede angeben können. Doch was soll man zum Beispiel unter dem Altersunterschied der Altersgruppen U15 und U18 verstehen? Ist dieser Unterschied gleich Null, da die beiden Alterskategorien direkt aneinander anschließen? Oder ist der Abstand 1 Jahr, weil ein Kind mit seinem 14. Geburtstag in einem Jahr von Altersstufe U15 nach Altersstufe U18 aufrückt? Oder sind es 3 Jahre, weil ein Kind, das gerade von U12 nach U15 übergegangen ist, in 3 Jahren von U15 nach U18 überwechseln wird? Diverse Varianten scheinen hier denkbar zu sein.

Bilden demzufolge solche Intervallabstufungen keine Intervall- oder Rationalskalen? Oder sind diese Skalen unter gewissen Umständen auch bei Intervallen möglich?

Eine Antwort auf diese Frage ist wünschenswert, denn ordnende Intervallabstufungen findet man nicht nur beim Lebensalter. Sie sind im Alltag recht verbreitet. Die folgenden Beispiele mögen dieses deutlich machen:

- In Sportarten wie Ringen, Boxen oder Judo wird das **Körpergewicht** in Wertebereiche eingeteilt und demzufolge nach **Gewichtsklassen** unterschieden, damit körperlich ungefähr gleichwertige Gegner bei Wettkämpfen aufeinandertreffen.

- Bei der Post werden **Briefe** durch die Angabe von Minimal- und Maximalgewicht eingegrenzt, um sie als Standardbrief, Kompaktbrief, Großbrief, ... einordnen und Unterschiede für das erforderliche Porto machen zu können.

- **Kraftfahrzeuge** werden nach der Euro-Norm bezüglich ihres **Schadstoffausstoßes** eingestuft. Diese Einstufung hängt wesentlich davon ab, innerhalb welcher Intervallgrenzen die ausgestoßene Menge von Kohlenmonoxid und Stickoxiden liegt.

- Für **Weine** ist das sogenannte Mostgewicht ein wichtiger Faktor bei der Einstufung in Qualitätsklassen. Für jede Klasse wird dabei ein Mindestmostgewicht vorausgesetzt. Damit sind auch hier Von-bis-Bereiche (dieses Mostgewichts) für eine Einstufung bedeutsam.

- Die Größe von **Hemden** wird meistens durch die Kragenweite in cm gemessen. Für diese Größe werden ebenfalls oft Intervalle (37/38, 39/40, 41/42, ...) angegeben, nach denen die Hemden für den Verkauf sortiert werden können.

- In ähnlicher Weise richten sich die **Konfektionsgrößen** von Damenhosen nach der Taillenweite, für die ebenfalls Intervallangaben gemacht werden.

Intervallabstufungen gibt es also in den verschiedensten Bereichen und Zusammenhängen. Ich möchte an dieser Stelle speziell die beiden zuletzt genannten Bekleidungsbeispiele etwas genauer betrachten, da sie jedem von uns vertraut sein dürften und sich die aufgeworfene Skalenfrage daran sehr gut veranschaulichen lässt.

Dass die Größenangaben bei Hemden und Damenhosen eine ordnende Reihenfolge bilden und damit eine Ordinalskala darstellen, ist für uns alltägliche, triviale Erfahrung. Das Bemerkenswerte bei den Hemdengrößen ist jedoch, dass man für diese durchaus in sinnvoller Weise einen Abstand definieren kann, obgleich die Größenausprägungen Intervalle darstellen.

Bild 14 veranschaulicht diese Abstandsfestlegung, die sich an den Zusammenhängen bei den natürlichen Zahlen orientiert.

Bei den natürlichen Zahlen (oberer Teil der Abbildung) haben jeweils benachbarte Zahlen immer den gleichen Abstand d. Dadurch kommt man beispielsweise von der Zahl 1 zur Zahl 2, indem man die Zahl 1 um genau den Abstand d nach rechts auf dem Zahlenstrahl verschiebt. Ähnlich kommt man von der 1 genau zum übernächsten Nachbarn 3, indem man die 1 um $2 \times d$ nach rechts verschiebt, und so fort.

Ähnlich haben bei den **Hemden** (mittlerer Teil der Abbildung) alle linken Grenzen benachbarter Kragenweitenintervalle einen gleichen Abstand d. Daher kommt man vom Intervall der Kragenweite 37/38 zum Intervall „38/39", indem man jeden Punkt des Intervalls „37/38" um genau diesen Abstand d nach rechts verschiebt. Und analog zu den natürlichen Zahlen gelangt man zum übernächsten Nachbarintervall „41/42" durch Verschiebung um $2 \times d$. d kann man daher im Hemdenbeispiel auch als Abstand benachbarter Intervallausprägungen ansehen, was diese Skala zu einer Intervallskala macht.

Ordnung erzeugen durch ordnende Merkmale

Bei natürlichen Zahlen

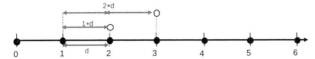

Bei den Hemdengrößen

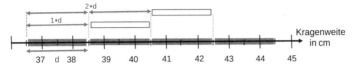

Bei den internationalen Größen in der Damenkonfektion

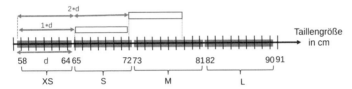

Bild 14 Zur Problematik des Abstands bei Merkmalen, deren Ausprägungen Intervalle darstellen

Ganz anders sieht die Situation bei den Intervallen aus, die im unteren Teil der Abbildung dargestellt sind. Hier geht es um die internationalen Größen, XS, S, M, L, … der **Damenkonfektion** und ihre Einteilung nach dem Taillenumfang (in cm).[11] Im Unterschied zu den Intervallen bei den Hemden sind diese Intervalle nicht alle gleich groß. Dieses hat zur Konsequenz, dass eine Verschiebung des ersten Intervalls „XS" um den eingezeichneten Abstand d mit dem Intervall „S" nicht mehr genau übereinstimmt und eine Verschiebung um 2 × d bereits eklatant vom übernächsten Nachbarn „M" abweicht. Diese Größenskala ist daher nur eine Ordinalskala und nicht mehr.

Dieses zeigt:

- Für ein ordnendes Merkmal sind mitunter unterschiedliche Granularitäten der Merkmalsausprägungen denkbar und demzufolge auch unterschiedliche Skalentypen möglich.

- Sind die Merkmalsausprägungen Intervalle, bilden diese nur dann eine Intervallskala, wenn die Intervalle alle gleich lang sind.

- Ob mit einem Merkmal gerechnet werden kann oder nicht, hängt nicht nur vom jeweiligen Merkmal selbst ab, sondern auch von den dazu festgelegten Merkmals*ausprägungen*, nach denen geordnet wird.

Mit diesem Wissen in Hinterkopf können wir uns jetzt einem oft heiß diskutierten Thema zuwenden – der Messung von Leistungen in der Schule durch **Zensuren**.

Ist es in Ordnung, wenn man mit Zensuren rechnet? Kann man also eine „5" in Mathematik durch eine „3" in Deutsch im Zeugnis ausgleichen, da der Mittelwert beider Zensuren eine „4" ergibt und damit im Schnitt eine ausreichende Leistung vorliegt?

Zur Beantwortung dieser Frage müssen Sie sich nochmals die möglichen Ausprägungen der Schulnoten und deren Bedeutung in Erinnerung rufen. Diese Ausprägungen sind bekanntlich: sehr gut > gut > befriedigend > ausreichend > mangelhaft > ungenügend.

Diese Bewertungsstufen sollen mit ihrer Bezeichnung zum Ausdruck bringen, inwieweit die jeweilige Leistung den schulischen Anforderungen entspricht: Bei einem „sehr gut" wird den Anforderungen „in besonderem Maße" entsprochen, bei einem „gut" wird ihnen „voll", bei einem „befriedigend" wird ihnen „im Allgemeinen" entsprochen und so fort.

Was dabei die „Anforderungen" sind, kann dann allerdings nur fachspezifisch und abhängig von der spezifischen Unterrichtshistorie genauer gesagt werden.

Die Benotungskriterien sind also qualitativ formuliert und besitzen gewisse Auslegungsspielräume. Und diese Spielräume können in unterschiedlichen Fächern natürlich unterschiedlich interpretiert werden. Ein fachübergreifender Konsistenzabgleich dürfte daher kaum möglich sein.

Aufgrund dieser qualitativ formulierten Rahmenvorgaben bilden Noten sicherlich eine Ordinalskala, sind aber auch nicht mehr, denn es gibt keine eindeutig definierten Abstände zwischen den Noten. Darüber kann auch die übliche Umsetzung der Noten als Ziffern (1 = sehr gut, 2 = gut, ...) nicht hinwegtäuschen. Diese Ziffern stellen lediglich eine Kodierung der Leistungsstufe dar und haben nicht die Qualität einer Rechengröße.

Damit lautet eine erste Antwort auf die Einstiegsfrage: Nein, man kann mit Zensuren nicht rechnen. Eine Mittelung der Zensuren unterschiedlicher Fächer ist mathematisch nicht erlaubt und hat, wenn man viel weiter denkt, auch im Hinblick auf die Eignung von Schülern zum Beispiel für ein Studienfach keinen Sinn; vielleicht setzt man sie ein, weil andere Auswahlkriterien mehr Aufwand verursachen würden.

Doch wie sieht es aus, wenn man nicht die **Schulnoten** insgesamt, sondern zum Beispiel nur die Benotung der schriftlichen Arbeiten im Mathematikunterricht betrachtet? Bilden diese Noten eine Intervallskala, so dass ein Schüler oder Lehrer mit gutem mathematischem Gewissen eine

Ordnung erzeugen durch ordnende Merkmale

Durchschnittsnote zumindest für die schriftlichen Arbeiten in diesem Fach angeben kann?

Einen Vorteil hat ja bekanntlich das Fach **Mathematik**: Bei mathematischen Aufgaben sind Fehler in der Regel klar identifizierbar, Rechenschritte durch Punkte bewertbar, so dass man auf Basis der erreichten Punktzahl durchaus klare Grenzen zwischen den möglichen Noten ziehen kann.

In der Tat verfährt man auch so in der Praxis: Wer zum Beispiel 90 % oder mehr von den maximal möglichen Punkten in einer Arbeit erreicht, bekommt eine 1; wer 77 % oder mehr, jedoch weniger als 90 % der Punkte erreicht, bekommt eine 2, und so weiter, wie in Tabelle 5 angegeben.

Tabelle 5 Festlegung von schriftlichen Noten entsprechend der erreichten Punktzahl (hier durch Prozentwerte angegeben)

Note	Erreichte Punktzahl (in Prozent)
1	90 % oder mehr
2	77 % oder mehr, aber weniger als 90 %
3	63 % oder mehr, aber weniger als 77 %
4	50 % oder mehr, aber weniger als 63 %
5	20 % oder mehr, aber weniger als 50 %
6	weniger als 20 %

Die Tabelle repräsentiert ein gängiges Beispiel aus dem schulischen Alltag und zeigt unmittelbar, dass für die Noten Intervalle auf der Prozentskala definiert werden, die typischerweise nicht alle die gleiche Länge haben. Analog zum Beispiel mit der Damenkonfektionsgröße heißt dieses aber: Auch die in der Tabelle 5 dargestellte Notenskala mit ihren klar definierten Notengrenzen bildet keine Intervallskala. Deshalb kann man auch mit Zensuren, die durch die Vergabe von Punkten scharf voneinander abgegrenzt werden können, nicht „vernünftig" rechnen.

Die Repräsentation von Noten durch Ziffern scheint jedoch psychologisch so stark zu wirken, dass diesbezügliche Bedenken offenbar schnell über Bord geworfen werden. Da in irgendeiner Form eine kurze, zusammenfassende Aussage zur Leistung immer verlangt wird, macht man – so scheint mir – aus der Not eine Tugend. Eine Note gibt sicherlich einen groben qualitativen Leistungshinweis, aber der Stelle hinter dem Komma sollte man besser nicht allzu viel Bedeutung beimessen.

4.3 Merkmalsprofile: Wenn nicht nur ein Merkmal wichtig ist

Den bisherigen Überlegungen standen hauptsächlich Beispiele Pate, bei denen für das Ordnen nur *ein* Merkmal entscheidend war. Eine solche einfache Situation ist gegeben, wenn man den Preis eines Produkts bei verschiedenen Anbietern vergleicht, wenn man digitale Fotos nach dem Aufnahmedatum ablegt und dergleichen.

Aber die meisten Situationen sind komplexer. Sehr oft braucht man Klarheit und Übersicht bei Sachverhalten, bei denen *mehrere* Merkmale *gleichzeitig* eine wichtige Rolle spielen.

Das ist zum Beispiel der Fall, wenn ein Unternehmen klären will, wo es im Vergleich zu seinen Wettbewerbern steht. Dazu muss es analysieren, wo die internen Stärken und Schwächen liegen und wie diese im Vergleich zu den Wettbewerbern einzuordnen sind.

Um dieses systematisch anzugehen, muss ein Unternehmen all seine Unternehmensbereiche wie zum Beispiel Marketing, Produktion, Forschung und Entwicklung, Personal oder Finanzen durchleuchten und die wesentlichen Faktoren – die **„kritischen Erfolgsfaktoren"** – identifizieren, die maßgeblich deren Stärke bestimmen und für den Wettbewerb relevant sind. Für den Bereich Marketing/Vertrieb könnten das zum Beispiel Marktanteil, Vertriebsnetz, Image oder auch Preisgestaltung sein.

Im nächsten Schritt ist für diese Faktoren eine Stärkeneinschätzung vorzunehmen und mit den Wettbewerbern zu vergleichen. Anders ausgedrückt: Man erstellt für das eigene Unternehmen und die wichtigsten Wettbewerber Rangfolgen – und zwar für jeden identifizierten Wettbewerbsfaktor. Nach diesen Merkmalen werden die Unternehmen verglichen und angeordnet.

Bild 15 zeigt exemplarisch das Ergebnis einer solchen Analyse. Bei diesem Beispiel sind übersichtshalber nur zwei Objekte dargestellt – das Unternehmen selbst und einer seiner Wettbewerber. Diese beiden Unternehmen sind für jedes betrachtete Merkmal nach den Einschätzungskategorien ++ (sehr gut), + (eher gut), ... klassifiziert worden. Aus der Gesamtheit dieser Ausprägungseinschätzungen ergeben sich dann für diese beiden Unternehmen die zwei dargestellten Profile – sogenannte **Stärken-Schwächen-Profile**.

Betrachtet man die Profildarstellung zeilenweise, so liefert sie für jedes betrachtete Merkmal eine Rangfolge der beiden betrachteten Unternehmen. Daher stellt sie ein wichtiges Hilfsmittel dar, um die Handlungs-

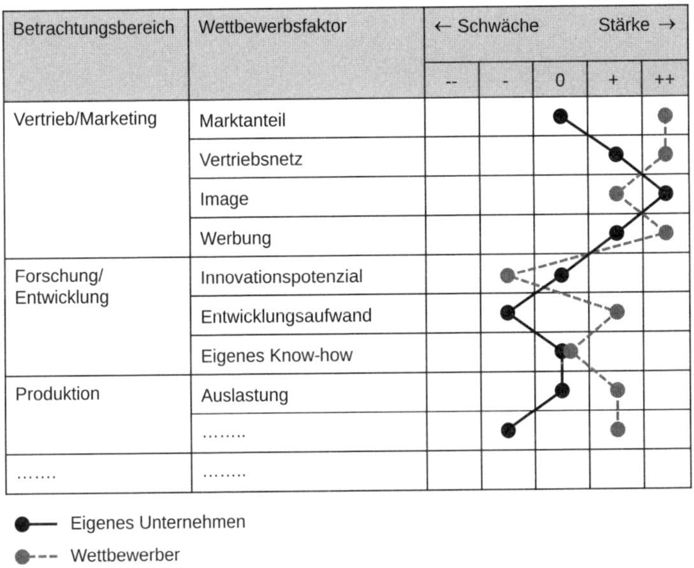

Betrachtungsbereich	Wettbewerbsfaktor	← Schwäche		Stärke →		
		--	-	0	+	++
Vertrieb/Marketing	Marktanteil					
	Vertriebsnetz					
	Image					
	Werbung					
Forschung/ Entwicklung	Innovationspotenzial					
	Entwicklungsaufwand					
	Eigenes Know-how					
Produktion	Auslastung					
	....					
....	....					

●— Eigenes Unternehmen
●--- Wettbewerber

Bild 15 Auszug aus einem Stärken-Schwächen-Profil. Die Wettbewerbsfaktoren stellen die kritischen Merkmale dar, nach denen Unternehmen hierbei verglichen werden.

felder zur Erschließung neuer interner Ressourcen und zur Stärkung der eigenen Marktposition zu identifizieren.

Derartige Profildarstellungen gibt es im Businessumfeld in den unterschiedlichsten Variationen. Man braucht dazu im Wesentlichen nur die dabei betrachteten Merkmale an die jeweilige Fragestellung anpassen.

Angenommen es gilt, die strategische Frage zu klären, ob und in welche Richtung ein bestimmter Geschäftsbereich mit seinen Produkten weiterentwickelt werden sollte oder nicht:

- Zur Beantwortung dieser Frage wird eine Analyse der Stärken und Schwächen gebraucht. Nur fokussiert man jetzt speziell auf die internen Faktoren, die kritisch für den Erfolg von genau diesem Geschäftsbereich sind. Das daraus resultierende Profil bezeichnet man dann üblicherweise als **Geschäftsfeldstärkenprofil** oder auch als Wettbewerbsstärkenprofil.

- Zusätzlich zur Kenntnis der eigenen internen Potenziale benötigt man für eine strategische Entscheidung in der Regel auch noch eine Einsicht in die Gegebenheiten des Marktes, in dem der betrachtete Geschäftsbereich operiert. Daher benötigt man auch Kenntnisse über die verschiedenen Aspekte, die das externe Umfeld des jeweiligen Geschäftsbereichs wesentlich prägen. Hier fließen dann so unterschiedliche Dinge wie Marktwachstum, Marktgröße, Innovationspotenzial oder Konjunkturanfälligkeit zusammen. Diese Aspekte werden üblicherweise unter dem Begriff „Marktattraktivität" zusammengefasst, und das darauf gründende Profil heißt dementsprechend **Marktattraktivitätsprofil**.

In Bild 16 sind diese beiden Profile schematisch dargestellt (in diesem Fall ohne die gleichzeitige Darstellung von Wettbewerbern). Im Unterschied zu Bild 15 sind hier die Einschätzungsstufen nicht durch die Symbole ++, +, ... repräsentiert, sondern durch Ziffern symbolisch wiedergegeben, und zwar von 1 („sehr schlecht" bzw. „sehr unattraktiv") bis 9 („sehr gut" bzw.

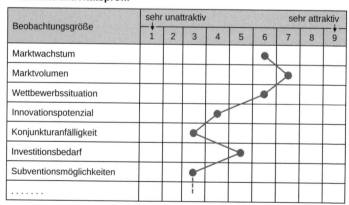

Geschäftsfeldstärkenprofil

Beobachtungsgröße	sehr schlecht							sehr gut	
	1	2	3	4	5	6	7	8	9
Relativer Marktanteil						●			
Relative Produktqualität							●		
Stärke Forschung/Entwicklung							●		
Marketing-Know-how					●				
Kostenstruktur					●				
Finanzsituation						●			
Standortsituation				●					
. . . .									

Marktattraktivitätsprofil

Beobachtungsgröße	sehr unattraktiv							sehr attraktiv	
	1	2	3	4	5	6	7	8	9
Marktwachstum						●			
Marktvolumen							●		
Wettbewerbssituation						●			
Innovationspotenzial					●				
Konjunkturanfälligkeit			●						
Investitionsbedarf						●			
Subventionsmöglichkeiten			●						
. . . .									

Bild 16
Auszug aus einem Geschäftsfeldstärkenprofil und einem Marktattraktivitätsprofil

Merkmalsprofile: Wenn nicht nur ein Merkmal wichtig ist

„sehr attraktiv"). Aber auch bei dieser gängigen Bezeichnungspraxis liegen wieder nur Rangstufen gemäß einer Ordinalskala vor. Die Ziffern sind reine Bezeichner für diese Rangstufungen. Ihre Abstände sind nicht definiert.

Derartige Profile könnte man dann für jedes Geschäftsfeld (beziehungsweise seine Produkte) erstellen, um deren interne und externe Potenziale vergleichen zu können. Auf Basis dieser Daten lassen sich dann Fragen diskutieren wie: Welche Geschäftsfelder sollten stärker ausgebaut werden? Auf welche Faktoren müssen wir uns hierbei konzentrieren? Welche Geschäftsfelder sollten möglicherweise sogar aufgegeben werden?

Die dargestellten Beispiele machen deutlich: *Wenn Objekte nach mehreren Merkmalen gleichzeitig zu ordnen sind, so ist ein Lösungsansatz, die dadurch entstehenden Rangordnungen in komprimierter Form in Form von Profildarstellungen visuell zusammenzuführen.* Eine solche Darstellung spielt für den Betrachter dann die gleiche Rolle wie ein Cockpit für einen Piloten, der alle Messinstrumente gleichzeitig im Auge behalten muss. Nur treten an die Stelle der Instrumente in diesem Falle die verschiedenen Rangfolgen, die bei einer Betrachtung mehrerer Unternehmen in den Zeilen der Profile dargestellt werden. Diese sind fortlaufend zu beobachten, um sich als Unternehmen erfolgreich weiterentwickeln zu können.

4.4 Rangordnungen mit mehreren Merkmalen

≡ Aggregieren von Merkmalen: Ist das möglich?

Die im vorherigen Abschnitt diskutierten Profildarstellungen sind sicher hilfreiche Analyseinstrumente, geben aber nicht unbedingt klare Hinweise in Bezug auf das Handeln. Wenn sich der Markt für ein Produkt wie im unteren Teil von Bild 16 darstellt: Sollte das Unternehmen dann verstärkt in dieses Produkt investieren, da der Markt dafür hohes Wachstum aufweist? Oder sollte man lieber die Finger davonlassen, da der Markt sehr konjunkturanfällig ist, und stattdessen auf ein Unternehmensprodukt setzen, das nicht so stark von der Konjunktur abhängig ist?

Um ausgewogene Entscheidungen für die verschiedenen Produkte eines Unternehmens treffen zu können, kommt man nicht darum herum, die verschiedenen Marktfaktoren irgendwie gegeneinander abzuwägen und zu fragen: Wie bedeutsam ist denn das Marktwachstum im Vergleich zur Konjunkturanfälligkeit? Wie bedeutsam sind im Vergleich dazu die anderen Faktoren? Also: Wie attraktiv ist der Markt für das jeweilige Produkt *in Summe*, wenn man alle Teilaspekte *zusammen* betrachtet?

Ähnlich wie ein Lehrer die Noten der Klassenarbeiten eines Schülers durch eine Mittelwertbildung zu einer Gesamtnote für die schriftlichen Arbeiten zusammenfasst, sind auch bei der **Marktattraktivität** die Bewertungen der einzelnen Beobachtungsgrößen, die zu dieser Attraktivität beitragen, zu einer einzigen Kennzahl zusammenzuführen. Tabelle 6 zeigt, wie man meistens dabei vorgeht.

Tabelle 6 Gängiges Schema zur Ermittlung einer Kennzahl für die Marktattraktivität

Beobachtungsgröße	Einstufung gemäß Profil	Gewicht	Gewichtete Einstufung
Marktwachstum	6	0,20	$6 \times 0,20 = 1,20$
Marktvolumen	7	0,20	$7 \times 0,20 = 1,40$
Wettbewerbssituation	6	0,15	$6 \times 0,15 = 0,90$
Innovationspotenzial	4	0,10	$4 \times 0,10 = 0,40$
Konjunkturanfälligkeit	3	0,10	$3 \times 0,10 = 0,30$
Investitionsbedarf	5	0,05	$5 \times 0,05 = 0,25$
Subventionsmöglichkeiten	3	0,05	$3 \times 0,05 = 0,15$
......	4	0,15	$4 \times 0,15 = 0,60$
		Summe:	5,20

In diese Tabelle wurden zunächst einmal die Einstufungen übertragen, wie sie für jedes beobachtete Merkmal auf der neunstufigen Skala im unteren Profil von Bild 16 vorgenommen wurden. Neu hinzu kommen die Gewichtsfaktoren für diese einzelnen Beobachtungsgrößen. Sie sollen zum Ausdruck bringen, dass die verschiedenen Merkmale für die Marktattraktivität unterschiedlich bedeutsam („gewichtig") sind. Präziser formuliert: Sie geben den Anteil an, mit dem die jeweilige Beobachtungsgröße zur gesamten Marktattraktivität beiträgt. Ihre Summe muss daher die Zahl 1 ergeben.

Der letzte Schritt ist dann eine einfache mathematische Rechnung, die auf diese Größen aufsetzt. Man berechnet das sogenannte *gewichtete Mittel* über die vorliegenden Einstufungen. Dazu werden die Einstufungsziffern mit den Gewichtsfaktoren multipliziert und diese Produkte dann addiert. Damit erhält man eine einzige, aggregierende Zahl als Ausdruck für die „Marktattraktivität" insgesamt. Die Größe „Marktattraktivität" stellt für den betrachteten Markt also ein *abgeleitetes Merkmal* dar und hat im dargestellten Beispiel den Wert 5,2.

Diverse Managementwerkzeuge setzen auf solche abgeleiteten Merkmale auf, durch die beitragende Submerkmale „aggregiert" werden. Ein prominentes Beispiel ist die **Portfolioanalyse**, bei der es darum geht, alle Produkte oder Dienstleistungen eines Unternehmens bezüglich ihrer Geschäftsfeldstärke und ihrer Marktattraktivität einzuschätzen (Genaueres dazu in Abschnitt 8.10). Die von der Unternehmensberatung McKinsey geprägte Variante der Portfolioanalyse sieht in der Marktattraktivität ausdrücklich ein solches abgeleitetes Merkmal und erwartet daher für dieses Merkmal eine entsprechend berechnete aggregierende Kennzahl. Diese wird üblicherweise nach genau dem Muster ermittelt, wie es in Tabelle 6 dargestellt ist. Hinzu kommt bei dieser Analyse auch noch eine analog ermittelte aggregierende Kennzahl für die **Geschäftsfeldstärke**, um auch die unternehmensinternen Faktoren in den Blick zu bekommen.

Aggregierte Informationen und Daten werden für die Lenkung eines Unternehmens also gebraucht. Die Portfolioanalyse ist nur eines der Beispiele dafür. Aber darf man dabei wirklich so einfach vorgehen wie in Tabelle 6? Nach den Ausführungen zu den verschiedenen Skalentypen muss dieses zu Recht bezweifelt werden. Denn wer mit den Einstufungsziffern aus dem Profil rechnet, sieht offensichtlich großzügig darüber hinweg, dass diese Ziffern nur eine Ordinalskala bilden und daher für Berechnungen nicht geeignet sind.

Und man muss sich natürlich grundsätzlich auch die Frage stellen: Kann man tatsächlich so unterschiedliche Dinge wie Marktwachstum, Konjunkturanfälligkeit und dergleichen zu einer einzigen Größe zusammenfassen, um ein Maß für die Marktattraktivität zu gewinnen? Schließlich kann man ja auch nicht einfach „Äpfel mit Birnen vergleichen" und unbedacht „in einen Topf werfen".

Die überraschende Antwort lautet: Man kann durchaus sehr unterschiedliche Beobachtungsgrößen geeignet zusammenfassen, und man kann dabei sogar den in der Tabelle 6 dargestellten Rechenweg im Prinzip nutzen. Aber man muss dazu noch einige Dinge vorab erledigen:

- Man muss die Einstufungsziffern aus dem Profil zunächst in intervallskalierte Zahlen „übersetzen".
- Man muss sicherstellen, dass die Formel für das gewichtete Mittel anwendbar ist.
- Und die Gewichtsfaktoren müssen in dazu konsistenter Weise ermittelt werden.

Dafür sind die folgenden Fragen zu klären:

- Wie kommt man von den ordinalskalierten Ausprägungen der aufgeführten Beobachtungsgrößen zu intervallskalierten Werten, so dass die in der Tabelle dargestellte Rechnung möglich wird?

- Das in der Tabelle wiedergegebene gewichtete Mittel stellt einen additiven Rechenansatz für die Aggregation dar. Welche Voraussetzungen müssen für einen solchen Rechenansatz erfüllt sein?
- Wie ermittelt man bei einem gewichteten Mittel die dazu erforderlichen Gewichtsfaktoren?

Die folgenden drei Textabschnitte gehen diesen Fragen im Einzelnen nach.

≡ Die Macht der individuellen Bewertung: Eine Intervallskala erzeugen

Das Berechnungsschema in Tabelle 6 illustriert im Kern einen grundsätzlich wichtigen Aspekt: So unterschiedlich die verschiedenen beitragenden Faktoren auch sein mögen – um sie zu aggregieren, müssen ihre Ausprägungen in einer *universell verwendbaren Skala* ausgedrückt werden.

Aber die schnelle Lösung, für diese Skala gemäß Tabelle 6 einfach die Attraktivitätsstufen 1 bis 9 zu nutzen, greift zu kurz. Denn diese Ziffern sind nur Bezeichner für Abstufungen auf einer Ordinalskala. Um rechnen zu können, muss man sich über die Rangfolge von Merkmalsausprägungen hinaus auch noch über den *Abstand* dieser Ausprägungen Gedanken machen, denn man braucht (mindestens) eine *Intervallskala*.

Um zu veranschaulichen, wie man dahin kommt, möchte ich das Beispiel der Markattraktivität nicht weiter strapazieren, da die dazugehörigen Beobachtungsgrößen relativ abstrakt sind. Lieber will ich dafür ein leicht nachvollziehbares Beispiel aus dem Alltag aufgreifen: die **Wohnungssuche**. Anstatt von Märkten sind dabei Wohnungen nach ihrer Attraktivität einzuschätzen. Das ist plastischer und für die meisten von Ihnen vermutlich eine wohlbekannte Situation.

Versetzen Sie sich also in die Lage einer wohnungssuchenden Familie. Stellen Sie sich vor, dass diese Familie in der glücklichen Lage ist, zwischen mehreren Wohnungsangeboten wählen zu können. Um zwischen diesen entscheiden zu können, braucht sie eine Maßzahl für deren Attraktivität, damit sie sie in eine Rangfolge bringen kann.

Ähnlich wie bei der Marktattraktivität tragen auch bei einer Wohnung mehrere Merkmale zu deren Attraktivität bei. Nehmen wir an, dass für die Familie die dafür wichtigen Faktoren der *Quadratmeterpreis*, die *Größe der Wohnung*, die *Wohnlage* und das *Alter der Wohnung* sind.

Diese Faktoren sind analog zum Vorgehen bei der Marktattraktivität zu bewerten und auf einer universell verwendbaren Skala einzuordnen. Das Ziel ist jetzt allerdings, diese Skala als Intervallskala einzurichten, so dass die Berechnung einer aggregierenden Kennzahl für die Attraktivität einer Wohnung mathematisch erlaubt ist. Doch wie kommt man dahin?

Betrachten wir dazu zunächst die **Wohnlage**. Erwartungsgemäß besteht der erste Schritt darin, die Wohnungen entsprechend ihrer Wohnlagenqualität in eine Rangfolge zu bringen. Doch dieser Schritt reicht nicht aus. Um für die Wohnlagen eine Intervallskala zu generieren, muss man darüber hinaus auch noch die *Unterschiede* in der Qualität der Wohnlagen bewerten und vergleichen, so dass auch die Abstände der Werte für die Wohnlagenqualität wohldefiniert sind.

Angenommen, es stehen 4 Wohnungen A, B, C, D zur Auswahl und der Vergleich der Lage ergibt für deren Qualität die Abstufung D > C > B > A. Dabei dient „B > A" als Kurzschreibweise für „Wohnung B hat eine bessere Lage als A". Diese Ordinalskala gilt es jetzt zu einer Intervallskala weiterzuentwickeln. Analog zur Temperaturskala braucht man dazu einen Nullpunkt. Und wie bei der Temperaturskala kann dieser einfach festgelegt werden. Üblich ist, die schlechteste Ausprägung des betrachteten Merkmals dafür zu nehmen. Das heißt in diesem Fall: Die Wohnlage von A wird dem Wert 0 dieser zu konstruierenden Bewertungsskala zugeordnet. Analog ordnet man der besten Wohnlage, die hier bei Wohnung D vorliegt, einen festen Maximalwert zu, in der Regel den Wert 1.

Die Lagequalität der Wohnungen B und C liegt demzufolge dann zwischen diesen beiden Grenzwerten 0 und 1 – und dieses auch in genau der genannten Reihenfolge. Ähnlich wie der Abstand zweier Werte auf einem Thermometer den Unterschied der Temperatur zwischen zwei unterschiedlichen Zeitpunkten wiedergibt, muss der Abstand zweier Werte auf der Skala für die Wohnlage den Unterschied der Lagequalität zweier Wohnungen ausdrücken. Bild 17 zeigt das mögliche Ergebnis dieser Überlegungen. Hier wird also beim gedanklichen Übergang von Wohnung A zu Wohnung B der Zuwachs an Lagequalität doppelt so groß gesehen wie beim Übergang von Wohnung B zu Wohnung C. Man beachte also: Der *Zuwachs* an Lagequalität ist doppelt so groß, nicht die Lagequalität selbst.

Den Wohnlagen der betrachteten Wohnungen werden auf diese Weise intervallskalierte Zahlenwerte zugeordnet, die den *Wert* der jeweiligen Wohnlage *für den Wohnungssuchenden* ausdrücken. Da solche Zuordnungen in der Mathematik „Funktionen" genannt werden, liegt mit Bild 17 die Darstellung einer Funktion vor. Entsprechend ihrer Bedeutung wird sie meistens als *Wertfunktion* bezeichnet.

Die Wertfunktionen sind das entscheidende Hilfsmittel, um die beitragenden Faktoren zur Wohnungsattraktivität zu bewerten und diese Bewertungen auf einer universellen Intervallskala im Bereich zwischen 0

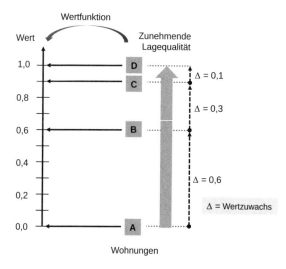

Bild 17 Wertfunktion für die Lage einer Wohnung

und 1 darzustellen. Eine Wertfunktion kann sich auf diskret liegende Ausprägungen eines Merkmals beziehen – wie bei der Wohnlage. Sie kann gegebenenfalls aber auch einen kontinuierlichen Bereich möglicher Ausprägungen erfassen. Das Merkmal „Größe der Wohnung", das ebenfalls die Attraktivität einer Wohnung mitbestimmt, ist dafür ein Beispiel. Dazu die folgenden Ausführungen:

Es sei angenommen, dass die Wohnflächen der angebotenen Wohnungen im Bereich von 50 m² bis 200 m² liegen. Da für die Wohnfläche im Prinzip ein Kontinuum an Werten denkbar ist, lässt sich die zugehörige Wertfunktion in einer Form darstellen, wie sie Ihnen wahrscheinlich noch aus der Schulzeit vertraut ist: als Graph, der jedem möglichen Flächenwert zwischen 50 m² und 200 m² eine Zahl zwischen 0 und 1 zuordnet, die den Wert der **Wohnflächengröße** für die wohnungssuchende Familie ausdrückt. Diese Wertfunktion wird typischerweise aussehen wie in Bild 18.

Der Wert einer Wohnung steigt also mit der Größe der Wohnfläche. Doch diese Wertfunktion kann keine einfache Gerade sein. Das heißt: Der Wert einer Wohnung steigt nicht im gleichen Maße wie deren Größe. Das wird sofort verständlich, wenn man etwas genauer darüber nachdenkt:

- Bei einer kleinen Wohnung (in der Abbildung: 50 m²) ist ein Zuwachs von zum Beispiel 30 m² außerordentlich wertvoll, da damit lebensnotwendiger Platz geschaffen wird (Wertzuwachs: 0,40).

- Bei einer sehr großen Wohnung (in der Abbildung: 170 m²) wird dieser gleiche Zuwachs an Fläche längst nicht mehr so wertvoll sein.

Rangordnungen mit mehreren Merkmalen

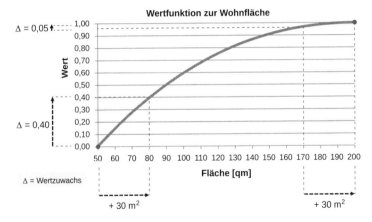

Bild 18 Wertfunktion für die Größe einer Wohnung

Mit 170 m² ist man im Hinblick auf den Bedarf meistens schon längst in der Komfortzone, und eine weitere Steigerung an Grundfläche liefert kaum noch ein Mehr an Wert (Wertzuwachs: 0,05).

Nach dieser Überlegung nimmt mit steigender Grundfläche der Wert einer Wohnung zwar zu, der Wertzuwachs jedoch immer weiter ab. Dadurch ergibt sich der gekrümmte Verlauf, wie er in der Abbildung dargestellt ist.

Ähnlich wie bei der Wohnlage muss man sich also auch bei dieser Wertfunktion über den Wert*zuwachs* Gedanken machen, den man erhält, wenn man von einer Wohnung gedanklich zu einer größeren Wohnung übergeht. *Diese Zuwachsgrößen müssen untereinander konsistent sein, damit die Werte dieser Wertfunktion eine Intervallskala bilden.*

Solche Wertfunktionen sind auch für die anderen relevanten Wohnungsmerkmale (hier: Quadratmeterpreis, Alter) zu konstruieren, so dass alle Wohnungsmerkmale, die zur Attraktivität der Wohnung beitragen, schließlich auf ein und dieselbe Wertskala mit 0 als kleinstem und 1 als größtem Wert abgebildet sind.

Damit hat man zweierlei erreicht:

- Zum einen „übersetzen" diese Funktionen die Ausprägungen beliebiger Merkmale in eine *einheitliche, universelle* Wertskala. Eine solche Skala ist notwendige Voraussetzung, um unterschiedliche Merkmale bezüglich ihres „Wertes" miteinander vergleichen, gegeneinander abwägen und in irgendeiner Form aggregieren zu können. Dieser Sachverhalt ist vergleichbar mit der Situation bei Waren und Gütern, wo man deren Handelswert durch ihren Preis ausdrückt und so eine universelle **Preisskala** geschaffen hat, über die unterschiedliche Waren bezüglich ihres Handelswertes miteinander verglichen werden können.

- Zum anderen liefern die Wertfunktionen die erforderliche *Intervallskalierung*, da durch die Art ihrer Konstruktion nicht nur die Abstufung der „Werte", sondern auch deren *Abstände* festgelegt und eindeutig definiert werden. Damit hat man die Voraussetzungen erfüllt, um die additiven Rechenoperationen durchführen zu können.

Unter Zuhilfenahme dieser Wertfunktionen lässt sich die in Tabelle 6 dargestellte intuitive Vorgehensweise zur Berechnung einer aggregierenden Kennzahl auf eine solide mathematische Basis stellen.

≡ **Gilt nur, wenn die Voraussetzungen stimmen:
Der additive Rechenansatz**

In Tabelle 6 wurde diese aggregierende Kennzahl als gewichtetes Mittel über Einstufungsziffern berechnet. An die Stelle der ordinalen Einstufungsziffern treten nun die intervallskalierten Werte. Eine aggregierende Kennzahl (zum Beispiel für die Wohnung), im Folgenden „Gesamtwert" genannt, ist dann wie folgt zu ermitteln:

- Gesamtwert = $Gewicht_1 \times Wert_1 + Gewicht_2 \times Wert_2 + ...$
  Die aggregierende Kennzahl (der „Gesamtwert") errechnet sich also als Summe der gewichteten Wert-Beiträge.

- $Wert_1$, $Wert_2$, ... bezeichnet die Funktionswerte, welche die Wertfunktionen zu den Merkmalen 1, 2, ... für die jeweils vorliegenden Merkmalsausprägungen liefern.

- $Gewicht_1$, $Gewicht_2$, ... bezeichnet die Gewichtsfaktoren zu den Merkmalen 1, 2, ...

Die hier genannte Formel für das gewichtete Mittel stellt einen Rechenansatz dar, bei dem Einzelwerte zu einem Gesamtwert *additiv* aggregiert werden. Obgleich im Prinzip auch andere mathematische Aggregationen denkbar sind, wird in der einschlägigen Literatur meistens nur dieser additive Ansatz aufgegriffen. Er stellt die einfachste Form einer Aggregation dar.

Um diesen Ansatz zu nutzen, muss jedoch noch eine wichtige Voraussetzung erfüllt sein, die sich unmittelbar aus der additiven Formel ablesen lässt. Nach dieser Formel erzeugt der Zuwachs an Wert bei einem Merkmal einen Zuwachs bei dem Gesamtwert, der völlig *unabhängig* von den Ausprägungen der übrigen Merkmale ist. Der genutzte additive Ansatz für den Gesamtwert verlangt daher:

- Die betrachteten Merkmale müssen unabhängig voneinander sein.

  Das heißt: Wenn bei einem Merkmal durch die Veränderung seiner Ausprägung sich der zugeordnete Wert (gemäß der jeweiligen Wertfunktion) und demzufolge auch der Gesamtwert ändert, muss diese Veränderung völlig unabhängig davon sein, welche Ausprägungen dabei die übrigen Merkmale haben.

Um das am Beispiel der Wohnung zu verdeutlichen: Wenn unsere Familie zu einer potenziellen Wohnung plötzlich eine Vergleichswohnung mit geringerem Quadratmeterpreis findet, sollte der Wertzuwachs, den diese Vergleichswohnung für die Familie mit sich bringt, völlig unabhängig davon sein, ob es sich dabei um einen Altbauwohnung von 160 m^2 oder um einen Neubau mit 120 m^2 handelt. Ist diese Unabhängigkeit gegeben, kann der additive Ansatz genutzt werden.

Wenn die Familie jedoch dem niedrigeren Quadratmeterpreis bei einer Neubauwohnung einen höheren Wert beimisst als bei einem Altbau, ist diese Unabhängigkeit nicht gegeben. Eine solche Einschätzung könnte zum Beispiel aus der Überlegung resultieren, dass ein Altbau einen höheren Sanierungs- und Renovierungsbedarf hat und daher eine Preisreduktion hier „unterm Strich" nicht so viel Ersparnis darstellt wie bei einer Neubauwohnung. Gelten diese Überlegungen, wäre der einfache additive Ansatz mathematisch nicht mehr zulässig.

Um den additiven Berechnungsansatz nutzen zu können, muss es daher Ziel sein, die relevanten Merkmale der jeweils betrachteten Objekte so zu wählen und voneinander abzugrenzen, dass die angesprochene Merkmalsunabhängigkeit gegeben ist. Das kann in der Praxis zum Beispiel bedeuten, dass man voneinander abhängige Merkmale so in Untermerkmale zergliedert, dass diese keine Querbezüge mehr aufweisen.

≡ Nicht ganz einfach: Gewichtsfaktoren ermitteln

Bleibt noch als Letztes die Frage zu beantworten, wie die Gewichtsfaktoren konkret ermittelt werden, die in die Berechnung des Gesamtwertes eingehen.

Weit verbreitet ist die Praxis, deren Werte durch eine direkte subjektive Einschätzung *a priori* festzulegen. Dieses Vorgehen greift jedoch zu kurz.

Stellen Sie sich dazu ein Objekt (z. B. eine Wohnung) vor, das im Vergleich zu seinen „Wettbewerbern" in allen Merkmalen am unteren Ende der Werteskala liegt, wo die einzelnen Wertfunktionen also alle den Wert 0 haben, so dass sich nach der oben genannten Rechenvorschrift auch für den Gesamtwert der Wert 0 ergibt. Stellen Sie diesem Objekt jetzt gedanklich ein zweites Objekt gegenüber, das sich vom ersten nur in einem einzigen Merkmal, zum Beispiel im Merkmal 1, unterscheidet. Und bei diesem Merkmal möge es die optimale Ausprägung haben, so dass die Wertfunktion für dieses Ausnahmemerkmal den maximalen Wert 1 annimmt.

Dann errechnet sich für dieses zweitgenannte Objekt der Gesamtwert nach der genannten additiven Rechenvorschrift zu:

$$\text{Gesamtwert} = \text{Gewicht}_1 \times \text{Wert}_1 + \text{Gewicht}_2 \times \text{Wert}_2 + ...$$
$$= \text{Gewicht}_1 \times 1 + \text{Gewicht}_2 \times 0 + \text{Gewicht}_3 \times 0 + ...$$
$$= \text{Gewicht}_1$$

Der Gesamtwert dieses zweiten Objekts ist also durch die Größe des Gewichtsfaktors dieses einen Merkmals gegeben.

Geht man gedanklich vom ersten Objekt zum zweiten Objekt über und betrachtet die damit verbundene Wertsteigerung, dann heißt das:

- Der Gewichtsfaktor eines Merkmals gibt die Wertsteigerung an, die sich ergibt, wenn man bei diesem Merkmal von seiner schlechtesten zu seiner besten Ausprägung übergeht.

- Der Gewichtsfaktor wächst demzufolge für ein Merkmal mit der Größe des Bereichs, in dem die Merkmalsausprägungen liegen. Und er fällt umso kleiner aus, je kleiner dieser Ausprägungsbereich ist.

- Im Grenzfall, wenn für die betrachteten Objekte bei einem Merkmal alle Ausprägungen gleich sind, muss der Gewichtsfaktor für dieses Merkmal demzufolge Null werden. Das bedeutet praktisch: Dieses Merkmal spielt für den Vergleich der Objekte keine Rolle mehr.

Diese Eigenschaften eines Gewichtsfaktors machen seine Festlegung relativ aufwendig. In der Tat sind dazu ausgefeilte Vorgehensweisen erforderlich. Ein Beispiel dafür ist das hier nicht weiter besprochene *Swing-Verfahren*, aber auch andere Verfahren sind möglich.[12]

Welche Vorgehensweise man auch immer zur Bestimmung der Gewichte nutzen mag, zweierlei muss gewährleistet sein:

- Die Gewichtsfaktoren müssen die abgestufte Bedeutung widerspiegeln, welche die verschiedenen Merkmale *für den jeweiligen Betrachter* haben. Insofern müssen sie im Rahmen ihrer Festlegung in irgendeiner Weise miteinander verglichen und untereinander abgeglichen werden.

- In den Gewichtsfaktoren muss sich die gerade erwähnte Abhängigkeit vom Spektrum der Merkmalsausprägungen ausdrücken.

Letzteres bedeutet: *Sollte man nach Ermittlung der Gewichte auf die Idee kommen, das mögliche Ausprägungsspektrum für ein Merkmal zu vergrößern, also zum Beispiel noch kleinere und auch noch größere Wohnungen mit in Betracht zu ziehen als bisher, passt der zugehörige Gewichtsfaktor nicht mehr. Er müsste dann an dieses größere Ausprägungsspektrum angepasst werden. Dieses wiederum zieht auch die Neuanpassung der anderen Gewichtsfaktoren nach sich, da deren Summe die Zahl 1 ergeben muss.*

Dieser Sachverhalt bedeutet unmissverständlich:

- Man kann die Gewichte nicht absolut und von vorneherein („a priori") festlegen.

Begegnet man solchen A-priori-Festlegungen, so sind diese daher mit Vorsicht zu genießen.

≡ Und das Ganze heißt: Nutzwertanalyse

Die Definition der Wertfunktionen und die Ermittlung der Gewichtsfaktoren sind die entscheidenden methodischen Schritte, um Merkmale zu einem daraus abgeleiteten, aggregierenden Merkmal mathematisch zusammenzuführen. Ich habe diese beiden Teilschritte daher ausführlich beschrieben – auch deshalb, weil sie im Wesentlichen durch subjektive Festlegungen geprägt sind. Deshalb sind diese beiden Dinge bei Rangfolgen immer genau zu hinterfragen.

Bild 19 fasst anhand des Wohnungsbeispiels, bei dem vier Wohnungen A, B, C und D zur Auswahl stehen, zusammen, wie sich diese Teilschritte zu einer Gesamtvorgehensweise zusammenfügen. Für jede der angebotenen Wohnungen kommt man von deren einzelnen Merkmalen zu einer aggregierenden Kennzahl, dem Gesamtwert. Diese Zahl spiegelt die Attraktivität wieder, den die jeweilige Wohnung „in Summe" für die wohnungssu-

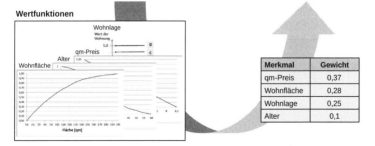

Bild 19
Vorgehen zur Ermittlung der Rangfolge von vier angebotenen Mietwohnungen

chende Familie hat. Man kann auch sagen: Sie ist ein Maß für den *Nutzen*, den sie bei der jeweiligen Wohnung für sich sieht, weshalb bei derartigen Beispielen dieser aggregierende Gesamtwert auch als *Nutzwert* bezeichnet wird.

Aus diesen Nutzwerten für die Wohnungen lässt sich unmittelbar deren Rangfolge ableiten, auf deren Basis dann eine Entscheidung möglich ist. Diese Rangfolge wäre durch direkten Vergleich der verschiedenen ursprünglichen Beobachtungsgrößen wohl nur schwer zu ermitteln gewesen.

Das in der Abbildung beispielhaft dargestellte Gesamtvorgehen wird in der Literatur als *Nutzwertanalyse* bezeichnet. Sie stellt eine mathematisch abgesicherte Vorgehensweise dar, um Objekte unter gleichzeitiger Berücksichtigung mehrerer Merkmale zu ordnen. Deren wichtigste Schritte seien an dieser Stelle nochmals in allgemeiner Form zusammenfassend genannt (siehe dazu Bild 20):

- Zunächst sind die Merkmale festzulegen, die für die jeweilige Fragestellung eine Rolle spielen und für die Rangordnung der dabei betrachteten Objekte bedeutsam sind.

- Für jedes dieser Merkmale ist für das Spektrum der vorliegenden Merkmalsausprägungen dann eine (normierte) Wertfunktion zu ermitteln. Bei dieser müssen die Wert*abstände* wohldefiniert sein, die Werte müssen also mindestens eine Intervallskala bilden.

- Für jedes betrachtete Objekt wird dann mittels dieser Wertfunktionen der „Wert" ermittelt, den die Ausprägungen der betrachteten Merkmale bei diesem Objekt jeweils haben.

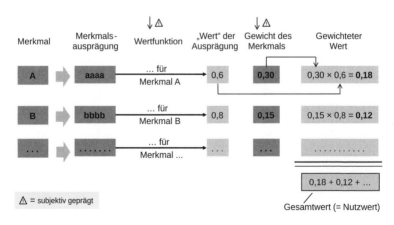

Bild 20 Vorgehen der Nutzwertanalyse zur Ermittlung des Gesamtwertes für ein Objekt mit den Merkmalen A, B, ...

Rangordnungen mit mehreren Merkmalen

- Zu jedem Merkmal ist – in Abhängigkeit vom Spektrum der Merkmalsausprägungen – ein Gewichtsfaktor nach methodisch korrektem Verfahren (zum Beispiel das Swing-Verfahren) zu bestimmen.

- Dann können für jedes Objekt die einzelnen Merkmals-„Werte" zu einem „Gesamtwert" aggregiert werden. Dieser errechnet sich als gewichtetes Mittel dieser einzelnen „Werte" und wird im Rahmen der Nutzwertanalyse als *Nutzwert* bezeichnet. Der Nutzwert ist für das Betrachtungsobjekt ein abgeleitetes Merkmal.

- Über diesen Nutzwert, der sich nach dieser Vorgehensweise für jedes betrachtete Objekt bestimmen lässt, können die betrachteten Objekte dann geordnet werden.

Zu beachten ist bei diesem Vorgehen, dass sowohl in die Konstruktion der Wertfunktionen als auch in die Größenbestimmung der Gewichtsfaktoren subjektive Einschätzungen maßgeblich einfließen. Daher ist grundsätzlich immer ein vorsichtiger Umgang mit den Ergebnissen angebracht.

Wenn eine Nutzwertanalyse von Wohnungen für Wohnung X zum Beispiel den Nutzwert 0,70 und für Wohnung Y den Nutzwert 0,67 liefert, muss damit in der Tat noch nicht zwingend klar sein, dass Wohnung X die bessere Alternative darstellt. Denn leicht modifizierte subjektive Annahmen führen möglicherweise zu ganz anderen Ergebnissen. Fragen Sie bei so eng beieinanderliegenden Werten daher auch danach, ob eine sogenannte *Sensitivitätsanalyse* durchgeführt wurde. Das heißt: Klären Sie, ob bei einer kleinen Variation der subjektiven Einschätzungsparameter die als Favorit ausgewiesene Option weiterhin einen Vorsprung hat oder ob dieser Favorit sehr sensitiv auf diese Parameter reagiert.

☰ Die Kluft: Theoretischer Anspruch und praktische Umsetzung

Die erforderlichen Schritte bei einer Nutzwertanalyse sind zwar einfach zu benennen, verlangen jedoch bei der praktischen Umsetzung eine gehörige Portion Sorgfalt und damit auch Zeit. Dieses gilt insbesondere für die Konstruktion der Wertfunktionen und die Ermittlung der Gewichtsfaktoren. Das mag ein Grund dafür sein, dass man in der Praxis dann oft „großzügig vereinfacht". Das heißt konkret: Man „schenkt" sich die systematische Konstruktion der Wertfunktionen. Stattdessen werden die Größen einer schlichten Ordinalskala direkt als Basis für die anschließenden Berechnungen genommen. Und auch die Gewichtsfaktoren werden nicht entsprechend den Erfordernissen der Nutzwertanalyse abgeleitet, sondern a priori festgelegt. Was dabei herauskommt, habe ich mit der Tabelle 6 bereits aufgezeigt.

Ein anderes Beispiel für einen solchen „lockeren" Umgang mit der Methodik gibt Tabelle 7 wieder. Hierbei ging es einem Zulieferer in der Automobilindustrie darum, die **Kundenzufriedenheit** zu ermitteln. Dafür hatten die Kunden ihre Zufriedenheit mit der Kompetenz dieses Zulieferers bezüglich Produktkonzeption, Produktrealisierung usw. und ihre Zufriedenheit mit verschiedenen Aspekten des Managements der Produktentwicklung auszudrücken. Die Daten in der Tabelle geben wieder, wie zufrieden die Kunden mit diesen verschiedenen Kompetenz- und Managementaspekten beim Zulieferer waren. Dabei konnten sie ihre Zufriedenheit auf einer Skala von 0 (unzufrieden) bis 10 (sehr zufrieden) ausdrücken.

Tabelle 7 Erhobene Daten zur Kundenzufriedenheit für den Entwicklungsbereich eines Zulieferers. Die möglichen Bewertungspunkte decken das Spektrum von 0 (unzufrieden) bis 10 (sehr zufrieden) ab. Ein Strich als Eintrag zeigt an, dass dafür keine Daten vorlagen.

Bewertungsaspekte	Kunde A	Kunde B	Kunde C	Mittelwert
A) Kompetenzfelder				
Produktkonzeption	9	3	7	6,3
Produktrealisierung	7	7	–	7,0
Produktqualität	7	7	–	7,0
Mechanik-Entwicklung	9	3	–	6,0
Elektronik-Entwicklung	4	0	–	2,0
Musterrealisierung	6	7	–	6,5
B) Management der Produktentwicklung				
Kostenbewusstsein	7	3	6	5,3
Termintreue	3	3	5	3,7
Zusammenarbeit	7	7	6	6,7
Qualität der Beratung	3	–	7	5,0
Mittelwert	6,2	4,4	6,2	5,6

Bei den Mittelwertbildungen in den Zeilen dieser Tabelle wird mit „Zahlen" gerechnet, die tatsächlich keine intervallskalierten Zahlen sind, sondern nur Bezeichner für Einstufungen auf einer Ordinalskala, mit denen nicht gerechnet werden kann!

Die Zahlen in der untersten Zeile der Tabelle entsprechen den Nutzwerten der Nutzwertanalyse. Denn sie aggregieren die verschiedenen Zufriedenheitsaspekte, die in den Zeilen darüber pro Kunde dargestellt sind. Diese Aggregation erfolgt hier durch eine einfache Mittelwertbildung. Damit wird implizit angenommen, dass die Gewichtsfaktoren für die Teilaspekte alle gleich groß sind. Doch die Aggregation erfolgt hier ohne den erforderlichen Zwischenschritt, bei dem die Einstufungsziffern mithilfe von Wertfunktionen zunächst in eine Intervallskala zu transformieren sind.

Mit derartigen „Vereinfachungen" muss man fast immer auch rechnen, wenn uns in Zeitungen und Zeitschriften **Rankings** zu den glücklichsten Nationen, zur Zukunftsfähigkeit unserer Regionen, zur Frauenfreundlichkeit unserer Städte, zur Güte von Pflegeeinrichtungen und dergleichen mehr präsentiert werden. Leider kann man als Leser den dort zitierten Daten kaum ansehen, nach welchen methodischen Verfahren sie gewonnen wurden.

Solche simplifizierenden Vorgehensweisen sind fragwürdig. Dennoch werden sie auch in der einschlägigen Literatur manchmal so propagiert. Nur stellt man das Vorgehen dann meistens nicht als Nutzwertanalyse dar, sondern nennt es stattdessen „Scoring-Verfahren" oder „Punktbewertungsverfahren". Aber dadurch wird die methodische Problematik nicht geringer. Daraus abgeleiteten Ergebnissen sollte man daher nicht einfach blind vertrauen.

☰ Wo die Nutzwertanalyse wegen Unsicherheiten versagt: Kommen Szenarien ins Spiel

Die Nutzwertanalyse ist ein hilfreiches Instrument, um Objekte, bei denen mehrere Merkmale gleichzeitig wichtig sind, miteinander vergleichen und gegeneinander abwägen zu können – seien es Wohnungen, Waschmaschinen oder mögliche Absatzmärkte für ein Unternehmen. *Sie lässt sich immer dann anwenden, wenn man die Ausprägungen der dabei zu betrachtenden Merkmale kennt und diese daher genau angeben kann.* Doch diese Voraussetzung ist leider nicht immer erfüllt.

Ein Beispiel dafür liefert der Vergleich möglicher **Urlaubsziele**. Wenn eine Familie mehrere Ziele in Erwägung zieht, sind für eine Entscheidung unter anderem auch die Unwägbarkeiten zu bedenken, die mit diesen Urlaubszielen verknüpft sind. Das umfasst zum Beispiel Qualität und Ausstattungsdetails der angebotenen Unterkünfte, die Infrastruktur der jeweiligen Umgebung und dergleichen mehr. Alles Dinge, zu denen Informationen oft fehlen und daher ungewiss sind, die aber zur Entscheidung beitragen. Eine weitere wichtige Unbekannte ist vermutlich auch das Wetter, das dort jeweils zu erwarten und meistens ebenfalls für die Entscheidung bedeutsam ist. All dieses sind Merkmale für die möglichen Urlaubsziele, deren Ausprägungen unsicher oder – wie das Wetter – noch nicht bekannt sind.

Auch in Unternehmen sind oft Fragen zu klären, für deren Beantwortung man sich auf Daten stützen muss, die unsicher sind oder sich erst in der

Zukunft herausstellen werden. Die jährliche **Wirtschaftsplanung** ist ein Beispiel dafür. Im Rahmen dieser Planung ist unter anderem auch der Umfang der Produktion der Erzeugnisse für das kommende Geschäftsjahr zu entscheiden und entsprechend zu budgetieren. Für diese Entscheidung spielen natürlich der zu erwartende Gewinn und weitere Finanzkennzahlen eine wichtige Rolle, doch diese Zahlen stehen zum Zeitpunkt der Planung leider noch nicht fest. Sie sind von der künftigen Entwicklung des Marktes abhängig und zum Zeitpunkt der Planung noch unsicher. Dennoch sind auch diese Zukunftsdaten in irgendeiner Weise bei der Entscheidung mit zu berücksichtigen.

Unsicherheiten sind also häufiger präsent, als man glaubt:

- Merkmale können mit Unsicherheiten behaftet sein, weil entweder ihre aktuellen Merkmalsausprägungen nicht genau feststellbar sind, da dazu bestimmte *Informationen fehlen*, oder weil diese Werte sich erst in der *Zukunft* herauskristallisieren werden.

- *Unsicherheiten* können insbesondere bei kontextabhängigen Merkmalen (siehe Abschnitt 3.2) schnell ins Spiel kommen.

Bei Unsicherheiten ist die Nutzwertanalyse nicht mehr direkt anwendbar. Jedoch: Sie kann dafür geeignet erweitert werden. Wie dieses geschieht, möchte ich Ihnen am Beispiel einer **Geldanlage** in groben Zügen erläutern.

Stellen Sie sich also vor, Sie haben einen gewissen Geldbetrag angespart und möchten diesen jetzt gewinnbringend anlegen. Ihr Ziel ist natürlich, bei der Anlage einen möglichst großen Gewinn zu erwirtschaften. Auf der anderen Seite möchten Sie aber auch möglichst unabhängig von zukünftigen wirtschaftlichen Schwankungen sein und daher die zu erwartenden Gewinnschwankungen bei der Anlage möglichst gering halten.

Die Frage, die sich dann stellt, ist natürlich, welche Anlageform Sie am besten wählen sollten. Dazu sind Anlagen wie Aktien, festverzinsliche Wertpapiere usw. gegeneinander abzuwägen und in eine Rangfolge zu bringen. Entsprechend den beiden genannten Zielen sind Ihnen dabei die beiden Anlagemerkmale „Gewinn" und „Schwankung" wichtig und daher bei dieser Rangfolge zu berücksichtigen. Beide Merkmale sind unsicher, denn ihre Werte werden sich ja erst in der Zukunft herausstellen: Gewinne können sich gut entwickeln, mitunter muss man aber auch mit Verlusten rechnen.

Um eine solche unsichere Situation in den Griff zu bekommen, kommt man um eines nicht herum: Man muss sich – so gut es geht – eine Vorstellung von der möglichen zukünftigen wirtschaftlichen Entwicklung machen und für die Werte der unsicheren Merkmale Annahmen treffen.

Rangordnungen mit mehreren Merkmalen

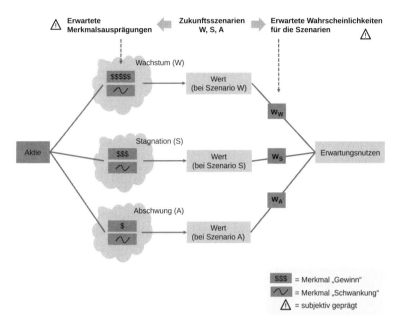

Bild 21 Vorgehen zur Ermittlung einer Kennzahl für den erwarteten Nutzen eines Objekts (hier: die Geldanlage „Aktie") mit unsicheren Merkmalsausprägungen. Die unsichere wirtschaftliche Zukunftssituation wird hierbei durch die drei Szenarien Wachstum (W), Stagnation (S) und Abschwung (A) modelliert.

Es gilt daher, sich *Szenarien* für die zukünftige Wirtschaftssituation auszudenken. Für jedes dieser Szenarien sind dann einzuschätzen und festzulegen:

- die erwarteten Ausprägungen für „Gewinn" und „Schwankung" für jede der angedachten Anlageformen
- die Wahrscheinlichkeit, dass das jeweilige Szenario eintritt.

Damit hat man für jedes Szenario wieder eindeutig definierte Größen und kann für jedes dieser Szenarien im Prinzip die gleichen Rechenschritte durchführen wie bei der Nutzwertanalyse (von kleinen Unterschieden sei hier abgesehen; siehe dazu Abschnitt 8.3). Über diese Rechenschritte hinaus muss man jetzt allerdings auch noch die ermittelten szenariospezifischen Nutzwerte zu einer Gesamtgröße zusammenführen.

Bild 21 fasst am Beispiel der Anlageform „Aktie" und drei möglichen Szenarien den Ablauf dieser Rechnungen in grafischer Form zusammen:

- Für jede Anlageform (Aktie, festverzinsliches Wertpapier, ...) wird zunächst pro Szenario der Wert der Anlage wie bei der Nutzwertanalyse ermittelt.

- Für jede Anlageform werden diese Szenario-spezifischen Werte dann durch Bildung eines gewichteten Mittels zusammengefasst. Die Wahrscheinlichkeiten für die Szenarien fungieren dabei als Gewichtsfaktoren.
- Ergebnis ist dann eine eindeutige Kennzahl für jede Anlageform, sein sogenannter *Erwartungsnutzen*.

Die Werte für den Erwartungsnutzen sind die Größen, nach denen die verschiedenen Anlagemöglichkeiten dann zu einer Rangfolge geordnet werden können.

Das hier skizzierte Vorgehen nennt sich *Erwartungsnutzenanalyse* und ist anzuwenden, wenn Unsicherheiten ins Spiel kommen. *Bild 21 macht deutlich, dass über die subjektiven Elemente bei der Nutzwertanalyse hinaus bei der Erwartungsnutzenanalyse durch die getroffenen szenariospezifischen Festlegungen weitere subjektive Einschätzungen in die Ergebnisse einfließen. Diese sind daher mit mindestens genauso großer Vorsicht zu betrachten wie die Ergebnisse bei der Nutzwertanalyse.*

4.5 Unterstützende Tools aus der Unternehmenswelt

In Unternehmen stellt sich oft die Aufgabe, verschiedene Handlungsmöglichkeiten im Hinblick auf ihren Aufwand und Nutzen gegeneinander abzuwägen, Entscheidungen zwischen alternativen technischen Lösungen zu treffen, anstehende Aufgaben zu priorisieren und dergleichen mehr. Bei all diesen Dingen ist es erforderlich, die jeweils betrachteten Dinge in eine Reihenfolge oder Rangfolge zu bringen – sie also zu ordnen.

Dafür haben sich in Unternehmen diverse Tools etabliert. Beispiele dafür sind (in alphabetischer Reihenfolge):

- Erwartungsnutzenanalyse
- Kraftfeldanalyse
- Nutzwertanalyse
- PMI-Methode
- Portfolioanalyse
- Priorisierungsraster
- Risikoanalyse
- Stärken-Schwächen-Profil.

Zum Teil wurden diese Tools in diesem Kapitel angesprochen, andere sind Ihnen schon im Zusammenhang mit dem Klassifizieren begegnet. Denn das Ordnen setzt auf das Klassifizieren auf, weshalb Werkzeuge, die das Ordnen unterstützen, oft auch das Klassifizieren adressieren.

Diese Aufzählung, die keinen Anspruch auf Vollständigkeit erhebt, soll darauf aufmerksam machen, dass die spezifischen Problemstellungen und Fallstricke des Ordnens ein Thema für Sie sind, wenn Sie eines der hier genannten oder ein verwandtes Werkzeug einsetzen oder wenn Sie deren Ergebnisse nutzen.

Eine genauere Beschreibung dieser Werkzeuge und Hinweise darauf, welche Stolpersteine lauern, wenn sie diese Werkzeuge beim gedanklichen Ordnen einsetzen, finden Sie in Kapitel 8.

4.6 Ordnen – Das Wichtigste in Kürze

Eine einfache, aber grundlegende Form des Ordnens besteht darin, in einer Menge von Betrachtungsobjekten eine (räumliche oder zeitliche) Reihenfolge oder eine (gedankliche) Rangfolge herzustellen. Für diese grundlegende Form des Ordnens ist festzuhalten:

- Das Ordnen erfolgt auf Basis ordnungsbildender Regeln, durch die Objekte paarweise verglichen und in eine Reihen- oder Rangfolge gebracht werden **(Beispiel: Die Reihenfolge der Wörter im Duden).** Im einfachsten Fall besagt diese Regel, dass nach den Ausprägungen *eines* Objektmerkmals zu ordnen ist.

- Nach welchen Merkmalen man ordnet, hängt von der jeweils vorliegenden Fragestellung oder Zielsetzung ab. **(Beispiel: Bei Fragestellungen zur Bevölkerungsentwicklung der Bundesländer wird man diese vielleicht nach ihrer Einwohnerzahl ordnen und vergleichen. Bei sozialen Themen könnte ihre Rangordnung nach der Höhe ihrer Sozialausgaben wichtig sein.)**

- Nicht jedes Merkmal ist dafür geeignet, Objekte zu ordnen. Es kann nur dann dafür genutzt werden, wenn die möglichen Ausprägungen (Werte) dieses Merkmals eine Ordinalskala bilden. **(Beispiel: Das Lebensalter von Personen bildet eine Ordinalskala, deren Religionszugehörigkeit jedoch nicht.)**

- Mit Merkmalsausprägungen, die eine Ordinalskala bilden, kann man nur dann rechnen, wenn über die Ordnungseigenschaft hinaus noch weitere Skaleneigenschaften gegeben sind:
  - Additive Rechenoperationen sind möglich, wenn die Ausprägungen eine Intervallskala bilden. **(Beispiel: Die Temperatur (in °C) und das Lebensalter von Personen bilden Intervallskalen.)**
  - Additive und multiplikative Rechenoperationen sind möglich, wenn die Ausprägungen darüber hinaus eine Rationalskala bilden. **(Beispiel: Das Lebensalter von Personen bildet eine Rationalskala, die Temperatur (in °C) jedoch nicht.)**

– Werden Objekte nach mehreren Merkmalen miteinander verglichen und werden demzufolge mehrere Rangordnungen daraus abgeleitet, lassen sich diese in Form von Profildarstellungen in kompakter Weise darstellen **(Beispiel: Das Stärken-Schwächen-Profil von Unternehmen)**.

Wenn man Objekte bezüglich mehrerer Merkmale miteinander zu vergleichen hat, sind solche Profile mit nebeneinanderstehenden, merkmalsspezifischen Rangordnungen nicht immer ausreichend. Oft strebt man eine *einzige, zusammenfassende* Rangordnung für die Objekte an. Dann müssen für jedes Objekt die Ausprägungen der betrachteten Merkmale zu einer Kennzahl zusammengeführt werden.

Zur Ermittlung dieser objektspezifischen Kennzahl steht die Methode der *Nutzwertanalyse* zur Verfügung. Nach ihr werden die folgenden Schritte zur Erstellung einer Rangfolge durchlaufen:

- Zunächst wird für jedes betrachtete Merkmal eine sogenannte Wertfunktion ermittelt, welche die Merkmalsausprägungen der betrachteten Objekte auf eine universelle Wertskala abbildet. Diese Skala muss eine Intervallskala darstellen und die Wertunterschiede zum Ausdruck bringen, die die Objekte bezüglich des jeweiligen Merkmals haben. Mittels der Wertfunktionen wird es möglich, die Ausprägungen völlig unterschiedlicher Merkmale gegeneinander abzuwägen. **(Beispiel: Vergleich der Attraktivität von Wohnungen. Sieht man für deren Attraktivität die Wohnfläche, den Preis und die Wohnlage als wesentlich an, so sind für genau diese drei Merkmale Wertfunktionen zu ermitteln.)**

- Dann werden für die betrachteten Merkmale Gewichtsfaktoren bestimmt, deren Größe sowohl die relative Bedeutung der einzelnen Merkmale wie auch die Bandbreite der vorliegenden Merkmalsausprägungen zum Ausdruck bringt. Dazu sind geeignete methodische Verfahren (zum Beispiel das Swing-Verfahren) zu nutzen.

- Im letzten Schritt wird dann für jedes Objekt ein gewichtetes Mittel über die Werte gebildet, die die Wertfunktionen für die Merkmalsausprägungen liefern. Damit werden die Merkmalsausprägungen eines Objekts zu einer einzigen Kennzahl, dem sogenannten Nutzwert, zusammengeführt. **(Beispiel: Vergleich der Attraktivität von Wohnungen. Der Nutzwert einer Wohnung ist Ausdruck für die Attraktivität einer Wohnung insgesamt. Im Nutzwert fließen durch die genannte Rechnung die Wert-Beiträge zusammen, welche die oben genannten Wertfunktionen jeweils liefern.)** Der Nutzwert stellt für das Betrachtungsobjekt ein abgeleitetes Merkmal dar.

Ordnen – Das Wichtigste in Kürze

- Auf Basis dieser objektspezifischen Kennzahl kann dann eine Rangfolge der Objekte erstellt werden. **(Beispiel Vergleich der Attraktivität von Wohnungen: Erstellung einer Rangfolge für die Wohnungen entsprechend dem Wert ihrer jeweiligen Nutzwerte.)**

Bei der praktischen Anwendung der Nutzwertanalyse ist zu beachten:

- Die Nutzwertanalyse stützt sich auf subjektive Einschätzungen bei der Ermittlung der Wertfunktionen und der Gewichtsfaktoren. **(Bei einem Klavierkauf ist daher beispielsweise zu fragen: Was ist mir die Anschaffung eines hochwertigen Klaviers im Vergleich zu einem „Durchschnittsklavier" wert? Wieviel Gewicht haben jeweils Klang, Bespielbarkeit und Prestige?)** Daher ist jedes Ranking, das auf eine derartige Aggregation von Einzelmerkmalen aufbaut, in dieser Hinsicht genau zu prüfen.

- Weiterhin ist bei einem solchen Ranking mithilfe einer Sensitivitätsanalyse zu prüfen, ob die ermittelte Rangfolge bei kleiner Variation dieser subjektiv geprägten Parameter stabil bleibt oder sich möglicherweise verändert. **(Beispiel Klavierkauf: Wie ändert sich die Bewertung der Klaviere, wenn ich Wert und Gewicht des Parameters „Prestige" variiere?)**

- Entscheidungen erfordern oft ein Ranking von Objekten, bei denen die Ausprägungen einiger Merkmale unsicher sind, weil bestimmte Informationen dafür fehlen oder aber diese Ausprägungen sich erst in der Zukunft herauskristallisieren werden **(Beispiele: Wertentwicklung von Aktien, von hochwertigen Spirituosen wie zum Beispiel schottischer Whisky oder der Preis von Fußball-Bundesligaspielern).** Dann ist die Erwartungsnutzenanalyse einzusetzen, die man als Erweiterung der Nutzwertanalyse ansehen kann.

5 Die Kenntnis von Zusammenhängen macht uns handlungsfähig

Was würden Sie nur machen, wenn Sie sich nicht mehr auf so einfache Dinge verlassen könnten wie:

- Je kälter es draußen wird, desto wärmer muss ich mich anziehen, wenn ich aus dem Haus gehe, sonst friere ich.
- Wenn ich mit einem Auto nach rechts abbiegen will, muss ich das Lenkrad im Uhrzeigersinn drehen.
- Je schneller ich fahre, desto eher erreiche ich mein Ziel.
- Wenn ich zur Hauptreisezeit einen Urlaub plane, muss ich mit höheren Preisen rechnen als in der Nebensaison.
- Wenn ich vorhabe, ein Haus zu bauen, werde ich umso höhere Grundstückspreise einkalkulieren müssen, je höher an dem jeweiligen Ort die Nachfrage nach Baugrundstücken ist.

All dies sind für uns Trivialitäten und wir können uns darauf verlassen, dass sich die Dinge genau so verhalten. Sie drücken Zusammenhänge zwischen Sachverhalten aus und lassen sich meistens in der Form „wenn ..., dann ..." oder auch „je ..., desto ..." beschreiben. Ohne diese verlässlichen Zusammenhänge wären wir kaum in der Lage, unseren Alltag zu organisieren und unsere Handlungen zu steuern.

Wir erwerben im Laufe unseres Lebens einen riesigen Schatz an Wissen über solche Zusammenhänge. Das fängt bereits im Kleinkindalter an, wenn die ersten Gehversuche gemacht werden. Dann hat das Kind – wenn auch unbewusst – bereits erste „Wenn-dann"-Erfahrungen gemacht: Wenn man Arme und Beine in bestimmter Weise bewegt und diese Bewegungen in hinreichend geschickter Weise koordiniert, dann sind erste Schritte möglich.

Weitere Erfahrungen dieser Art kommen Tag für Tag, Jahr für Jahr hinzu:

- Wenn man eine heiße Herdplatte anfasst, verbrennt man sich die Finger.

- Wenn man sich ein Eis kaufen möchte, muss man dafür etwas bezahlen.
- Wenn man gute Schulzensuren nach Hause bringt, dann freuen sich die Eltern.
- Je mehr man übt, desto eher wird man auf der Blockflöte ein erstes Lied spielen können.

Stück für Stück bauen Kinder so ihr Alltagswissen über Zusammenhänge auf. Sie haben in der Regel ein unmittelbares Bedürfnis, die Welt zu verstehen. Und dieses besteht zu einem großen Teil genau darin, hinter diese Wenn-dann- und Je-desto-Zusammenhänge zu kommen. Und in der Schule knüpft man dann an dieses Alltagswissen an.

5.1 Alles hat seine Ursache(n)

Erwachsene suchen genauso nach derartigen gesetzmäßigen „Erklärungen". Denn die Kenntnis von Zusammenhängen bringt Struktur in unsere vielfältigen Beobachtungen und Erfahrungen. Und mit der Kenntnis solcher Zusammenhänge können wir darüber hinaus auch noch deutlich unser Gedächtnis entlasten: Nicht alles, was uns widerfährt, müssen wir uns dann im Einzelnen genau einprägen. Viele Dinge können wir uns über die gesetzmäßigen Zusammenhänge einfach erschließen.

Die Kenntnis derartiger Zusammenhänge hat aber vor allem einen ganz praktischen Nutzen: Durch sie sind Dinge *vorhersehbar*, und somit können wir gezielt *planen* und *handeln*. Wie in den folgenden Beispielen:

- Jede Hausfrau weiß, dass die **Garzeit** für das Braten eines Fleischstückes mit der Fleischdicke wächst. Und mit entsprechender Erfahrung wird sie dann gezielt diese Zeit einplanen und zur rechten Zeit mit dem Braten beginnen, um das Fleisch genau zur verabredeten Zeit servieren zu können.
- In einem norddeutschen Nutzgarten kann man zwar Apfelbäume oder Kirschbäume anpflanzen, jedoch keine Zitronenbäume, da diese ganz andere klimatische Bedingungen benötigen. Die Abhängigkeit vom **Klima** setzt der Pflanzenauswahl bei der Gartengestaltung ihre Grenzen.
- Strebt man bei einer **Gruppenarbeit** zu einem kontroversen Thema ein einheitliches Meinungsbild an, wird sich eine Konsensfindung unter den Beteiligten umso langwieriger und schwieriger gestalten, je größer die Gruppe ist. Das ist bei der zeitlichen Einplanung der Gruppenarbeit entsprechend zu berücksichtigen.

In diesen Beispielen drückt sich nicht nur ein einfacher Zusammenhang zwischen Sachverhalten aus, sondern wir erkennen darin oft noch mehr:

- Bei einem Braten ist die Fleischdicke die Ursache für die erforderliche Garzeit.
- Das vorherrschende Klima bestimmt, welche Pflanzen gedeihen können, und wirkt damit einschränkend auf die Auswahl der Pflanzen.
- Die Größe einer Gruppe wirkt sich ursächlich auf die erforderliche Zeit für eine Konsensfindung aus.

Wir ordnen den beteiligten Sachverhalten also unterschiedliche Rollen zu: Wir interpretieren den einen beteiligten Sachverhalt als *Ursache* und den anderen als *Wirkung* (dieser Ursache). Zwischen diesen beiden Sachverhalten sehen wir dann einen *Ursache-Wirkungs-Zusammenhang* (kurz: *Wirkzusammenhang*). Derartige Wirkzusammenhänge müssen wir kennen, um zielgerichtet handeln zu können.

≡ Zusammenhänge erkennen: Schwieriger, als man denkt

Zielgerichtet zu entscheiden und zu handeln – das erwarten wir insbesondere auch von den politisch Verantwortlichen. Denn die meisten ihrer **politischen Entscheidungen und Beschlüsse** betreffen direkt oder indirekt auch uns. Von ihnen erhoffen wir eine adäquate Einschätzung der jeweiligen Problemsituation und ein darauf abgestimmtes, sachgerechtes Handeln. Politiker kennen natürlich diese Erwartung, und um sich vor den Wählern zu profilieren, ist so mancher von ihnen dann auch mit schnellen Lösungen zur Stelle. Und so vermitteln sie den Eindruck, als wüssten sie immer genau, an welchen Schrauben man drehen muss, um die Arbeitslosigkeit zu senken, um Familien zu fördern, um Bildungsstrukturen zu stärken und dergleichen mehr. Oft fragt man sich jedoch als Außenstehender, wie fundiert ihre Vorschläge sind, wenn diese von der Opposition im gleichen Atemzug als wirkungslos oder vielleicht sogar kontraproduktiv einstuft werden. Eine gesunde Skepsis bei der Verkündung der *Wirksamkeit* von bestimmten politischen Maßnahmen scheint also angebracht. Die gleiche Skepsis ist angebracht, wenn in öffentlichen Debatten über die *Ursachen* von vorliegenden Problemen gesprochen wird.

Vielleicht erinnern Sie sich: Im Mai 2011 war der **EHEC-Erreger** Thema in den Medien, da er in Deutschland Menschenleben forderte. Schnell fand man damals die vermeintliche Ursache: Spanische Gurken wurden als die ursächlichen Übeltäter gebrandmarkt, da an diesen entsprechende Verunreinigungen identifiziert worden waren. Wenig später kamen dann aber Tomaten in Verdacht. Noch später stieß man auf Sprossen des Bockshornklee-Samens als die eigentlichen Verursacher. Was damit deutlich machte: Die spanischen Gurken waren ebenfalls „Opfer" des Erregers gewesen.

Es ist offenbar gar nicht immer so einfach, einen Ursache-Wirkungs-Zusammenhang überhaupt zu identifizieren. Insbesondere, wenn politischer Handlungsdruck, Gruppeninteressen oder Emotionen dabei mitspielen.

Ist man sich schließlich sicher, dass ein bestimmter Ursache-Wirkungs-Zusammenhang mit einer Beobachtung verknüpft ist, dann ist immer noch eine weitere Herausforderung zu meistern: Es ist die *initial* auslösende Ursache für die beobachtete Wirkung zu identifizieren und von beiläufigen Erscheinungen zu unterscheiden. Ein Beispiel auch dazu:

Bei einer parlamentarischen Anfrage zur Zahl der Rentner, die Minijobber sind, wurden die Zahlen der Jahre 2004 und 2011 verglichen und festgestellt, dass die Zahl der **Minijobber** über 65 Jahre sich in dieser Zeit um 17,8 % erhöht hat.[13] Gewerkschaften und Sozialverbände interpretierten dieses schnell als ein Zeichen zunehmender **Altersarmut**, die viele Rentner veranlasst, hinzuzuverdienen. Doch die Annahme eines solchen ursächlichen Zusammenhangs ist sehr vereinfachend und wurde daher auch von anderen in Frage gestellt. Tatsächlich resultierte die genannte prozentuale Erhöhung wesentlich aus der Erhöhung des Anteils der alten Leute an der Gesamtbevölkerung für diesen Zeitraum (die Zahl der über 64-Jährigen stieg um 9,8 %). Der Anteil der Minijobber in dieser Altersgruppe wuchs dagegen lediglich von 4,2 % auf 4,5 % (Information des Statistischen Bundesamts). Und für diesen vergleichsweise geringen Anstieg können dann wiederum mehrere Gründe eine Rolle spielen: nicht nur eine möglicherweise zunehmende Armut, sondern auch eine steigende Lebenserwartung, eine im Schnitt bessere Gesundheit der Älteren, die länger aktiv bleiben wollen oder wegen eines Fachkräftemangels vielleicht noch tätig sind, und dergleichen mehr.

Sachverhalte sind oft komplex, und eine dominierende Ursache kann ohne weitere Analysen meistens nicht so einfach identifiziert werden. Oft gibt es sogar einen bunten Strauß mehrerer Ursachen, und es ist ziemlich manipulierend, wenn dann nur eine davon in öffentlichen Diskussionen herausgestellt wird.

Umgekehrt gehen von einer Ursache oft mehrere Wirkungen aus – allerdings manchmal sehr versteckt und nicht ohne weiteres ersichtlich. Auch hier vereinfacht man einen Sachverhalt in unzulässiger Weise, wenn man mit der Identifikation einer Wirkung bereits glaubt, durch entsprechende Manipulation der Ursache diese eine erwartete Wirkung auch real erzielen zu können.

Auch dazu ein erläuterndes Beispiel: [14] In Holland wurde auf den Autobahnen rund um die großen Städte wie Amsterdam, Rotterdam und den Haag für viele Jahre die **Geschwindigkeit** auf 80 km/h begrenzt. Ziel war, dadurch den Verkehrsfluss zu verbessern und den Ausstoß an CO_2 abzusenken, um so einen Beitrag zum Umweltschutz zu leisten. Nach 10 Jahren Erprobung wurde diese Maßnahme im Jahr 2012 eingestellt, denn die Maßnahme hatte leider nicht die erwartete Wirkung. Tatsächlich geschah sogar das Gegenteil: Der CO_2-Ausstoß wurde höher und der Verkehrsfluss verschlechterte sich.

Im Nachhinein wurde klar, dass man bei der Maßnahme diverse *Seiteneffekte* nicht bedacht hatte:

- Die Geschwindigkeitsbegrenzung erzeugte bei der hohen Verkehrsdichte durch häufigeres Anfahren und Abbremsen mehr Staus, höhere Emissionen und höhere Lärmbelästigung.

- Und durch die dicht an dicht gedrängten Kolonnen vergrößerte sich zusätzlich die Unfallgefahr – eine weitere Negativwirkung.

Die einfache Rechnung „Mit dieser Maßnahme erziele ich die gewünschte Wirkung" ging also nicht auf. Der Sachverhalt war viel komplexer als ursprünglich angenommen. Denn bei diesem Verkehrsbeispiel liegt – betrachtete man es genauer – nicht nur eine einfache geradlinige Wirkkette vor, sondern eine *komplexes Wirkgefüge*, was eine Vorhersage von Wirkungen deutlich erschwert.

Und es gibt Konstellationen, bei denen die Suche nach Ursachen und Wirkungen per se schon ein problematisches Unterfangen darstellt und an ihre Grenzen stößt.

So machte ein Zeitungsartikel [15] mit der Frage „Sind **Verbindungsfehler im Gehirn** die Ursache für eine gestörte Wahrnehmung magersüchtiger Frauen?" unter einem dazu abgedruckten Foto auf das Thema Magersucht aufmerksam. Der Artikel bezog sich auf Ergebnisse von Forschern aus Osnabrück und Bochum, die gezeigt hatten, dass die Wahrnehmung Magersüchtiger mit einer schlechten Verschaltung und geringer Zelldichte in bestimmten Hirnregionen einhergeht.

Doch man muss sich auch hier zunächst kritisch fragen: Bedeutet dieses „Einhergehen" wirklich einen ursächlichen Zusammenhang? Und was ist dann die Ursache, was ist die Wirkung? Sind diese Verbindungsdefizite im Gehirn die Ursache für die Magersucht oder ist umgekehrt die Magersucht die Ursache für diese Verbindungsfehler? Oder ist beides nur eine unterschiedliche Ausprägung einer ganz anderen, vielleicht noch unbekannten dritten Ursache? Hier sind also Ursache und Wirkung möglicherweise gar nicht einfach unterscheidbar. Sind also die Zusammenhänge vielleicht

Alles hat seine Ursache(n)

viel komplexer? So komplex, dass es die Frage nach Ursache und Wirkung sogar völlig sinnlos werden lässt?

≡ **Zusammenhänge klären: Drei Fragenkomplexe**

Wirkzusammenhänge klar zu benennen ist also gar nicht so einfach. Wenn man klären will, wie bestimmte Dinge zusammenhängen, muss man sich demnach über die folgenden, aufeinander aufbauenden Fragestellungen Gedanken machen:

- Am Anfang stehen die Fragen nach den Beobachtungsgrößen: Was ist der Betrachtungsgegenstand und was sind die relevanten Beobachtungsgrößen, die genauer zu analysieren sind, um die jeweils vorliegende Fragestellung zu klären? Wie weit lassen sich die zu betrachtenden Zusammenhänge *eingrenzen*? Und es ist zu klären: Liegt wirklich ein ursächlicher Zusammenhang zwischen den beobachteten Dingen vor oder fallen bestimmte Beobachtungen vielleicht nur rein zufällig zusammen?

- Wenn ein Zusammenhang tatsächlich identifiziert werden kann, schließen sich die Fragen nach den Wirkungen an: Was sind dabei die einzelnen Wirkmechanismen? Kann man tatsächlich etwas klar als Ursache und etwas anderes als dessen Wirkung identifizieren? Welche *Kausalketten* liegen hierbei vor?

- Daran knüpft unmittelbar ein letzter Fragenkomplex an, der sich auf Situationen bezieht, in denen nicht nur einfache Kausalketten, sondern zusätzlich noch diverse Quer- und Rückbezüge vorliegen: Mit welchen besonderen Phänomenen muss man bei einem derartigen *komplexen Wirkgefüge* rechnen? Wie kommt es, dass man bei diesen oft auf unvorhergesehene Seiteneffekte und versteckte Nebenwirkungen stößt?

In den folgenden Abschnitten werde ich diesen drei Fragekomplexen nachgehen. Jeder davon hat seine spezifischen Stolpersteine. Diesen gilt meine besondere Aufmerksamkeit.

5.2 Die zu betrachtenden Zusammenhänge eingrenzen

≡ **Überlegungen zu Objekten greifen meist zu kurz: Zu betrachten ist das System**

Wenn man von Handlungen oder Ereignissen und ihren Wirkungen spricht, macht man schnell ein „Fass ohne Boden" auf. Denn eine Wirkung zeitigt ihrerseits wieder Wirkungen und so fort. Damit stellt sich natürlich die Frage, welche Wirkungen die entscheidenden sind und wie weit man die miteinander verketteten Wirkungen verfolgen soll.

Wenn man für eine Urlaubsfahrt ein **Auto** mit der maximal möglichen Anzahl an Personen und dementsprechend viel Gepäck belädt, ist die Frage, welche Konsequenzen das für den Fahrer hat, schnell beantwortet: Man wird mit einem schlechteren Beschleunigungsverhalten, längerem Bremsweg und höherem Benzinverbrauch als im normalen Alltag rechnen müssen. Man braucht sich also nur Gedanken über die unmittelbaren physikalischen Auswirkungen machen und kann die eigene Fahrweise dann entsprechend anpassen.

Für andere Fragestellungen wird man den Blick jedoch oft ausweiten und ganz andere Wirkzusammenhänge betrachten müssen. Denkt man an die verschiedenen Nutzungsmöglichkeiten eines Autos, dann wäre zu bedenken, wie das Auto in den Alltag des Besitzers eingebunden ist und welche Funktionen es für ihn übernimmt. Es dient vielleicht als tägliches Transportmittel zur Arbeit, es wird als Gefährt für den Urlaub eingesetzt, es erleichtert der Familie den Alltag, wenn Einkäufe damit getätigt und die Kinder transportiert werden, oder es dient vielleicht auch nur der schlichten Freude am Autofahren oder der Imagepflege. Wieder andere Fragestellungen erfordern einen noch größeren Blickwinkel: Mit seinen alltäglichen Funktionen steht das Auto auch mit diversen sozialen Aktivitäten und emotionalen Bedürfnissen in Beziehung – Dinge, die ihrerseits wiederum mit weiteren Dingen verknüpft sind, und so fort. Weiterhin kann man das Auto auch im Zusammenhang mit dem Verkehrsaufkommen in der jeweiligen Region sehen. Es verstärkt die Umweltbelastung und verringert die Sicherheit, was wiederum Auswirkungen auf die damit zusammenhängende Verkehrspolitik hat und so weiter. Wir gelangen also zu einer nicht enden wollenden Kette an denkbaren Verknüpfungen zwischen den verschiedensten Dingen und Gegebenheiten.

Es ist daher zuallererst erforderlich, dass wir klar benennen, was wir jeweils als unseren *Betrachtungsgegenstand* ansehen und was wir davon ausschließen. Wir müssen bewusst eine *Grenze* ziehen und deutlich machen, wie weit unser Betrachtungshorizont reicht, um bei der Suche nach Zusammenhängen nicht ins Uferlose zu geraten.

Entscheidend für die Festlegung dieses Horizonts ist die Zielsetzung oder Fragestellung, die den Anstoß gibt, nach Wirkzusammenhängen zu suchen. Bei Problemen mit dem Anlasser fokussieren wir auf einen technischen Teil des Fahrzeugs und sehen das Umfeld, in dem es genutzt wird, als dafür völlig irrelevant an. Fragen wir nach den Kosten, die ein Fahrzeug verursacht, spielen nicht nur seine technischen Daten, sondern auch die Halterkosten (inklusive Beschaffung und Versicherung), die Fahrweise seiner Nutzer und auch Art und Umfang seines Einsatzes eine Rolle. Bei dieser Fragestellung geht man also deutlich über das Auto als technisches Objekt hinaus und schließt auch den Gebrauchskontext mit ein.

Die Fragestellung bestimmt den Betrachtungshorizont, innerhalb dessen wir nach Wirkzusammenhängen suchen. Alles, was innerhalb dieses Horizonts liegt, ist damit unser Betrachtungs-„Gegenstand". Das Beispiel des Autos zeigt: Dieser „Gegenstand" kann durchaus mehr als das reale physische Objekt sein und auch einen Teil des Kontexts einbeziehen, in dem das Objekt steht. Deshalb benutzt man in diesem Zusammenhang meistens den allgemeineren Begriff des *Systems*. Seine hier wichtigen Merkmale sind:

- Ein System hat immer eine klar definierte *Grenze*. Diese legt fest, was zum System gehört, was außerhalb liegt und was demzufolge auch die Schnittstelle zwischen der Systeminnenwelt und seiner Außenwelt darstellt.

- Das System ist eingebettet in seine Außenwelt und hat in dieser Welt eine bestimmte *Funktion*, einen bestimmten Zweck.

- Das, was als System abgegrenzt wird, ist ein gedankliches Konstrukt des Betrachters, und wird wesentlich durch die Fragestellung und *Zielsetzung* des Betrachters mitbestimmt.

Fällt in Diskussionen der Begriff „System" und fragt man dann nach, was damit genau gemeint ist, bekommt man als Antwort meistens das genannt, was dazugehört, also zur Innenwelt des Systems gehört. Jedoch wird oft nicht klar gesagt, was man dabei ausgeschlossen hat und damit seiner Außenwelt zuordnet. Doch auch dieses gehört zu einer eindeutigen Abgrenzung eines Systems, um sicher beurteilen zu können, in welchem Umfang Aussagen über das betrachtete System gültig sind.

≡ Jedes System hat seine Grenzen: Wo, ist Definitionssache

Ein einfaches Beispiel soll deutlich machen, wie wichtig es ist, die *Grenze* des Systems klar zu benennen. Denn mit einer Veränderung dieser Grenze ändern sich oft auch die Schlussfolgerungen, die man aus der Analyse des Systems ziehen kann.

Stellen Sie sich dazu den Entwicklungsbereich eines Unternehmens vor, in dem ein **neues Produkt** entwickelt werden soll – zum Beispiel ein neues Smartphone, das mit zusätzlichen Funktionen neue Anwendungsmöglichkeiten erschließt und so einen erweiterten Kundenkreis ansprechen soll.

Bei einem solchen Vorhaben stellt sich natürlich die Frage, wieviel Ressourcen benötigt werden, um unter Beachtung der finanziellen und zeitlichen Rahmenbedingungen die dazu erforderlichen Entwicklungsaktivitäten so umzusetzen, dass der geplante Zieltermin eingehalten wird. Um auf diese Frage eine Antwort geben zu können, muss man wissen, wie diese Dinge zusammenhängen und wie sie die Gesamtentwicklungszeit bestimmen. Dieses wiederum setzt voraus, dass man das System, das man für diese Fragestellung betrachten muss, genau spezifiziert und eingegrenzt hat. Dazu muss man sich den Ablauf bei der Entwicklung eines neuen Produkts etwas genauer ansehen.

Bild 22 gibt diesen Ablauf schematisch und vereinfacht wieder. Es sei also angenommen, dass die vorliegenden Anforderungen an das Produkt entsprechend den umzusetzenden Funktionen zu „Paketen" gebündelt werden können. Die Planung sehe vor, dass diese Anforderungspakete dann nacheinander umgesetzt werden, um so die Funktionalität des Produkts Stück für Stück wachsen zu lassen. Dabei besteht jeder Umsetzungsschritt für ein Anforderungspaket seinerseits aus einer Abfolge von Teilaktivitäten wie: Analyse des Anforderungspakets, Erstellung oder Anpassung des Produktdesigns zur Integration des Funktionspakets, Realisierung und Test der umgesetzten Funktion. Im Projektzeitplan ergibt sich demzufolge im Kern eine sequenzielle Abfolge dieser aufeinander aufbauenden Umsetzungsschritte, denen dann geeignete Projektressourcen zugeordnet werden müssen. Je mehr dieser Anforderungspakete dann umgesetzt sind, desto weiter ist das zu entwickelnde Produkt gediehen. Das Bild visualisiert diesen einfachen linearen Ablauf.

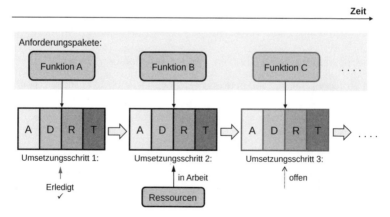

Bild 22 Schematische Darstellung des Ablaufs für die Entwicklung eines neuen Produkts. Aktivitäten in jedem Umsetzungsschritt sind: Analyse (A), Design (D), Realisation (R), Test (T)

Die zu betrachtenden Zusammenhänge eingrenzen

Die insgesamt benötigte **Entwicklungszeit** lässt sich dann als Produkt aus der Anzahl der zu realisierenden Funktionen und der Zeit berechnen, die man im Mittel für die Umsetzung einer solchen Funktion braucht. Im oberen Teil von Bild 23 ist dieser mathematische Zusammenhang mithilfe von Pfeilen dargestellt. Der Pfeil von „Anzahl Funktionen" zu „Benötigte Entwicklungszeit" drückt aus, dass die Anzahl an Funktionen die benötigte Entwicklungszeit beeinflusst. Das Plus-Zeichen am Pfeil besagt, dass diese Entwicklungszeit umso größer wird, je mehr Funktionen umzusetzen sind. Analoges gilt für den Pfeil von „Umsetzungszeit pro Funktion" zu „Benötigte Entwicklungszeit".

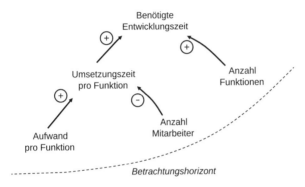

Bild 23 Wirkzusammenhänge bei der Entwicklung eines neuen Produkts

Ergänzend wird in der Abbildung noch aufgezeigt, dass die (gemittelte) erforderliche Zeit für die Umsetzung einer Funktion ihrerseits von der Anzahl der verfügbaren Mitarbeiter und von dem Aufwand abhängt, den die Funktionen im Schnitt verlangen (was wiederum entscheidend durch deren Komplexität bestimmt ist).

Die Pfeile in dieser Abbildung symbolisieren also die Wirkzusammenhänge, die zwischen den Größen an den Pfeilenden bestehen:

- Die Größe am Pfeilanfang kann dabei als Ursache für die Größe an der Pfeilspitze angesehen werden, die dann als deren Wirkung zu interpretieren ist.

- Mit den Symbolen (+) und (-) an der Pfeilspitze wird zusätzlich noch eine Aussage über denkbare Änderungen dieser Größen gemacht:
  - (+) bedeutet gleichgerichtete Veränderungen: Nimmt die ursächliche Größe zu (ab), so wird die Wirkung größer (kleiner) – im Vergleich zu der Größe, die die Wirkung hätte, wenn sich die ursächliche Größe nicht verändern würde.

– (-) bedeutet gegenläufige Veränderungen: Nimmt die ursächliche Größe zu (ab), so wird die Wirkung geringer (größer) – im Vergleich zu der Größe, die die Wirkung hätte, wenn sich die ursächliche Größe nicht verändern würde.

Bild 24 fasst diese Notation und deren Bedeutung nochmals in Kurzform zusammen. (+) und (-) werden als positive beziehungsweise negative *Polarität* eines Wirkungspfeils bezeichnet. Wenn man ausdrücklich kenntlich machen will, dass eine Wirkung mit zeitlicher Verzögerung auftritt, wird der Wirkungspfeil wie im unteren Teil von Bild 24 unterbrochen.

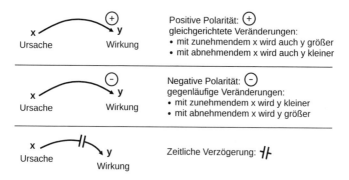

Bild 24 Notation von Wirkzusammenhängen

Die meisten Projekte, die ich gesehen habe, folgten im Kern der Vorgehensweise von Bild 22 und schätzten die Gesamtentwicklungszeit nach der oben beschriebenen und in Bild 23 dargestellten Berechnungsvorschrift ab. Man geht also typischerweise davon aus, dass die Produktentwicklung ein System darstellt, das im Hinblick auf die Frage nach der benötigten Entwicklungszeit durch die in Bild 23 angegebenen Parameter und Wirkzusammenhänge repräsentiert wird.

Doch dieser Ansatz greift in der Regel zu kurz. Denn früher oder später treten in fast jedem Projekt „Störungen" auf, zum Beispiel folgender Art:

■ Bei der Realisierung von Produktfunktionen entsteht nicht immer die geforderte Qualität, so dass bereits durchlaufene Schritte für diese Funktion wiederholt werden müssen. Dabei kann es vorkommen, dass darüber hinaus dann auch andere, bereits umgesetzte Funktionen ebenfalls noch einmal überarbeitet werden müssen. Solche „Überarbeitungsschleifen" sind in der dargestellten traditionellen Planung meistens nicht berücksichtigt. Sie führen zu einer effektiven Erhöhung des Umsetzungsaufwands pro Funktion.

Die zu betrachtenden Zusammenhänge eingrenzen

- In der dargestellten Betrachtung wurde der Kunde bisher völlig ausgeblendet. Doch auch von diesem kommen im Laufe eines Projekts meistens Änderungswünsche und mitunter sogar noch Ergänzungen. Auch das führt zu Wiederholungsschleifen in der Bearbeitung und damit zu zusätzlichem Aufwand.

- Schließlich ist mit der dargestellten Planung auch das organisatorische Umfeld des Entwicklungsprojekts weggeblendet. Tatsächlich macht dieses sich fast immer bemerkbar. Ein denkbares, katastrophales Szenario wäre hier, wenn für andere, parallel laufende Aufgaben plötzlich Ressourcen aus dem Projekt abgezogen werden. Das würde natürlich die mittlere Dauer bis zum Abschluss eines Umsetzungsschritts erhöhen.

All diese Phänomene beeinflussen die Projektlaufzeit wesentlich mit und sind absolut nicht ungewöhnlich. Im Gegenteil! Sie sind daher eigentlich auch nicht als Störungen zu bezeichnen, sondern sind ganz normale, geradezu typische Begleiterscheinungen eines Projekts. Das zeigt, dass der Betrachtungshorizont bei der Herangehensweise gemäß Bild 23 grundsätzlich zu eng gefasst ist. Wesentliche Einflussgrößen sind hierbei nicht berücksichtigt – mit dem Ergebnis, dass die Entwicklungszeit, die sich aus dem dort dargestellten Schema berechnet, meistens nicht besonders realistisch ist.

Ein adäquateres Bild für die zu berücksichtigenden Wirkmechanismen ist in Bild 25 wiedergegeben. Hier wurde der Betrachtungshorizont ausgewei-

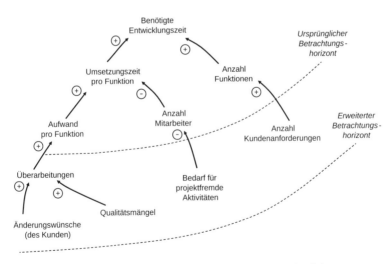

Bild 25 Wirkzusammenhänge bei der Entwicklung eines neuen Produkts – erweiterter Betrachtungshorizont

tet und die Systemgrenze so gezogen, dass die gerade genannten Einflüsse im Wirkgefüge berücksichtigt werden.

Ob dieses Bild bereits der Weisheit letzter Schluss darstellt, sei einmal dahingestellt. In der Tat könnte man auch dieses Bild noch weiter verfeinern und damit zu noch präziseren Berechnungsformeln für die benötigte Entwicklungszeit kommen. Man könnte zum Beispiel den erforderlichen Aufwand pro Mitarbeiter mit ins Spiel bringen oder die Fehlerrate berücksichtigen, die sich bei zu hoher Arbeitslast der Mitarbeiter typischerweise erhöht und so auf die Qualität der Entwicklung negativ zurückwirkt, und andere Dinge mehr. Aber auch dann müssten wir unserer Betrachtung schließlich irgendwo eine Grenze setzen.

Mit den beiden Abbildungen dürfte jedoch eines bereits deutlich geworden sein: Bei einer Systemanalyse ist die Frage nach der Systemgrenze vorab klar zu beantworten, da die Ergebnisse der Analyse entscheidend davon abhängen. Ausführlicher formuliert:

■ Um das jeweils betrachtete System adäquat zur vorliegenden Fragestellung einzugrenzen, ist zu klären:
Was gehört zu unserem Betrachtungsgegenstand? Was liegt in der *Systeminnenwelt?*
Und ebenso: Was liegt außerhalb des Systems? Was liegt also in der *Systemaußenwelt?*

■ Und bei dem, was dann als System angesehen wird, ist zur Absicherung zu prüfen:
Wurden alle wichtigen Einflussfaktoren einbezogen, die für die Ausgangsfragestellung wichtig sind?
Kann man den Rest der sonst noch vorhandenen realen Zusammenhänge für die Fragestellung tatsächlich ignorieren?

Mit der Festlegung des Systems zieht man bewusst für die Betrachtungen eine Grenze und blendet einen Teil der komplexen Realität ausdrücklich aus. Dabei kann man natürlich Fehler machen und möglicherweise genau das ausblenden, was in ungeahnter Weise vielleicht doch eine wichtige Rolle spielt. Deshalb sind Aussagen zu Wirkzusammenhängen, zu vermeintlichen Wirkungen und Ursachen, immer mit Vorsicht zu genießen.

≡ **Nicht jeder Zusammenhang ist ein Wirkzusammenhang: Die Korrelation**

Jeder Autofahrer weiß natürlich, dass zwischen dem Ausmaß, mit dem er sein **Lenkrad** dreht, und dem erreichten Kurvenradius ein Wirkzusammenhang besteht. Schließlich wird dieser Wirkmechanismus bei jeder Autofahrt immer wieder aufs Neue bestätigt. Würde zwischen Lenkraddrehung und Kurvenradius ein solcher gesetzmäßiger Zusammenhang nicht bestehen, würde wohl kaum jemand wagen, sich ans Steuer zu setzen.

Derartige Ursache-Wirkungs-Zusammenhänge begegnen uns im Alltag in vielfältigster Form, und wir verlassen uns auf sie. Unsere Erfahrung mit ihnen scheint so prägend zu sein, dass wir fast automatisch immer einen solchen ursächlichen Zusammenhang erwarten, wenn Veränderungen bei einer Sache mit bestimmten Veränderungen bei einer anderen Sache einhergehen, wenn sie also korrelieren:

■ Beobachtet man parallel zur systematischen Veränderung einer Beobachtungsgröße gleichzeitig auch eine systematische Veränderung einer anderen Beobachtungsgröße, so spricht man von einer *Korrelation* zwischen diesen beiden Größen.

Doch hinter einer Korrelation steht nicht automatisch immer ein Ursache-Wirkungs-Mechanismus, wie die folgenden Beispiele zeigen:

■ Wenn wir daran denken, dass die Zahl der **Fernsehsender** in der jüngeren Vergangenheit stark gestiegen und gleichzeitig die Zahl der **Smartphones** gewachsen ist, dann wird wohl kaum jemand hierbei einen ursächlichen Zusammenhang unterstellen. Vielmehr werden hier lediglich in einem Atemzug zwei Trends erwähnt, deren einzige Gemeinsamkeit vermutlich der Lauf der Zeit ist, in dem sich diese Trends zufälligerweise in dieser Form entwickelt haben.

■ Wenn jemand, der unter **Migräne** leidet, bei einem starken Migräneanfall zu einem „Wunderheiler" geht und danach eine deutliche Besserung erfährt, wird er vielleicht dankbar auf den Heiler verweisen, dessen Behandlung er als Ursache für die Besserung interpretiert. Doch die Besserung des Wohlbefindens war vielleicht ganz zufällig zustande gekommen und wäre auch ohne den Besuch des Heilers geschehen, da nach jeder Schmerzattacke ja auch immer wieder eine Phase der Linderung auftritt.

■ Auch in wissenschaftlichen Veröffentlichungen stolpert man manchmal über solche zufälligen Einflüsse. So wurde in der Wissenschaftszeitschrift *Science* von einer Studie berichtet, die zu dem Ergebnis kam, dass **Kaffeetrinken** das Risiko für eine **Krebserkrankung** der Bauchspeicheldrüse erhöht.[16] Es stellte sich dann aber später heraus, dass in der Beobachtungsgruppe der Kaffeetrinker auch die Raucher überproportional vertreten waren und das Rauchen wohl die Ursache für das häufigere Auftreten des Krebses in dieser Gruppe war. Grund für die beobachtete Korrelation von Kaffeekonsum und Krebshäufigkeit war also die zufällige Überrepräsentanz der Raucher in der Beobachtungsgruppe.

Sie sehen hieran: Korrelationen kommen offenbar auch rein zufällig zustande.

Und es gibt noch einen häufigen Grund für das Auftreten von Korrelationen: Die beobachteten Größen sind von einer dritten, „versteckten" Größe abhängig, die beide Beobachtungsgrößen in gleicher Weise beeinflusst. Ein vertrautes Beispiel dafür:

- Mit nahendem Winter steigt meistens auch der Umsatz in den Kaufhäusern für Winterkleidung. Gleichzeitig beobachtet man typischerweise eine zunehmende Zahl an Infektions- und Erkältungskrankheiten. Damit liegt eine Korrelation zwischen den Beobachtungsgrößen **Umsatz Winterkleidung** und **Infektionszahl** vor, jedoch besteht zwischen ihnen mit Sicherheit kein direkter kausaler Zusammenhang. Diese Größen hängen nur deswegen systematisch miteinander zusammen, weil die zunehmende winterliche Kälte beide in gleicher Weise beeinflusst.

Zusammenfassend lässt sich also feststellen, dass es für eine Korrelation unterschiedliche Gründe geben kann:

- Sie kann Folge eines direkten Ursache-Wirkungs-Mechanismus sein.
- Sie kann rein zufällig entstehen.
- Sie kann zustande kommen, weil die beobachteten Größen Teil eines größeren, komplexen Wirkgefüges sind und über verborgene Einflussgrößen miteinander zusammenhängen.

Korrelationen, die aus dem ersten oder dem zuletzt genannten Grund zustande kommen, sollten genauer betrachtet werden, wenn es darum geht, ein System abzugrenzen. Es könnte notwendig sein, sie in das zu betrachtende System einzubeziehen. Zufällige Korrelationen sind dagegen Kandidaten „zum Ausblenden".

Um sicher zu erkennen, ob hinter einer Korrelation ein kausaler Mechanismus steckt, sind oft gezielte experimentelle Untersuchungen erforderlich. Wenn wir im Alltag immer wieder aufs Neue bestätigen, dass eine bestimmte ursächliche Aktion (Veränderung der Lenkradposition im Auto) eine bestimmte Wirkung (Veränderung des Kurvenradius) hat, machen wir im Grunde solche Experimente, nur in unsystematischer Form.

≡ **Korrelation im psychosozialen Umfeld:**
Ein empirisches Problem

Leider sind die Randbedingungen nicht immer einfach genug, um solche klärenden Untersuchungen gezielt durchführen zu können. Dieses ist insbesondere im psychosozialen Umfeld gegeben, da hier die Strukturen der

Die zu betrachtenden Zusammenhänge eingrenzen

betrachteten Systeme meistens sehr komplex sind. Dadurch können Faktoren, die Einfluss auf die Beobachtungsgrößen haben, leicht übersehen werden. Wurden diese Einflussfaktoren bei den Datenerhebungen nicht mit eingeschlossen, werden sie in der Regel auch bei den Analysen nicht mehr betrachtet. Mit der Folge, dass beobachtete Korrelationen dann möglicherweise vorschnell als direkte Ursache-Wirkungs-Zusammenhänge interpretiert werden.

Darüber hinaus gibt es gerade im psychosozialen Bereich noch eine grundsätzliche methodische Schwierigkeit: Systematische Analysen und Experimente zur Identifikation von Wirkzusammenhängen sind mitunter gar nicht realisierbar, weil in soziale Situationen nicht ohne weiteres labormäßig eingegriffen werden kann, weil Ereignisse sich nicht einfach wiederholen lassen oder weil ethische Gründe systematische Untersuchungen grundsätzlich verbieten. Dann fehlt die erforderliche empirische Basis, um kausale Zusammenhänge belegen zu können. Spekulationen zur Interpretation des Beobachteten können dann schnell bei der Hand sein.

5.3 Kausalketten analysieren

≡ **Die Logik von Kausalketten: Ein trügerisches Ding**

Die Frage, wovon die Zeit für die Entwicklung eines neuen Produkts abhängt, hat zu dem Wirkgefüge von Bild 23 geführt und wurde zu Bild 25 erweitert. Diese Wirkgefüge bauen sich aus aneinandergereihten Wirkpfeilen auf und veranschaulichen die kausalen Zusammenhänge zwischen den Größen, welche die Entwicklungszeit ursächlich beeinflussen, und eben dieser Entwicklungszeit als deren Wirkung.

Fragestellungen, die darauf abzielen, solche kausalen Zusammenhänge zu ergründen, sind für uns auch im Alltag gang und gäbe:

- Eine **Lampe** im Hause funktioniert nicht. Um dieses Problem zu beheben, müssen wir nach der *Ursache* forschen. Da das Problem bei der Elektrik liegt, werden wir uns naheliegenderweise auf die Teile der Lampe konzentrieren, die mit der Elektrik zusammenhängen, und alle anderen Gegebenheiten und denkbaren Zusammenhänge außer Acht lassen – sei es ihr mechanischer Aufbau, ihre Stabilität, ihr Energieverbrauch im Haushalt und dergleichen mehr.

- Wir möchten bestimmte **Gemüsesorten** im Garten oder auf dem Balkon heranziehen und fragen uns, was zu tun ist, damit diese gut gedeihen. Diese Frage zielt auf die *Wirkung* von geeigneten Maßnahmen zur Unterstützung der Anzucht und des Wachstums. Damit kann jeder größere Kontext ignoriert werden, in dem man Balkon oder Garten, Gemüsesorte, Anzucht und dergleichen auch betrachten könnte.

Diese beiden Beispiele stehen stellvertretend für das, was uns im Alltag typischerweise umtreibt: Wir suchen nach möglichen Ursachen oder zielen auf bestimmte Wirkungen. Und sie veranschaulichen gleichzeitig, dass wir uns in der Regel auf einen Ausschnitt aus der Realität beschränken, wenn wir die Ursache für ein bestehendes Problem ergründen oder die Auswirkungen von bestimmten Maßnahmen analysieren. Wir fokussieren also und blenden den Rest der zusätzlich noch existierenden Wirkzusammenhänge aus.

Bild 26 zeigt schematisch, welche Konsequenzen eine derartige Fokussierung hat. Die Grundbausteine des abgebildeten Wirkgefüges bilden wieder die Pfeile, durch die ein direkter Einfluss von einer Ursache (Größe am Pfeilanfang) auf eine Wirkung (Größe an der Pfeilspitze) dargestellt wird. Anhand der Verkettung dieser Pfeile kann man dann zu einer Wirkung deren Ursache, die Ursache dieser Ursache usw. zurückverfolgen. Umgekehrt kann man genauso den Pfad von einer Ursache zu ihrer Wirkung, zur Wirkung dieser Wirkung usw. verfolgen. Die Pfade, auf denen man sich auf diese Weise gedanklich bewegt, repräsentieren damit *Kausalketten*. Sie verknüpfen die „letzten" Ursachen mit den „letzten" Wirkungen.

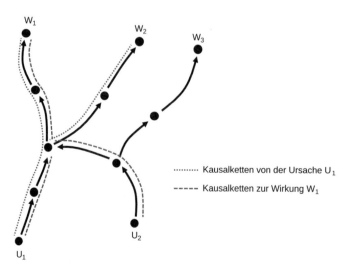

.... Kausalketten von der Ursache U_1

- - - - - Kausalketten zur Wirkung W_1

Bild 26 Kausalketten innerhalb eines Wirkgefüges

Kausalketten analysieren

In der Abbildung liegen diese „letzten" Ursachen U_1 und U_2 und „letzten" Wirkungen W_1, W_2 und W_3 an den Endpunkten des dargestellten Wirkgefüges. Die Abbildung macht deutlich:

- Die Frage nach der Ursache für die Wirkung W_1 führt letztlich zu den Ursachen U_1 und U_2. Aber bei dieser Rückverfolgung wird nicht erkannt, dass weitere Zusammenhänge bestehen, nämlich dass U_1 und U_2 auch die „Neben"-Wirkungen W_2 und W_3 erzeugen.

- Die Frage nach der Wirkung von Ursache U_1 führt letztlich zu den Wirkungen W_1 und W_2. Aber bei dieser Weiterverfolgung wird nicht erkannt, dass weitere Zusammenhänge bestehen, nämlich dass für W_1 und W_2 auch U_2 eine Ursache darstellt. Und dazu wäre dann zu klären, ob U_1 nur in Kombination mit U_2 seine Wirkung entfaltet oder ob U_2 eine alternative Ursache darstellt.

Es bleibt somit festzuhalten:

- Eine Kausalkette repräsentiert nur einen Ausschnitt aus dem insgesamt vorliegenden Beziehungsgefüge eines betrachteten Systems.

- Fragt man bei einer Erscheinung nach deren Ursachen, so erfasst man einen anderen Ausschnitt aus dieser komplexen Realität, als wenn man umgekehrt zu einer Ursache deren Auswirkungen untersucht.

Eine Fokussierung auf Ursachen oder Wirkungen grenzt die betrachtete Realität ein und reduziert damit deren Komplexität. Das ist hilfreich und meistens sogar unentbehrlich, um zu praktischen Lösungen für die aufgeworfenen Fragen zu kommen. Dieser impliziten Komplexitätsreduktion muss man sich jedoch bewusst sein; das sollte uns motivieren, zu prüfen, ob das dabei Ausgeblendete auch tatsächlich ignoriert werden darf.

Mir scheint, dass dieses oft nicht getan wird. In vielen Situationen wird bei einem Problem eine schnelle Lösung eingefordert und daher hektisch mit Sofortmaßnahmen reagiert, sobald man glaubt, eine mögliche Ursache gefunden zu haben. Mögliche weitere, vielleicht noch wichtigere Ursachen werden ausgeblendet oder manchmal auch gar nicht weiter ergründet. Fehlschlüsse und Fehlentscheidungen sind dann fast schon vorprogrammiert.

Ein Beispiel für eine solche fragwürdige Fokussierung lieferten uns die Medien Ende 2014, als sich in Norddeutschland der **Vogelgrippevirus** H5N8 ausbreitete, der insbesondere bei Hühnervögeln zu gefährlichen Infektionen führt. Diverse Geflügelbestände waren damals davon betroffen. Als man den H5N8-Erreger dann auch bei vereinzelten Wildvögeln feststellte, war für viele Politiker und Sprecher einschlägiger Verbände sofort klar, wodurch dieser Virus sich ausbreiten konnte: Wildvögel waren der Überträger, was dann sofort zu rigorosen Stallpflichtauflagen in den Regionen führte, durch die Wildvögel ziehen. Doch hat man wirklich die entscheidende Verbreitungsursache gefunden? Denn weiterhin ungeklärt blieb damals: Wie konnte der Erreger von Ostasien nach Norddeutschland gelangen? Wieso waren überwiegend Geflügelbetriebe stark betroffen, deren Tiere in geschlossenen Ställen und nicht im Freiland gehalten wurden?

In der Tat sind auch andere Ausbreitungswege denkbar: zum Beispiel über den (legalen oder illegalen) Import von infizierten Tieren, über den Import von Futtermitteln, die aus infizierten Tieren hergestellt wurden, über kontaminierte Kleidung des Stallpersonals, über kontaminierte Transportfahrzeuge und dergleichen. Das Bundesforschungsinstitut für Tiergesundheit (FLI) hatte auch diese möglichen Ausbreitungsursachen genauer analysiert und musste Mitte 2015 feststellen, dass sie mindestens genauso wahrscheinlich sind wie die Übertragung durch Wildvögel.[17]

Ein weiteres Anschauungsbeispiel zu problematischen Fokussierungen und Ausblendungen dürfte auch so manche Empfehlung zur Behandlung von Krankheiten und Beschwerden abgeben. Wer einmal **Rückenschmerzen** gehabt hat, wird dieses vielleicht sogar schon selbst am eigenen Leibe erfahren haben. Diverse Mediziner sind bei solchen Schmerzen schnell mit einer Operation zur Stelle. Für sie sind die defekten Bandscheiben die schmerzauslösende Ursache des Übels. Doch vielfache Erfahrung ist, dass sich nach einer solchen Operation die gewünschte Schmerzlinderung oft nicht einstellt. Geht man zu einem Physiotherapeuten, wird dieser von solchen Eingriffen daher vermutlich abraten und stattdessen Krankengymnastik und Bewegung als Therapie anbieten, da er stärker auf den Muskelapparat schaut. Sucht man einen Psychologen auf, wird dieser die Schmerzursache eher im psychosozialen Bereich suchen, da Rückenschmerzen auch Ausdruck eines seelischen Konflikts sein können. Verschiedene Fachleute, verschiedene Meinungen. Jeder fokussiert auf seinen fachlichen Bereich und ignoriert damit die Tatsache, dass Rückenschmerzen ein komplexes Phänomen darstellen, bei dem die Ausblendung anderer ursächlicher Zusammenhänge zu falschen selektiven Therapiemaßnahmen führen kann. Wechselseitige Kommunikation zur Entwicklung eines umfassenden Diagnosebildes wäre daher in einer solchen Situation wünschenswert.

Vor dem Hintergrund derartiger Erfahrungen stellen sich daher die Fragen:

- Gibt es einen systematischen Weg, um mögliche Ursachen nicht zu übersehen?

- Wie kommen wir bei einer ins Auge gefassten Maßnahme zu verlässlichen Aussagen über all ihre Wirkungen?

Kausalketten analysieren

- Wie stellen wir sicher, dass wir dabei alle relevanten Aspekte in den Blick bekommen?

Die folgenden Ausführungen dieses Abschnitts widmen sich diesen Fragen.

≡ Ursachenforschung: Systematische Detektivarbeit

Sie kennen das aus Kriminalfilmen. Sie beginnen meist mit einem mysteriösen Todesfall, und eine der ersten Handlungen der Polizei besteht darin, anhand der vorliegenden Erkenntnisse aus der Obduktion des Toten und der gemachten Beobachtungen am Ort des Verbrechens die Todesursache und deren Umstände zu ermitteln. Dieses ist die polizeiliche Variante der Ursachenforschung, die bei „Tod" als festgestellter Wirkung seinen Anfang nimmt.

Diese Art von Detektivarbeit muss jeder von uns im Alltag leisten, wenn zum Beispiel der Drucker, den wir an unserem PC nutzen, „seinen Geist aufgibt". Beim **Drucker** kann uns das Handbuch helfen, die Fehlerquelle zu finden, sofern darin die möglichen Fehlfunktionen beschrieben werden. In der Regel sind dazu im Handbuch die zum Druck beitragenden Druckerkomponenten systematisch aufgelistet und die dabei jeweils möglichen Störungen genannt, so dass der vorliegende Defekt Stück für Stück eingegrenzt werden kann.

Wenn eine **Lampe** im Wohnzimmer nicht mehr funktioniert, können wir auf ein solches Handbuch nicht zurückgreifen. Aber wenn man sich an

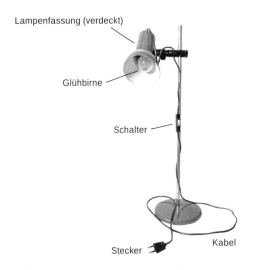

Lampenfassung (verdeckt)

Glühbirne

Schalter

Stecker

Kabel

Bild 27 Elektrische Bauteile einer Stehlampe

den Schulunterricht zum einfachen Stromkreis erinnert, kann man auch hier genauso systematisch auf Fehlersuche gehen.

Da es sich bei einer nicht funktionierenden Lampe um ein rein technisches Problem handelt, kann man sich von vornherein auf die Bauteile konzentrieren, die zur elektrischen Funktionsfähigkeit der Lampe beitragen. Sie sind in Bild 27 dargestellt. Dabei nehmen wir an, dass die Spannungsversorgung über die Steckdose funktioniert und daher ebenfalls außerhalb der Betrachtung liegt. Damit ist das betrachtete System durch die in der Abbildung aufgeführten Begriffe eingegrenzt und auf die Komponenten reduziert, die elektrische Defekte auslösen können.

Bild 28 visualisiert den logischen Aufbau des Systems **Lampenstromkreis**, bei dem die bereits genannten Komponenten ihrerseits noch weiter in ihre Unterkomponenten zergliedert worden sind, soweit dieses für den elektrischen Stromkreis relevant ist. Bild 29 baut auf diese Darstellung auf. Sie wird hier ergänzt durch eine Beschreibung der Funktionen, welche die identifizierten Komponenten für den Lampenstromkreis haben. Aus dieser funktionalen Sicht lassen sich dann wiederum die möglichen Defekte bei den Komponenten identifizieren, die zum Ausfall ihrer Funktion und damit auch zum Ausfall der Lampe geführt haben könnten. In der Abbildung sind einige davon exemplarisch genannt.

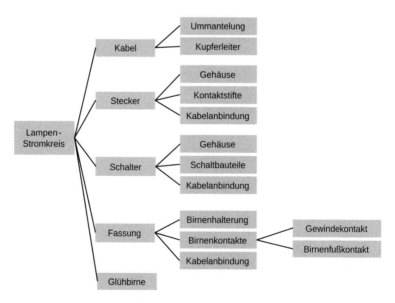

Bild 28 Aufbaustruktur des Lampenstromkreises (Ausschnitt)

Kausalketten analysieren

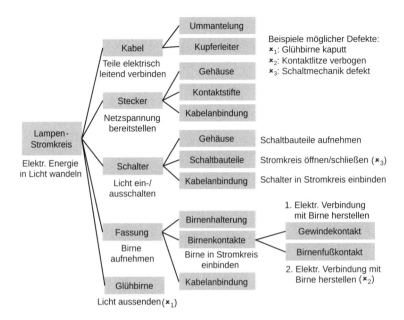

Bild 29 Funktionsstruktur des Lampenstromkreises (Ausschnitt)

Damit ist beispielhaft skizziert, wie man bei einer Ursachenforschung systematisch vorgehen kann. Ausgangspunkt ist eine vollständige hierarchische Gliederung des Systems in Form einer *Aufbaustruktur*. „Vollständigkeit" drückt hierbei den Anspruch aus, nichts zu übersehen, so dass die Analyse alle potenziellen Problemfelder in der Breite erfasst. Aus der Aufbaustruktur lässt sich dann eine *Funktionsstruktur* systematisch ableiten, aus der sich schließlich das Feld möglicher Fehlerquellen ergibt. Diese Vorgehensweise hat sich bei technischen Systemen vielfach bewährt und wird in einer methodisch weiter ausgefeilten Form in verschiedenen Industriezweigen genutzt. Sie ist dort unter dem Namen *FMEA* (= Fehlermöglichkeits- und Einflussanalyse) bekannt. Allerdings ist dieses Vorgehen in der konkreten Praxis meistens sehr aufwändig, da technische Systeme bereits im Kleinen schon relativ komplexe Strukturen aufweisen können – auch wenn sie für den Laien recht einfach und unscheinbar erscheinen.

Die Frage, die sich mit diesen Anmerkungen unmittelbar aufdrängt, ist: *Lässt sich die dargestellte systematische Ursachenanalyse auch auf nichttechnische Systeme* übertragen?

Eine Schwierigkeit dabei fällt sofort ins Auge: Nichttechnische Systeme haben typischerweise keine realen, sinnlich wahrnehmbaren Bauteile, auf welche man eine Aufbaustruktur gründen kann. Im nichttechnischen Bereich sind der Aufbau des zu betrachtenden Systems und das Zusammenwirken der Systemelemente in der Regel nicht so direkt und anschaulich greifbar.

Aber man kann aus der dargestellten Methodik dennoch zwei grundsätzlich nutzbare Handlungsprinzipien ableiten, die sich auch in abstrakteren Zusammenhängen anwenden lassen:

- Beschreibe auch nichttechnische Systeme durch solche hierarchischen Strukturen: Identifiziere die abstrakten tragenden „Bauteile" und zergliedere diese dann gedanklich weiter.

- Bohre bei der Ursachensuche immer weiter, suche also die Ursache der Ursache, die Ursache der Ursache der Ursache ... Frage also warum, warum, warum ..., bis du bei dem entscheidenden ursprünglichen Auslöser angekommen bist.

Für beide Handlungsprinzipien gibt es spezifische Werkzeuge zur methodischen Unterstützung:

- Eines davon ist das sogenannte *Fischgrätendiagramm* (nach seinem Erfinder auch als *Ishikawa-Diagramm* bezeichnet).

- Ein anderes ist die sogenannte *5-Why-Methode* (*why* = warum).

Beide Werkzeuge werden als Hilfsmittel zur Ursachenanalyse in Unternehmen und Organisationen genutzt. Dazu die folgenden Ausführungen.

≡ **Ursachensuche: In Breite und Tiefe**

Ich möchte zunächst das Vorgehen beim *Fischgrätendiagramm* veranschaulichen und greife dazu wieder das Beispiel zur Entwicklung eines neuen Produkts auf, bei dem die Funktionen Schritt für Schritt realisiert werden. Nehmen wir an, dass es bei der Analyse der Anforderungen, die bei jedem Umsetzungsschritt zu machen ist, für die zuletzt umgesetzten Funktionen deutliche Verzögerungen gab. Damit ist der Zieltermin für die **Produktentwicklung** insgesamt natürlich gefährdet. Um im Laufe der weiteren Entwicklung nicht wieder in die gleiche Problematik zu laufen, gilt es, die Ursachen für diese Verzögerungen zu analysieren.

In Analogie zur Identifikation der technischen Komponenten des Lampenstromkreises geht es auch bei dieser Ursachensuche im ersten Schritt zunächst darum, die Dinge zu identifizieren, die eine Anforderungsanalyse entscheidend prägen und daher zum Zeitverzug beigetragen haben können. Sie sind die konzeptionellen „Bauteile", aus denen sich das abstrakte Betrachtungsobjekt „Anforderungsanalyse" zusammensetzt.

Diese konzeptionellen „Bauteile" werden deutlich, wenn man sich klarmacht, was bei einer Anforderungsanalyse passiert:

- Die Analyse stützt sich auf Dokumente, in denen Anforderungen formuliert worden sind. Sie bilden den „Input" für diesen Entwicklungsschritt.
- Bei dieser Analyse wird eine bestimmte Abfolge von Aktivitäten, ein sogenannter „Prozess" durchlaufen.
- Diese Aktivitäten werden von Projektmitarbeitern umgesetzt.
- Dabei werden bestimmte Werkzeuge genutzt.
- Die Analyse erfordert in der Regel ergänzende Klärungen und Abstimmungen mit den Anforderungsgebern und die Kooperation mit anderen Bereichen im Unternehmen. Man muss bei dieser Analyse also auch organisatorische „Schnittstellen" bedienen und nutzen.

Eine Anforderungsanalyse basiert also auf dem Zusammenspiel von fünf grundlegenden Dingen: Input, Prozess, Mitarbeiter, Werkzeuge, Schnittstellen. Diese sind – bildlich gesprochen – ihre groben „Bauteile".

Bild 30 veranschaulicht diesen Sachverhalt in Form des angesprochenen Fischgrätendiagramms. Es stellt das Analogon zur Aufbaustruktur eines technischen Systems dar. Die fünf konzeptionellen „Bauteile" der Anforderungsanalyse werden in diesem Bild durch die „Haupt"-Gräten des Fisches repräsentiert. Der Kopf des Fisches steht für das Ausgangsproblem. Die „Haupt"-Gräten sind demzufolge die möglichen Problemfelder, in denen die Ursache für das Ausgangsproblem zu suchen ist.

Um die entscheidenden Auslöser für dieses Problem systematisch aufspüren zu können, zergliedert man die genannten fünf Problemfelder gedanklich weiter in ihre Teilaspekte, wie man es auch bei den Bauteilen bei technischen Systemen macht. Analog zur hierarchischen Zergliederung eines technischen Systems verfeinert man also auch bei diesem Diagramm, kommt damit zu den möglichen Ursachenfeldern der nächstfeineren Betrachtungsstufe und so fort. Anschaulich bedeutet dieses, dass die „Hauptgräten" des Diagramms durch „Nebengräten" ergänzt werden, die sich wiederum in noch feinere „Nebengräten" verzweigen und so weiter.

Bild 30 deutet diese Vorgehensweise grob an. Das Fischgrätendiagramm enthält in seiner endgültigen Ausgestaltung alle möglichen Kausalketten, die mit dem beobachteten Problem verknüpft sind. Analog zur diskutierten Methode beim Lampenstromkreis zielt dieses Diagramm also auf eine systematische Erfassung *aller* grundsätzlich *denkbaren* Ursachen. Damit ist man in der Lage, sämtliche potenziellen Ursachen im Hinblick auf das konkret vorliegende Problem systematisch prüfen zu können.

Möglicherweise wird man bei diesem Vorgehen noch nicht auf den wirklichen „Kern" des Problems gestoßen sein. Denn die Anschaulichkeit des

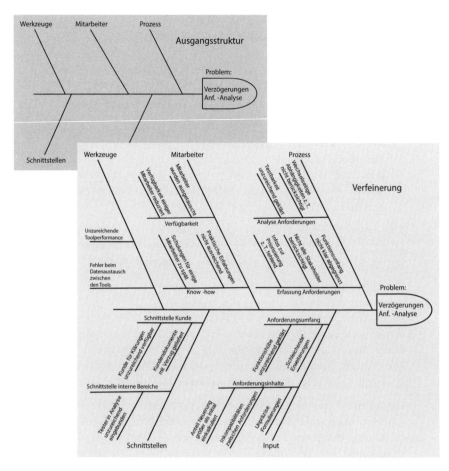

Bild 30 Ursachenanalyse mithilfe des Fischgrätendiagramms

Fischgrätendiagramms hat ihre räumlichen Darstellungsgrenzen. Dann muss man noch weiter „bohren". Das heißt, bei einer bis dahin identifizierten Ursache noch weiter nach deren Ursache fragen und so fort. Dafür bietet sich dann die *5-Why-Methode* an.

Während das Fischgrätendiagramm das Ziel hat, die möglichen Problemfelder in der Breite zu erfassen, zielt die 5-Why-Methode auf die Tiefenanalyse einzelner, herausgegriffener Kausalketten. Sie hat das ausdrückliche Ziel, zur „Wurzel des Übels", zur initial auslösenden Ursache vorzudringen. Dazu dann genau fünfmal „Warum?" zu fragen, ist allerdings keine zwingende Vorgabe. Vielmehr steht die „5" nur als Symbol für dieses vertiefende Vorgehen und das dabei angestrebte Ziel.

Kausalketten analysieren

Im vorliegenden Beispiel könnte durch die „5-Why"-Methode folgende Frage-Antwort-Sequenz entstehen, um zur Kernursache vorzudringen:

- Frage: Warum wurde mehr Zeit benötigt als geplant? Antwort: Weil die Klärung und Präzisierung der Anforderungen aufwändiger war als ursprünglich gedacht.
- Frage: Warum war diese Klärung aufwändiger? Antwort: Weil dafür auch der Kunde selbst gezielte zusätzliche Informationen beisteuern musste.
- Frage: Warum hat der Kunde diese Informationen nicht eher geliefert? Antwort: Weil er für andere Arbeiten abgezogen wurde und diese Informationsbereitstellung dann hintangestellt hat.
- Frage: Warum konnte er es hintanstellen? Antwort: Weil diese Zuarbeit nicht vorab verbindlich so geregelt war, dass man es hätte einklagen oder eskalieren können.
- Frage: Warum gab es dazu keine verbindliche Regelung? Antwort: Weil die betroffenen Parteien an eine solche Vereinbarung nicht gedacht hatten.

Dieser „Dialog" führt also in diesem Beispiel zu einer fehlenden Vereinbarung für die Zusammenarbeit als ursprünglichem Auslöser für das Problem.

Die Frage, die sich bei diesem Vorgehen bei jeder Antwort stellt, ist: Bin ich jetzt beim Kern der Sache angekommen? Bei welchen „Warum" darf oder muss ich aufhören? Denn oft kann man sich eine Ursachenkette noch beliebig weiter fortgesetzt denken. Auch in diesem Beispieldialog könnte man durchaus weiter fortfahren: Steckt hinter der fehlenden Vereinbarung möglicherweise eine stille Taktik, sich nicht zu früh verbindlich festlegen zu wollen? Oder ist die fehlende Vereinbarung Zeichen für ein mangelndes Prozessverständnis? Oder Ausdruck der spezifischen „Firmenkultur"? Oder waren die verantwortlichen Personen nicht kompetent genug?

Die pragmatische Antwort auf die erforderliche Tiefe der Warum-Fragen lautet:

Man fragt solange „Warum?", bis eine Ursache gefunden wird, zu der man eine Gegenmaßnahme praktisch umsetzen kann, die eine Wiederholung der Auswirkung ausschließt.

Wenn im genannten Beispiel die Ursache der Verzögerung wirklich darin lag, dass eine entsprechende Vereinbarung zur Kundenunterstützung „vergessen" wurde, dann hilft bereits eine einfache Checkliste beim Aufsetzen eines Projekts, die diesen Punkt adressiert und damit sicherstellt, dass er zukünftig nicht mehr vergessen wird. (Aber meistens ist die Sachlage bei einem Problem dieser Art komplizierter.)

Angenommen, man hat durch eine Methode wie „Fischgrätendiagramm" und/oder „5 Why" die Grundursache für das beobachtete Problem gefunden. Dann ist immer noch ein letzter Schritt erforderlich: Es ist die nötige korrigierende Maßnahme festzulegen, die bei dieser Grundursache ansetzt. Um sicherzustellen, dass diese Maßnahme nachhaltig greifen wird, muss man – denkt man an das Fischgrätendiagramm – das Wirkgefüge dieses Diagramms dann auch noch in umgekehrter Richtung durchlaufen – vom Ansatzpunkt der Maßnahme bis hin zur Wirkung. Denn die Maßnahme könnte zusätzliche Auswirkungen haben, die man beim Analyseweg von der Wirkung zur Ursache nicht im Blick hatte. Es gilt also abschließend zu prüfen, ob derartige „Neben"-Wirkungen vorliegen und ob diese für die Behebung des Problems irrelevant, unterstützend oder eher kontraproduktiv sind. Ist Letzteres der Fall, müsste die Maßnahme wieder modifiziert werden.

☰ Wer handeln will: Muss die Auswirkungen abschätzen

Ausgangspunkt für eine Ursachenanalyse ist ein aktuell vorliegender Sachverhalt. Oft geht es dabei um einen Fehler, ein Problem oder irgendeine andere Art der Abweichung von einem angestrebten Soll-Zustand. Und man fragt sich dann, wie das passieren konnte. Man fragt nach dem, was davor war, fragt nach den Ereignissen in der Vergangenheit. Da all diese Ereignisse geschehen und demzufolge bekannt sind oder zumindest bekannt sein können, bewegt sich die Ursachenanalyse in einem klar abgesteckten, wohldefinierten Rahmen.

Wenn wir handeln, schauen wir dagegen in die ungewisse Zukunft. Denn mit unseren Handlungen verfolgen wir bestimmte Ziele, wollen wir etwas Bestimmtes in der Zukunft erreichen. Deshalb müssen wir uns bei unseren Handlungen immer die Frage stellen, welche Auswirkungen sie haben werden und ob sie das angestrebte Ziel unterstützen.

Wir machen uns diese Frage im normalen Alltag allerdings kaum noch bewusst und stellen sie uns nur noch in besonderen Situationen, da viele unserer Alltagshandlungen Routine geworden sind. Für die meisten unserer Handlungen wissen wir zu genüge, welche Konsequenzen daraus resultieren, und brauchen daher nicht mehr ausdrücklich darüber nachdenken.

Das mag darüber hinwegtäuschen, dass Fragen nach den Auswirkungen von Handlungen und Maßnahmen im Grunde nicht einfach zu beantworten sind. Rein formal sind Wirkungsanalyse und Ursachenanalyse zwar das Gleiche – nämlich eine Analyse von Wirkketten. Doch praktisch ist die **Wirkungsanalyse** schwieriger, da sie auf die Zukunft zielt und dadurch Phänomene und Ereignisse kausal verknüpfen muss, die mit einer gewissen *Unsicherheit* verbunden sind. Einziger Anhaltspunkt dafür, dass bestimmte Wirkungen wohl auch eintreten werden, ist die Erfahrung mit ähnlichen Situationen in der Vergangenheit. Doch das Problem ist, dass solche übertragbaren Erfahrungen nicht immer vorliegen. Dann ist man darauf angewiesen, Annahmen zu treffen, und kann nur hoffen, dass die prognostizierten Zusammenhänge in der angenommenen Weise dann auch wirksam sind.

In solch einer unsicheren Situation ist man typischerweise in der **Politik**, wenn dort Maßnahmen zur Lösung von Problemen zu beschließen sind und daher auch deren Auswirkungen eingeschätzt werden müssen. Die oftmals kontroversen Diskussionen darüber, was genau die „richtigen" Maßnahmen sind, sind ein deutlicher Indikator dafür, wie groß die Unsicherheit bei der Prognose der erwarteten Auswirkungen oft ist.

Dazu ein Beispiel aus der **Verkehrspolitik**: Diverse **Autobahnprojekte** in strukturschwachen Regionen wurden unter anderem damit begründet, dass durch eine bessere Erreichbarkeit auch eine bessere wirtschaftliche Entwicklung der jeweiligen Region möglich ist. Man erwartete also, dass diese Projekte sich positiv auf die Entwicklung der regionalen Bevölkerungszahlen und der Zahl der Arbeitslosen auswirken. In Erwartung solcher Auswirkungen wurden deshalb in einigen strukturschwachen Gebieten von Niedersachsen und Thüringen ab 1990 Autobahnen gebaut. Eine rückblickende Untersuchung zu diesen Autobahnen im Jahr 2013 zeigte allerdings, dass für diese Regionen kein Zusammenhang zwischen Autobahnanbindung und positiver wirtschaftlicher Entwicklung nachgewiesen werden konnte.[18] Autobahnen sind demzufolge also nicht unbedingt in der Lage, regionale Wachstumsschwächen zu beseitigen. Bei diesen Autobahnen wurden also über Jahre Wirkzusammenhänge angenommen, die zunächst zwar plausibel klingen, aber tatsächlich doch nicht bestehen. Oder sie sind zwar vorhanden, werden jedoch von anderen Wirkmechanismen überlagert, die deutlich dominieren und bei diesen Prognosen nicht bedacht worden sind.

Ein anderes, älteres und viel folgenschwereres Beispiel ist die mehr oder weniger willkürliche Ziehung von Grenzen in den arabischen Ländern, zum Beispiel um den heutigen **Irak**. Hätten die beteiligten Nationen, und vor allem Großbritannien als die damals in dieser Region mächtigste Nation, die Wirkketten genauer betrachtet, hätte man vielleicht ganz anders gehandelt. Denn was heute dort passiert, ist auch eine Folge der Politik von damals.

≡ Auswirkungen in Unternehmen analysieren: Wo Balanced Scorecard und Strategy Map an ihre Grenzen stoßen

Nicht nur in der Politik sind weitreichende Entscheidungen sorgfältig abzuwägen und deren Auswirkungen gründlich zu bedenken. Das gilt ebenso für die Unternehmenswelt. Zum Beispiel, wenn das Management eines Unternehmens die Absicht hat, die **Strategie** des Unternehmens neu auszurichten. Das erfordert in der Regel wohlüberlegte **Veränderungsmaßnahmen**, und diese sind so zu wählen, dass sie die angestrebte neue Strategie gezielt unterstützen. Das aber heißt nichts anderes, als dass man deren Auswirkungen genau analysieren muss.

Um solche erforderlichen Veränderungsmaßnahmen identifizieren zu können, ist es hilfreich, die neue strategische Zielsetzung in greifbare und messbare Teilziele gedanklich zu zergliedern, so dass daraus konkrete, verfolgbare Aktivitäten abgeleitet werden können, die das angestrebte Ziel unterstützen.

Ausgangspunkt für diese gedankliche Zergliederung ist also das angestrebte strategische Ziel. Von diesem Ziel ausgehend versucht man, „rückwärts" zu den Teilzielen zu gelangen, die

- sich für die einzelnen Teilbereiche und Teilfunktionen des Unternehmens daraus ableiten und
- zum angestrebten strategischen Ziel beitragen und insofern ursächlich damit zusammenhängen.

Damit macht man aber nichts anderes, als kausale Zusammenhänge im Hinblick auf ihre Wirkungen zu identifizieren und zu analysieren.

Das Bild, das bei diesem Vorgehen entsteht, wird als **Strategielandkarte** (**Strategy Map**) bezeichnet. Sie ist ein zentrales Element eines Managementwerkzeugs, das unter dem Namen *Balanced Scorecard* (kurz: BSC) bekannt geworden ist.

Für die Strukturierung einer Strategielandkarte gibt die (klassische) BSC einen klaren Rahmen vor. Sie erwartet die Ableitung von Teilzielen für vier spezifische Perspektiven, die aus ihrer Sicht für ein Unternehmen bedeutsam sind:

- Finanzen
- Kunden
- Prozesse
- Lernen und Innovation.

Bemerkenswert ist, dass bereits zwischen diesen Perspektiven generische Ursache-Wirkungs-Zusammenhänge bestehen:

Kausalketten analysieren

- Direkt an die Strategie gekoppelt ist typischerweise die Überlebensfähigkeit des Unternehmens und damit die Finanzperspektive.

- Diese wiederum hängt stark von den Erfolgen beim Kunden und damit von der Kundenperspektive ab.

- Diese wiederum ist durch die Güte der internen Prozesse geprägt (Prozessperspektive).

- Diese wiederum hängen von den Fähigkeiten des Unternehmens auf Mitarbeiterebene und den dort verankerten Maßnahmen ab (Lern- und Innovationsperspektive).

Die Herausforderung bei der Strategielandkarte ist es, diese vier Perspektiven unternehmensspezifisch zu konkretisieren. Dazu sind als erstes die Bereiche, Funktionen und sonstige Gegebenheiten im Unternehmen zu identifizieren, die zu diesen Perspektiven gehören und auf die Umsetzung der Strategie direkt oder indirekt Einfluss nehmen können. Für diese sind dann die Teilziele zu definieren und in der Strategielandkarte zu erfassen. Hat man die Teilziele benannt, sind als nächstes die Ursache-Wirkungs-Zusammenhänge zu klären, die zwischen diesen Teilzielen bestehen. Nur wenn hier kausale Zusammenhänge bestehen, kann man erwarten, dass Maßnahmen zur Erreichung eines Teilziels dann auch das strategische Ziel unterstützen.

Bild 31 zeigt eine vereinfachte Strategielandkarte. Dabei wurde ein Unternehmen angenommen, das **Beratungsdienstleistungen zum Projektmanagement** anbietet. Und es wurde unterstellt, dass dieses Unternehmen seine Beratungsdienstleistungen durch den Vertrieb von Projektmanagementtools erweitern und sich dadurch strategisch neu positionieren möchte.

Die im Bild dargestellten Ziele und Zusammenhänge sind allerdings noch recht allgemein formuliert. In einer konkreten Situation wären sie *unternehmensspezifisch* und so präzise wie möglich zu fassen. Denn bliebe man bei solchen allgemeinen Formulierungen, würden sie zu fast jedem Unternehmen passen und wären damit das universelle Rezept, mit dem jedes Unternehmen zur wirtschaftlichen Blüte geführt werden könnte. Die Realität zeigt aber, dass dem nicht so ist.

Man muss deshalb spezifischer werden und insbesondere auch die entscheidenden „Treiber" entdecken, durch die sich das Unternehmen von der Konkurrenz abhebt.

So lässt sich zum Beispiel das in der Abbildung nur grob benannte Teilziel „Zusätzliche Experten einstellen" in einem konkreten Unternehmen spezifischer fassen, indem man vorab die Auswahl an zu vertreibenden Tools genau definiert und dann festlegt, ob man reine Toolexpertise braucht

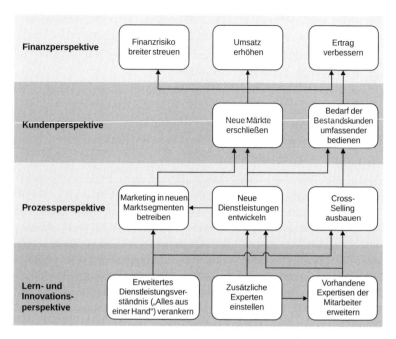

Bild 31 Ausschnitt aus der Strategielandkarte eines Beratungsunternehmens, das seine Dienstleistungen durch den Vertrieb dazu passender Tools erweitern will

oder auch solide Erfahrung in der Anwendung und Anpassung dieser Tools und Ähnliches. Und der Wirkungspfeil von „Zusätzliche Experten einstellen" zu „Neue Dienstleistungen entwickeln" wird unternehmensspezifischer, wenn konkret geklärt und festgelegt worden ist, welches Spektrum an neuen Dienstleistungen dann möglich wird, was die kurz- und langfristigen Ziele dabei sind, wie die Experten effektiv in die Entwicklung dieser neuen Dienstleistungen eingebunden werden können und dergleichen mehr.

Die Frage, die sich bei einer solchen Strategielandkarte natürlich stellt, ist: *Wieviel Vertrauen kann man haben, dass die hier dokumentierten Wirkzusammenhänge auch der Realität entsprechen und tatsächlich in dieser Form wirksam sind?*

Zum Teil wird man vielleicht auf bereits vorliegende Erkenntnisse aus der Vergangenheit aufbauen können, wo sich bestimmte Wirkzusammenhänge bereits mehrfach bestätigt haben. Zum Teil wird man für diese aber wohl nur Annahmen treffen können. Eine „experimentelle" Sicherheit gibt es dann nicht. Deshalb ist es wichtig, die Wirkung der Maßnahmen,

Kausalketten analysieren

die das Management aufsetzt, um die strategischen Teilziele zu erreichen, in engen Zeitabständen zu überwachen.

Dazu kann man die Messungen nutzen, die die BSC-Methodik ohnehin für die Verfolgung der Teilziele vorsieht. Wenn zwischen zwei Teilzielen der angenommene Wirkungszusammenhang besteht, sollte sich dieser auch bei den Messungen zur Zielerreichung bei diesen beiden Teilzielen systematisch bemerkbar machen. Wenn sich dabei ein Wirkzusammenhang nicht in der erwarteten Weise bestätigt, hat man die Strategielandkarte vermutlich in dieser Hinsicht zu korrigieren.

Doch nicht immer muss dann tatsächlich ein Fehler in der Strategielandkarte vorliegen. Denn es kann noch andere Gründe geben, dass ein Wirkzusammenhang durch die Messungen nicht bestätigt wird:

- Es kann auch daran liegen, dass bei der Erstellung einer Strategielandkarte auf die linearen Kausalketten fokussiert wird. Dadurch gibt sie in der Regel nur einen Ausschnitt aller real existierenden Wirkzusammenhänge wieder. Und so wurden vielleicht versteckte Querbezüge oder Rückwirkungen zwischen Teilzielen übersehen, die ebenfalls die angestrebten Wirkungen beeinflussen.

- Die Strategielandkarte stellt im Wesentlichen eine unternehmensinterne Sicht dar. Das Unternehmensumfeld, der Markt und seine Randbedingungen werden weitestgehend ausblendet. Die Kundenperspektive kann dieses nur partiell leisten – und auch nur soweit, wie sie aus Sicht des Unternehmens beeinflussbar ist. Das Unternehmensumfeld mit seinen Mechanismen und Gegebenheiten bestimmt aber ebenfalls den Erfolg des Unternehmens und damit insbesondere auch die Teilziele der Finanzperspektive. Auch dieser Sachverhalt kann einen versteckten Einfluss auf die gemessenen Größen haben.

Es bleibt also nur das Fazit: Auch ausgefeilte methodische Werkzeuge zur Erfassung von Zusammenhängen – wie die Strategielandkarte der BSC – geben keine Sicherheit für die Korrektheit der Zusammenhänge und haben ihre Tücken:

- Sie haben ihren anwendungsspezifischen *Fokus*, durch den sie implizit Teile der Realität *ausblenden*. Bei ihnen ist daher stets zu hinterfragen, welche stillschweigenden Realitätseingrenzungen ihnen zugrunde liegen.

- Und es ist zu prüfen, ob bei den postulierten kausalen Beziehungen für zukünftig erwartete Wirkungen tatsächlich eine Erfahrungsbasis vorliegt, die diese Annahmen rechtfertigt.

☰ Menschen kann man nicht steuern: Grenzen der Beschreibung durch Kausalketten

Bei den soeben diskutierten Fragen nach Ursachen und Wirkungen stand die Beschreibung von Kausalketten im Mittelpunkt der Betrachtung. Fast alle technischen Systeme unserer Alltagswelt sind durch derartige Kausalketten geprägt und werden durch diese im wahrsten Sinne des Wortes „kalkulierbar": Sie haben typischerweise bestimmte Bedienelemente (die Inputs U), über die man sie ursächlich beeinflussen kann, und liefern durch ihre internen Wirkmechanismen die mit diesen Eingangssignalen verbundene Funktionalität (die Outputs oder Wirkungen W). Wenn ich beispielsweise bei einem **Fahrkartenautomat** meine Zieleingaben mache und den geforderten Geldbetrag eingebe, ist die Wirkung dieser Eingaben erwartungsgemäß der Ausdruck einer Fahrkarte, die ich dann genau für dieses Ziel nutzen kann. Stellt man die internen Wirkmechanismen formal durch den Buchstaben F dar, so lässt sich der angesprochene kausale Zusammenhang zwischen U und W kurz und knapp durch die Schreibweise $W = F(U)$ ausdrücken. Technische Systeme verhalten sich damit wie eine mathematische Funktion. Nicht umsonst spricht man ja auch von seiner „Funktionalität" und vom „Funktionieren" eines solchen Systems.

Man muss als Nutzer ein technisches System nicht im Detail verstehen, sondern kann es als „schwarzen Kasten", als **Black Box** betrachten, denn für den Nutzer ist nur dessen Wirkung wichtig. Was wir von der Black Box lediglich erwarten, ist dass die in ihr enthaltenen Mechanismen wie die Rädchen im Getriebe so zuverlässig ineinandergreifen, dass bei einer bestimmten Eingabe, einem bestimmten Input, immer ein spezifischer, dazu gehöriger *eindeutiger Output* als Reaktion erfolgt.

Solche eindeutigen Reaktionen erwarten wir auch bei *nichttechnischen Wirkzusammenhängen*, sofern es bei diesen klare Regeln gibt – seien sie ausdrücklich formuliert oder auch unausgesprochen allgemein akzeptiert. Zum Beispiel:

- Zeigt die Ampel „Rot", stoppt (normalerweise) der Autofahrer.
- Wenn sich an der Supermarktkasse eine Schlange gebildet hat, verlässt sich jeder darauf, dass sich der Nächste, der dazukommt, (normalerweise) ordentlich am Ende dieser Schlange anstellt.

Auch in Situationen, in denen Menschen mitwirken, gibt es also Ursache-Wirkungs-Beziehungen, die dem Beschreibungsmuster $W = F(U)$ entsprechen.

Allerdings habe ich in den genannten Beispielen mit dem dezenten Hinweis „normalerweise" bereits zum Ausdruck gebracht, dass der Mensch nun doch keine Maschine ist und selbst in den genannten Standardsituationen mitunter auch entgegen den sozialen Normen zu handeln vermag.

Menschen besitzen nun mal einen eigenen Willen. Ihre Reaktionen sind damit nicht immer ohne weiteres vorhersehbar wie bei einer mechanischen Maschine und nicht so eindeutig festgelegt wie die Werte einer mathematischen Funktion. Und anders als bei einer Maschine oder Funktion können sich diese Reaktionen auf bestimmte Eingangssignale im Laufe der Zeit auch ändern. Denn der Mensch lernt dazu:

- Wenn ein Englischlehrer einen Schüler auffordert, ein bestimmtes Wort zu übersetzen, kann es natürlich sein, dass der Schüler keine Antwort gibt, weil er die geforderte englische **Vokabel** nicht kennt. Wird dieser Schüler einige Tage später wieder in gleicher Weise zur Übersetzung aufgefordert, wird er sich vielleicht mit kleiner Hilfestellung an die Vokabel erinnern. Kommt er dann ein weiteres Mal in diese Situation, wird er wahrscheinlich ohne zu zögern die richtige Übersetzung geben können.

- Stellen Sie sich vor, Sie haben jemandem zu seinem letzten Geburtstag ein **Buch** geschenkt. Dieser wird es vermutlich mit Freude und Dankbarkeit in Empfang genommen haben. Wenn Sie ihm jetzt als Dank für eine Hilfestellung wieder ein Buch – und zwar das gleiche Buch – schenken, wird er vielleicht etwas verwundert, vielleicht mit einem gequälten Lächeln das Geschenk annehmen – und Ihnen einfach unterstellen, Sie hätten wohl vergessen, dass Sie genau dieses Buch ihm schon vorher einmal geschenkt haben. Wenn Sie dann bei der nächsten Gelegenheit wieder mit genau diesem Buch als Geschenk ankommen, könnte er möglicherweise empört reagieren, weil er das Gefühl hat, Sie wollen ihn „auf dem Arm nehmen".

Jede Erkenntnis oder Erfahrung verändert den Menschen und beeinflusst damit auch seine möglichen Reaktionen. Eine bestimmte wiederkehrende Situation löst deshalb nicht unbedingt immer die gleiche Wirkung aus. Systeme, in denen Individuen zusammenwirken, entziehen sich daher oft dem schlichten „technischen" Beschreibungsmuster W = F(U). Sie können in der Regel nicht als einfache Black Box behandelt werden, wo auf eine bestimmte Eingabe (Input, Reiz, ...) immer die gleiche Ausgabe (Output, Reaktion, ...) erfolgt – völlig unabhängig von der Vergangenheit.

Individuen lernen aus gemachten Erfahrungen und steuern damit ihre Entscheidungen und Handlungen. Systeme, die durch Individuen geprägt sind, entziehen sich demzufolge oft der gezielten Steuerbarkeit von außen.

Systeme, in denen Menschen mitwirken, können daher meistens *nicht* auf einfache Wirkketten mit klaren, eindeutigen Outputs reduziert werden. Sie sind komplexer in ihrem Verhalten und demzufolge auch in ihrer internen Struktur, die dieses Verhalten erzeugt. Der nächste Abschnitt widmet sich diesen komplexeren Strukturen.

5.4 Komplexe Wirkzusammenhänge erfassen

≡ **Wenn die Wirkung einer Ursache auf die Ursache zurückwirkt**

Wenn ich bei einem **Radio** am Lautstärkeregler drehe, kann ich dadurch gezielt die Stärke des Tones beeinflussen, der aus den Lautsprechern kommt. Zwischen der Stellung des Lautstärkereglers (die Ursache) und der erzeugten Lautstärke (die Wirkung) besteht ein direkter Wirkzusammenhang. Er kann durch einen einfachen gerichteten Pfeil repräsentiert werden, wie er in Bild 32, Teil A, dargestellt ist.

Indem man diese Situation so beschreibt, hat man allerdings implizit bereits eine Annahme gemacht. Nämlich: Der Fokus der Betrachtung ist das Radio, ein rein technisches System. Und damit hat man stillschweigend die Gesamtsituation deutlich vereinfacht. Denn eigentlich ist auch der Hörer, der das Radio bedient, noch Teil der Situation.

Will man daher das Gesamtgeschehen beschreiben, ist der Hörer in das zu betrachtende System einzubeziehen. Denn dieser reagiert auf die erreichte Lautstärke, vergleicht mit seiner gewünschten Lautstärke und regelt am Lautstärkeknopf entsprechend nach, bis die angestrebte Lautstärke erreicht ist. Die durch den **Regler** verursachte Lautstärke wirkt also auf den Regelnden ein, der dann wiederum auf den Regler zurückwirkt, um diesen nachzujustieren. Damit liegt eine *Rückkopplung* vor.

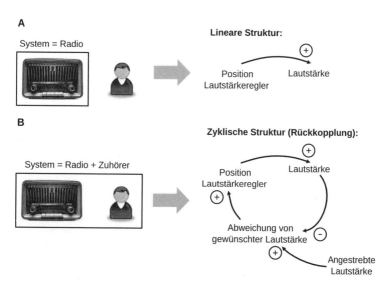

Bild 32 Regelung der Lautstärke eines Radios

Das Gesamtgeschehen wird daher durch eine zyklische Struktur beschrieben, wie sie durch die kreisförmige Verknüpfung der Wirkungspfeile in Bild 32, Teil B, dargestellt ist.

Zu beachten ist:

- Bei einem Wirkgefüge, das durch Rückkopplungen eine *zyklische Struktur* besitzt, ist jedes Element dieser Struktur gleichzeitig Ursache und Wirkung. Eine Unterscheidung von Ursache und Wirkung ist hier sinnlos.

- Von Ursachen und Wirkungen kann man nur bei Kausalketten sprechen, die sich aus hintereinander gereihten Wirkzusammenhängen aufbauen, die keinen geschlossenen Kreis bilden, bei denen also eine *lineare Struktur* vorliegt.

Es sind zwei grundsätzliche Typen von Rückkopplungen zu unterscheiden. Den ersten Typ haben Sie mit dem Radiobeispiel in Bild 32, Teil B, gerade kennengelernt. In diesem Beispiel ging es um das Ausbalancieren von gewünschter und erzielter Lautstärke. Diese Art von Rückkopplungsschleife wird daher *balancierend* (*balancing*) genannt.

- Erkennungsmerkmal für *balancierende* Rückkopplungsschleifen ist eine *ungerade* Anzahl von Wirkungspfeilen mit negativer Polarität.

In verallgemeinerter Form wird dieser Rückkopplungstyp durch die in Bild 33 dargestellte rechte Rückkopplungsschleife wiedergegeben. Das dort genannte Delta entspricht im Radiobeispiel dem Unterschied zwischen angestrebter und vorhandener Lautstärke. Je größer dieses Delta noch ist, desto stärker muss die Größe x (beim Radio: der Lautstärkeregler) verändert werden, damit sich auch die davon abhängige Größe y (beim Radio: die Lautstärke) im gleichen Sinne verändert und so dieses Delta geringer werden lässt. Indem dieser Zyklus wiederholt durchlaufen wird,

Verstärkende Rückkopplung

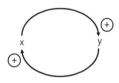

Balancierende Rückkopplung

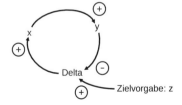

Delta = z - y = Unterschied von y
zum angestrebten Ziel z

Bild 33 Die beiden fundamentalen Rückkopplungstypen. x, y und z sind Platzhalter für die dabei involvierten Größen.

wird das Delta sukzessive reduziert, bis es schließlich nicht mehr vorhanden ist und damit der Zielzustand (beim Radio: die angestrebte Lautstärke) erreicht ist.

Der zweite mögliche Rückkopplungstyp ist im linken Teil von Bild 33 dargestellt. Diese Rückkopplungsschleife wirkt *verstärkend* (*reinforcing*) genannt.

■ Erkennungsmerkmal für *verstärkende* Rückkopplungsschleifen ist eine *gerade* Anzahl von Wirkungspfeilen mit negativer Polarität.

Ein einfaches Beispiel für diesen Rückkopplungstyp stellt die **Anlage von Geld** auf einem Sparkonto dar. Dazu muss man sich unter der Größe x das angelegte Kapital und unter der Größe y den Zinsertrag vorstellen. Die Schleife besagt dann: Angelegtes Kapital erwirtschaftet einen Zinsertrag, der wiederum das angelegte Kapital erhöht. Mehrfaches Durchlaufen dieser Schleife führt somit zu einem stetig wachsenden Kapitalbestand.

≡ **Komplexität heißt: Geprägt durch Rückkopplungen**

„Komplex" will ich ein Wirkgefüge nennen, wenn es zyklische Strukturen enthält, wenn es also aus mehr besteht als linear miteinander verketteten, direkten Ursache-Wirkungs-Beziehungen. *Viele Systeme um uns herum enthalten Rückkopplungsmechanismen und besitzen damit diese Komplexität. Ihr Verhalten ist meistens durch spezifische Kombinationen von verstärkenden und balancierenden Rückkopplungsschleifen erklärbar.* Doch diese zyklischen Strukturen in einem System sind nicht immer einfach zu identifizieren, so dass auch in dieser Hinsicht das Attribut „komplex" seine Berechtigung hat.

Ein vergleichsweise einfaches Beispiel stellt die Entwicklung der **Verkaufszahlen** für ein neues Produkt (zum Beispiel ein neues Handy) dar. Typischerweise steigen diese Zahlen zunächst erst nur langsam an, können dann aber zunehmend schneller anwachsen, bis ihr Zuwachs schließlich wieder abflacht, da irgendwann jeder potenzielle Käufer dieses Produkt besitzt und eine Sättigung des Marktes erreicht ist. Bild 34 gibt im oberen Teil diese Entwicklung grafisch wieder.

Im unteren Teil dieser Abbildung ist das dahinterstehende Wirkgefüge dargestellt. Auf der linken Seite sind zwei verstärkende Rückkopplungsschleifen wiedergegeben: Sowohl eine Mund-zu-Mund-Propaganda der Käufer als auch entsprechende Marketingaktivitäten des Unternehmens können die Zahl der neu gewonnenen Kunden pro Monat (die Neukundenrate) erhöhen. Indem sich diese Zahl erhöht, verstärkt sich auch die mögliche Mund-zu-Mund-Propaganda. Da mit den neu gewonnenen Kunden auch der Umsatz und Gewinn des Unternehmens steigt, kann es

A Beobachtung

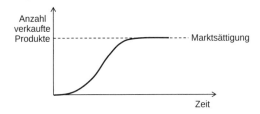

B Zugrunde liegender Wirkmechanismus

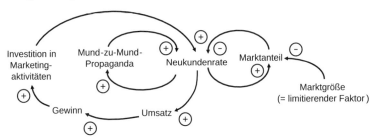

Bild 34 Begrenztes Wachstum der Verkaufszahlen für ein neues Produkt

noch stärker in das Marketing investieren und dieses weiter forcieren, was die Rate neu gewonnener Kunden weiter erhöht und so fort: also ebenfalls ein verstärkender Mechanismus.

Andererseits muss man aber auch bedenken, dass die Zahl der möglichen Neukunden auf dem Markt beschränkt ist. Dieser Sachverhalt ist auf der rechten Seite der Abbildung wiedergegeben. Je mehr Kunden das Unternehmen gewonnen hat, desto größer ist für dieses Produkt natürlich sein Marktanteil, desto geringer wird dann aber die Chance, weitere neue Kunden zu gewinnen, denn die Größe des Marktes ist begrenzt. Die Neukundenrate nimmt dadurch sukzessive ab, bis schließlich die Marktsättigung erreicht ist. Diese Rückkopplungsschleife bekommt im Laufe der Zeit immer größere Bedeutung und wirkt schließlich bremsend auf das Wachstum der Verkaufszahlen. Auf diese Weise kommt ein balancierender Mechanismus zustande.

Die in der Abbildung dargestellte Struktur zeigt damit das Phänomen eines *begrenzten Wachstums.*

Bildet man andere Wirkgefüge-Strukturen, kombiniert man verstärkende und balancierende Rückkopplungsschleifen also auf andere Art und Weise, resultieren daraus völlig andere Phänomene. Das Verkehrsbeispiel, das ich im einleitenden Abschnitt 5.1 zu diesem Kapitel erwähnt habe, soll dieses deutlich machen.

Zur Erinnerung: Um den **Verkehrsfluss** zu verbessern und den Ausstoß an CO_2 abzusenken, hatte man beschlossen, die Geschwindigkeit für den Verkehr in der Nähe von Ballungszentren zu begrenzen. Diese Maßnahme hatte, wie man im Nachhinein feststellen musste, leider nicht die gewünschte Wirkung erzielt. Die Gründe dafür werden sichtbar, wenn man sich das Wirkgefüge ansieht, das mit den gerade erwähnten Beobachtungsgrößen zusammenhängt. Bild 35 zeigt die wesentlichen Wirkbeziehungen, die hier aus meiner Sicht zusammenspielen.

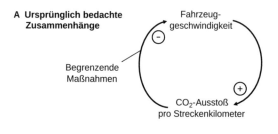

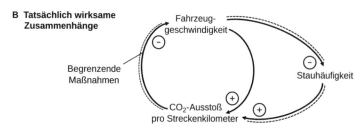

Bild 35 Maßnahme zur Reduktion der CO_2-Belastung um Ballungszentren und deren Auswirkung

Je schneller ein Auto fährt, desto größer ist sein Kraftstoffverbrauch und demzufolge auch sein CO_2-Ausstoß pro gefahrenem Kilometer. Daher erschien es den Verantwortlichen naheliegend, die durchschnittliche Fahrzeuggeschwindigkeit durch Einführung einer **Geschwindigkeitsbegrenzung** zu reduzieren. Dieses ist in Teil A der Abbildung dargestellt. Durch diese Maßnahme entsteht also eine balancierende Rückkopplungsschleife, durch die sich der CO_2-Ausstoß auf ein niedrigeres Level einpendelt.

Dabei hatte man jedoch einen wichtigen Teil der Realität übersehen. Bei geringerer Geschwindigkeit stellen sich üblicherweise bald engere Abstände zwischen den Fahrzeugen ein, wodurch mehr Staus entstehen. Dadurch werden deutlich mehr Brems- und Beschleunigungsmanöver

Komplexe Wirkzusammenhänge erfassen

erforderlich, was den CO_2-Ausstoß pro Straßenkilometer auf der anderen Seite wiederum erhöht.

Teil B der Abbildung gibt ergänzend auch diesen Teil der Wirklichkeit wieder. Durch diesen Anteil entsteht in dem insgesamt vorliegenden Wirkgefüge eine zusätzliche, verstärkende Rückkopplungsschleife (in der Abbildung durch gestrichelte Linien hervorgehoben). Sie ist verstärkend, weil sie zwei und damit eine gerade Anzahl negativer Polaritäten besitzt.

Derartige verstärkende Rückkopplungen können die balancierende Schleife dominieren und damit die Wirkung der ergriffenen Maßnahme aushebeln. Und genau dieses wurde im Laufe der Zeit beobachtet. Die ergriffene Maßnahme war daher langfristig keine Lösung. Sie hatte initial nicht bedachte, unerwünschte „Neben"-Wirkungen.

Nicht nur (Verkehrs-)Politiker, auch Manager in Wirtschaftsunternehmen sind gefordert, mögliche Rückkopplungsmechanismen und daraus resultierende Effekte bei ihren Entscheidungen mit zu bedenken. Wie in der Politik kann es auch hier zu Fehleinschätzungen der wirksamen Einflüsse kommen. Insbesondere dann, wenn Manager dazu neigen, ein Problem schnell „vom Tisch" zu bekommen, um zum nächsten Thema übergehen zu können.

Ein Beispiel dafür dürfte so manches Projekt liefern können, bei dem sich der Abschluss von Arbeitspaketen verzögert hat und damit die **Einhaltung des Zieltermins** gefährdet war. Eine klassische Reaktion vieler Manager auf dieses Problem ist, eine „Feuerwehraktion" zu starten und Personal aus anderen Bereichen für diese Arbeitspakete kurzfristig abzuziehen. Bild 36, Teil A, zeigt den Wirkmechanismus, von dem man bei einer solchen Reaktion ausgeht: Zusätzliches Personal steigert die **Produktivität**, das heißt die Anzahl der erledigten Aufgaben pro Tag. Damit vergrößert sich die Menge der insgesamt erledigten Aufgaben schneller und die voraussehbare Überschreitung des geplanten Zieltermins wird kleiner. Bei ausreichend bereitgestellter Ressource sollte sich auf diese Weise der Verzug wieder kompensieren lassen. Über die Personalaufstockung wird also ein balancierender Rückkopplungsmechanismus aufgebaut.

Dieses funktioniert durchaus, wenn im Rahmen des Arbeitspakets viele, jedoch einfache und damit leicht verteilbare routinemäßige Aufgaben zu erledigen sind. Im Rahmen der Entwicklung eines neuen Produkts führt diese Art von Managementmaßnahme jedoch oft zu genau dem Gegenteil – zu einer weiteren Verzögerung des Projekts.

Bild 36 B zeigt mit den Pfeilen auf der linken Seite den Grund dafür:

- Zusätzliches Personal bedeutet in der Regel, dass dieses erst eingearbeitet werden muss. Es kann also zunächst noch gar nicht im

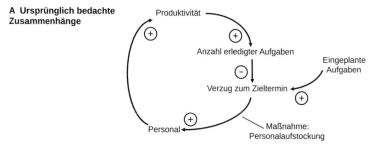

A Ursprünglich bedachte Zusammenhänge

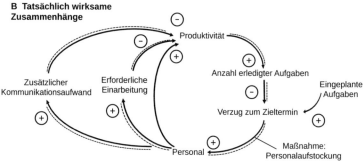

B Tatsächlich wirksame Zusammenhänge

Bild 36 Wirkzusammenhänge für das Brook'sche Gesetz

erhofften Maße produktiv sein. Und zusätzlich verringert es die Produktivität der erfahrenen Mitarbeiter, da diese die „Neuen" erst einarbeiten müssen und damit für die eigentliche Entwicklungsarbeit nicht mehr so viel Zeit haben.

- Weiterhin bedeutet ein vergrößertes Team einen überproportional ansteigenden Aufwand für gegenseitige Abstimmungen, Informationsaustausch und sonstige Kommunikation. Das ist ein weiterer Effekt, der die Produktivität mindert.

Durch diese zusätzlichen Wirkketten entstehen zwei sich verstärkende Rückkopplungsschleifen mit dem negativen Effekt, dass die Produktivität insgesamt verschlechtert wird. In der Abbildung sind diese negativ wirkenden Rückkopplungsschleifen zur Verdeutlichung durch gestrichelte Linien herausgehoben.

Für die Entwicklung von Software hat die Praxis vielfach gezeigt, dass dieser Negativeffekt auch tatsächlich so eintritt. Der Informatiker F. P. Brooks hatte es vor vielen Jahren so formuliert: [19] „Der Einsatz zusätzlicher Arbeitskräfte bei bereits verzögerten Softwareprojekten verzögert sie nur noch weiter." Daher ist dieser Effekt auch unter dem Namen *Brook'sches Gesetz* in die einschlägige Literatur eingegangen.

≡ **Bei Wirkzusammenhängen zu bedenken:**
Der „weiche" Faktor Mensch

Dass in den beiden zuletzt genannten Beispielen des vorherigen Text-
abschnitts Rückkopplungen auftauchen und damit die Zusammenhänge
komplexer werden lassen, ist eigentlich kein Wunder. Denn bei beiden
dargestellten Wirkzusammenhängen ist der Mensch als Akteur beteiligt.

Bei Systemen, in denen der Mensch mitwirkt, sind Rückkopplungen fast
immer zu erwarten, denn:

- Jeder Handelnde nimmt mit seinen Entscheidungen und Handlungen Bezug auf sein Umfeld und beeinflusst mit seinen Aktionen auch
  wiederum dieses Umfeld. Dieses wirkt dann wieder auf ihn zurück
  und beeinflusst mit den bis dahin erzielten Wirkungen die nächsten
  Entscheidungen und Maßnahmen des Handelnden, und so fort.

Bei den Beispielen in Bild 35 und Bild 36 wurde die Mitwirkung des Menschen nicht explizit dargestellt, sondern durch das Stichwort „Maßnahme" lediglich angedeutet. Es gibt aber auch Wirkgefüge, bei denen der
Mensch als Akteur in diesem Gefüge explizit miterfasst werden muss, da
sonst die Wirkzusammenhänge nicht verständlich wären.

Denken Sie dazu an ein Unternehmen, das feststellen muss, dass seine
Leistung (im Unternehmensjargon **„Performance"** genannt) noch zu
weit von den angestrebten Zielvorgaben entfernt ist. Eine solche Situation
wird das Management unter Druck setzen, zu handeln. Eine naheliegende
Maßnahme ist dann, mithilfe zusätzlicher **Belohnungsanreize** die Mitarbeiter zu motivieren, ihre Leistung zu erhöhen. Die Erwartung ist, dass
dadurch die Performance des Bereichs verbessert wird, in dem der jeweilige Mitarbeiter tätig ist, und damit auch die Gesamtperformance des
Unternehmens steigt. Das ist in Bild 37 mit der balancierenden Rückkopplungsschleife „Unternehmensperformance -> Performanceunterschied
Soll-Ist -> Druck, zu handeln -> Belohnung -> Leistungsanreiz: Eigenver-
antwortete Aufgaben -> Performance: Eigener Bereich -> Unternehmensperformance" dargestellt.

Das Problem dabei ist: Mitarbeiter werden dann oft nur ihren eigenen Ver-
antwortungsbereich im Auge haben, um hier ein Optimum herauszuho-
len. Denn daran werden sie gemessen und belohnt. Dadurch verringert
sich oft die Einsatzbereitschaft bei der Mitwirkung an Aufgaben anderer
Bereiche. Kooperationen und das Engagement für übergreifende Teamar-
beit werden dadurch leiden und damit die Performance für übergreifende
Aufgaben verringern. Dieses ist auf der rechten Seite des Bildes durch die
Wirkungspfeile „Belohnung -> Leistungsanreiz: Mitwirkung in anderen
Bereichen -> Performance: Übergreifende Aufgaben/Teamarbeit -> Unternehmensperformance" dargestellt.

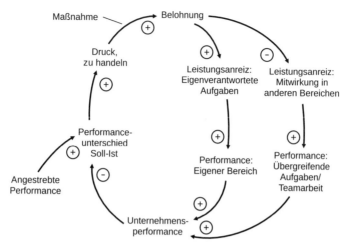

Bild 37 Wirkzusammenhänge bei Einführung eines Belohnungssystems zur Verbesserung der Unternehmensperformance

Zum Verständnis der hier eingezeichneten Polaritäten und deren Auswirkung sei nochmals an deren Definition in Abschnitt 5.2 erinnert: Das (+) bedeutet eine *gleichgerichtete* Veränderung: Nimmt die ursächliche Größe ab (zu), so wird auch deren Wirkung geringer (größer). Nimmt daher der Leistungsanreiz zur Mitwirkung in anderen Bereichen ab, so wird auch die Performance bei den übergreifenden Aufgaben kleiner und damit deren Beitrag zur Unternehmensperformance insgesamt geringer – im Vergleich zu einer Situation, in welcher der negative Einfluss auf die Mitwirkung in anderen Bereichen nicht vorhanden wäre. In Summe entsteht so ein verstärkender Rückkopplungskreis (der äußere Kreis in der Abbildung), der sich der balancierenden Schleife überlagert und diese daran hindert, den angestrebten Soll-Wert für die Unternehmensperformance insgesamt zu erreichen. Belohnungsanreize sind also nicht immer ein Allheilmittel.

In diesem Beispiel wird der Mensch als Akteur im Wirkgefüge durch Merkmale wie „Druck, zu handeln" oder „Leistungsanreiz" explizit mit berücksichtigt. *In Wirkgefügen können also auch „weiche" Faktoren wie Empfindungen, subjektive Wahrnehmungen oder individuelle Bewertungen und Motivationen erfasst werden. Mehr noch: Man kommt oft gar nicht darum herum, diese „weichen" Faktoren zu berücksichtigen, wenn man die Phänomene des Gesamtsystems verstehen und korrekt erfassen will, denn sie beeinflussen die Handlungen eines Menschen maßgeblich und wirken damit auf das Umfeld zurück, in das er eingebunden ist.*

Komplexe Wirkzusammenhänge erfassen

☰ Fundamentale Muster: In allen Systemen gibt es ähnliche Strukturen

Die Struktur des Wirkgefüges in Bild 34, die das begrenzte Wachstum der Verkaufszahlen eines Produkts erklärt, lässt sich verallgemeinern und auf andere Wachstumsprozesse übertragen. Bild 38 zeigt deren allgemeine Struktur.

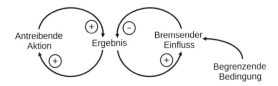

Bild 38 Generisches Muster für die „Grenzen des Wachstums"

Auf der linken Seite steht der verstärkende Kreislauf mit der antreibenden Aktion, die zum Anwachsen der jeweiligen Ergebnisgröße führt. Auf der rechten Seite steht der balancierende Kreislauf, der das Wachstum schließlich abbremst. Natürliche Wachstumsprozesse sind immer dadurch begrenzt, dass sie bestimmte Ressourcen nutzen, die nur begrenzt zur Verfügung stehen:

- Das Wachstum der **Verkaufszahlen** für ein Produkt wird durch den verfügbaren Markt begrenzt.

- Das Wachstum einer **Tierpopulation** wird durch den verfügbaren Lebensraum begrenzt.

- Dem **Lernzuwachs** eines Schülers werden bei Fördermaßnahmen durch seine Aufnahme- und Verarbeitungskapazität Grenzen gesetzt.

Daher hat das Wirkgefüge-Muster, wie es in Bild 38 dargestellt ist, in der deutschsprachigen Literatur den Namen G*renzen des Wachstums* (*Limits to Growth*) bekommen.

Auch der in Bild 35 B und in Bild 37 dargestellte Wirkmechanismus findet sich in ähnlicher Weise in anderen Zusammenhängen wieder. Das hier wirksame, entscheidende Grundmuster ist in Bild 39 in verallgemeinerter Form wiedergegeben und trägt wegen des dort zu beobachtenden Phänomens den Namen *Scheiternde Korrekturen* (*Fixes that fail*).

Typisch für diesen Typ eines Wirkgefüges ist der Versuch, ein Problem durch eine „naheliegende" Lösung zu beseitigen (in der Abbildung durch die balancierende Schleife „Problem -> Problembehebung -> Problem" dargestellt), ohne dabei die weiteren Konsequenzen dieser „Lösung"

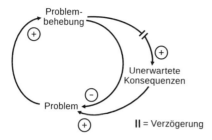

Bild 39 Generisches Muster für „Scheiternde Korrekturen"

bedacht zu haben. Diese treten oft zeitverzögert auf, werden deshalb zunächst gar nicht bemerkt, führen aber letztlich zu einem Scheitern der vermeintlichen Lösung. Schlimmer noch: Durch die ergriffene Maßnahme wird ein sich verstärkender Kreislauf in Gang gesetzt, der das Problem meistens sogar noch vergrößert. (Dieser Kreislauf ist in der Abbildung durch die Schleife „Problem -> Problembehebung -> Unerwartete Konsequenzen -> Problem" dargestellt). Die naheliegend erscheinende Lösung eines Problems sollte daher immer daraufhin gründlich abgeklopft werden, ob durch sie solche „Bumerang-Effekte" entstehen können.

Die dargestellten Muster „Grenzen des Wachstums" und „Scheiternde Korrekturen" sind nicht die einzigen grundlegenden Muster, die in komplexen Systemen auftauchen können und in charakteristischer Weise deren Verhalten mitbestimmen. Es gibt noch eine Reihe weiterer grundlegender Wirkgefüge mit charakteristischen Verhaltensmustern. Sie werden übergreifend als *Archetypen* bezeichnet.[20]

All diesen grundlegenden Mustern gemeinsam ist, dass sie aus einer Kombination von verstärkenden und/oder balancierenden elementaren Rückkopplungsschleifen bestehen. Je nach Art dieser Kombination entstehen dabei ganz unterschiedliche Phänomene und Verhaltensweisen für das gesamte Wirkungsgefüge. In diesen Mustern drückt sich damit genau das aus, was als ein wesentliches Charakteristikum für Systeme angesehen wird:

- Das Ganze ist mehr als die Summe der Teile: Durch die Kombination von verstärkenden und/oder balancierenden Rückkopplungsschleifen entstehen neue Phänomene, die den einzelnen elementaren Schleifen als Bausteine des Ganzen nicht „anzusehen" sind.

Die Archetypen machen auf typische Erscheinungen aufmerksam, die durch *Rückkopplungen*, also durch zyklische und damit nichtlineare Zusammenhänge entstehen. An solche Dinge zu denken sind wir in der Regel nicht gewohnt. Denn unsere Aktivitäten im Alltag zielen meistens direkt auf eine unmittelbar absehbare Wirkung, auf die dann eine nächste

Komplexe Wirkzusammenhänge erfassen

Aktivität folgt und so fort. *Unsere Alltagshandlungen bauen sich also typischerweise aus einer sukzessiven Verkettung einfacher Ursache-Wirkungs-Zusammenhänge auf und stellen damit lineare Abläufe dar. Dementsprechend ist auch unser Alltagsdenken durch diese Linearität stark geprägt, und die Auswirkungen nichtlinearer Zusammenhänge geraten für uns nicht so ohne weiteres in den Blick.* Wir denken daher oft nicht daran, dass

- eine Wirkung sich manchmal erst zeitverzögert bemerkbar macht
- Ursache und beobachtete Wirkung auch räumlich weit auseinander liegen können
- eine Ursache auch „Neben"-Wirkungen haben kann
- es „versteckte" Rückkopplungen mit gegebenenfalls negativen „Bumerang"-Effekten geben kann
- Aktionen zur Lösung eines Problems oft neue Probleme an anderer Stelle schaffen
- kleine Eingriffe mitunter große, vielleicht nicht vorhergesehene Auswirkungen haben können
- die internen systemischen Mechanismen die Möglichkeiten zur gezielten Steuerung des Systems begrenzen
- die Betrachtung von Teilaspekten meistens nicht zum Ziel führt.

Die Kenntnis von Archetypen und das Wissen um die genannten nichtlinearen Effekte sind eine wertvolle Hilfe, um mögliche Problemkonstellationen in komplexen Systemen zu erkennen und die Fallstricke zu vermeiden, in die uns unser spontanes lineares Denken und Handeln führen kann.

≡ Hochkomplexe Wirkgefüge: Kaum zu verstehen, kaum zu beschreiben

Die archetypischen Grundmuster sind in ihrem Aufbau und ihrem Verhalten komplexer als lineare Kausalketten, sind aber immer noch relativ einfach im Vergleich zu den Wirkzusammenhängen, die einem bei Problemstellungen in realen Systemen begegnen können. Ebenso wie die linearen Ursache-Wirkungs-Ketten stellen auch die Archetypen nur einen Ausschnitt aus der komplexen Wirklichkeit dar.

Will man diese Wirklichkeit einigermaßen adäquat in ihren verschiedenen Facetten erfassen, entstehen hochkomplexe Wirkgefüge, bei denen meistens eine Vielzahl von Rückkopplungen im Spiel ist. Bild 40 zeigt dazu ein Beispiel aus einem englischsprachigen Fachartikel, in dem es um die Zusammenhänge zwischen **Klima und Gesundheit im städtischen Umfeld** geht.[21]

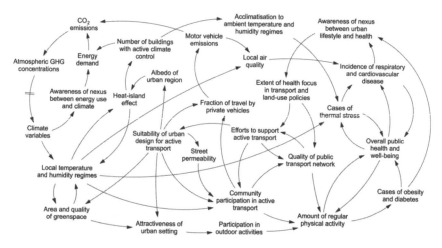

Bild 40 Darstellung des Zusammenhangs zwischen Klima und Gesundheit im städtischen Umfeld (Ausschnitt)

Solche komplexen Strukturen sind für einen Betrachter kaum noch zu durchschauen, geschweige denn Außenstehenden vermittelbar. Man mag darin vielleicht noch einige archetypischen Grundmuster entdecken können, doch deren Verhalten ist dann längst nicht mehr charakteristisch für das Verhalten des Systems insgesamt.

Eine Analyse derartig komplexer Zusammenhänge erfordert weitergehende Hilfsmittel. In der Tat hat sich deshalb die Disziplin der *Systemdynamik* entwickelt. Dieser Wissenschaftszweig setzt auf die Wirkgefüge, wie sie hier in Form der sogenannten *Wirkungsgraphen* dargestellt worden sind, auf und ergänzt diese Graphen durch weitere Modellierungselemente. Zudem werden auch quantitative Maße für die dargestellten Größen eingeführt. Auf dieser Basis sind dann mathematische Modellrechnungen möglich, aus denen sich quantitative Aussagen zur Dynamik der dargestellten Größen und damit zum Verhalten des Gesamtsystems ableiten lassen.[22] Das Verhalten des Systems wird auf diese Weise – im wahrsten Sinne des Wortes – berechenbar.

Aber natürlich kann die Güte der Aussagen zum Systemverhalten nicht besser sein als die Güte der Wirkungsgraphen, auf die sich die systemdynamischen Rechnungen stützen. Deren Güte hat jedoch ihre rein „menschlichen" Grenzen, denn unsere Fähigkeit zur Erfassung komplexer realer Zusammenhänge ist beschränkt.

Insbesondere sollte man systemdynamische Aussagen zum *langfristigen* Verhalten eines Systems immer mit großer Vorsicht genießen. Die Studien

Komplexe Wirkzusammenhänge erfassen

des sogenannten *Club of Rome* Anfang der siebziger Jahre des letzten Jahrhunderts sind dafür ein Beispiel.

Als zum damaligen Zeitpunkt intensive energiepolitische und ökologische Debatten die öffentliche Diskussion prägten, wurden durch den *Club of Rome* intensive Studien betrieben, um die Wirkzusammenhänge zu erfassen, welche die Ressourcen unserer Erde nutzen.

Unter dem Titel *Die Grenzen des Wachstums* veröffentlichten die beteiligten Wissenschaftler schließlich ihre Ergebnisse und prognostizierten dabei ein recht düsteres Bild für die Zukunft.[23] Die Autoren sahen damals aufgrund der Begrenztheit der **natürlichen Ressourcen** voraus, dass die Vorräte für Rohstoffe wie Öl und Erdgas, Quecksilber, Silber oder Zink bis 2013 verbraucht sein würden. Sie prognostizierten eine zunehmende Lebensmittelverknappung und einen Anstieg der Unterernährung in der Welt.

Wir wissen heute: Nichts davon ist eingetreten. Denn dank menschlicher Kreativität hat man neue Rohstoffvorräte erschlossen, Recyclingtechniken oder anderweitige Alternativen entwickelt, um den Rohstoffverbrauch reduzieren zu können. Und die Unterernährung sank seitdem sogar deutlich.[24] Dem euphorischen Glauben an die Aussagekraft systemdynamischer Modellrechnungen, wie ihn die Vertreter dieser Disziplin bis heute verkünden, darf man daher durchaus skeptisch gegenübertreten. Die damaligen Fehlprognosen zeigen dieses drastisch auf. Um 30 bis 40 Jahre vorausschauen zu können, hätte man Entwicklungen in den systemdynamischen Modellen bedenken müssen, die damals überhaupt noch nicht vorstellbar waren. Dieses zeigt: Das Erfassen von Wirkzusammenhängen hat seine Grenzen.

Dennoch war die Veröffentlichung des *Club of Rome* nicht umsonst. Sie hat die Grenzen des linearen Denkens deutlich aufgezeigt und sensibel gemacht für die bis dahin kaum beachteten systemischen Zusammenhänge. Darin liegt der Verdienst der damaligen „Welt"-Modelle: Sie trugen zum Verständnis unserer komplex vernetzten Welt bei und machten auf systemische Phänomene aufmerksam, die ohne sie wahrscheinlich noch viel länger im Verborgenen geblieben wären.

Die von diesen Modellen entworfenen Zukunftsszenarien waren – so scheint mir – ein wichtiger Impulsgeber, um die Menschheit wachzurütteln und gegensteuernde Maßnahmen auf den Weg zu bringen. Heutzutage sind es die **Klimamodellrechnungen**, die uns in ähnlicher Weise extreme Auswirkungen prognostizieren. Vielleicht wäre es hilfreich, wenn auch diese Prognosen noch bedrohlicher ausfallen würden, damit man zu dieser Problematik nicht nur Absichtserklärungen verfasst, sondern weltweit beginnt, Maßnahmen zu ergreifen und zu handeln.

≡ **Manchmal simpel, manchmal unendlich diffizil:
Völlig „unberechenbare" Systeme**

Nicht nur die Komplexität der Realität setzt uns Grenzen bei der Erfassung von Wirkzusammenhängen. Darüber hinaus kann es auch die *spezifische Art* des betrachteten Systems selbst sein, durch die eine systemdynamische Beschreibung des Systemverhaltens nur noch sehr eingeschränkt möglich ist.

Es gibt nämlich Systeme, deren Strukturen unter bestimmten Umständen zu einem Verhalten führen, das grundsätzlich und aus *systemimmanenten* Gründen nicht vorhergesehen werden kann.

Bild 41 zeigt dafür drei einfache Beispiele:

- Teil A zeigt einen Ball, den man auf einer Erhebung platziert hat. Doch diese **Lage** ist instabil. Die kleinste zufällige Störung führt zu einem Abrollen des Balls zu der einen oder anderen Seite. Aber wir können nicht sicher vorhersagen, zu welcher Seite er rollen wird, denn diese Störung ist für uns nicht vorhersehbar und damit auch nicht kalkulierbar.

- Teil B zeigt ein Beispiel aus dem Alltag eines Autofahrers. In diesem Fall hat das **Navigationsgerät** des Autos zwei alternative, völlig gleichberechtigte Routen zur Erreichung des Zielorts ausgewiesen. Dann wird man als Außenstehender nicht vorhersagen können, welche Route das Auto dann nehmen wird, denn die zufällig getroffene Entscheidung des Fahrers wird hier den weiteren Fahrtverlauf bestimmen.

- Teil C zeigt ebenfalls ein Beispiel, bei dem der Mensch involviert ist. Hier geht es um die Identifikation des in der Abbildung dargestellten Objekts. Es ist eines der wohlbekannten **Kippbilder**, bei dem man entweder zwei Gesichter oder aber eine Vase erkennt. Was davon ein Betrachter wahrnimmt, ist jedoch nicht einfach vorhersehbar. Hier spielen persönliche Stimmungen, zufällige Fokussierungen und ähnliches eine Rolle.

Der Ball, das Fahrzeug mit dem Fahrer und die wahrnehmende Person sind Beispiele für Systeme, die eine weitere Facette der Realität deutlich machen: Ein System kann im Laufe seiner Dynamik an einen Punkt geraten, wo ihm zwei oder möglicherweise sogar mehrere Wege für die weitere Entwicklung offenstehen. Es steht – bildlich gesprochen – vor einer Verzweigung, auch *Bifurkation* genannt, bei welcher der weitere Verlauf nicht mehr sicher vorhergesagt werden kann. Nur die Verlaufs*möglichkeiten* lassen sich vielleicht noch eingrenzen.

Komplexe Wirkzusammenhänge erfassen

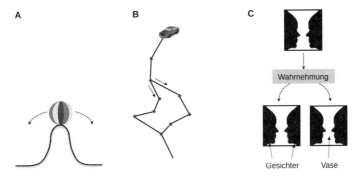

Bild 41 Beispiele, bei denen das Verhalten eines Systems Verzweigungen besitzt und dadurch nicht vorhergesehen werden kann.

Solche Systeme, die durch Bifurkationen oder andere Mechanismen mehrere Verhaltensmöglichkeiten haben und damit nicht mehr genau „berechenbar" sind, gibt es um uns herum mehr, als man vielleicht zunächst vermutet. Bei ihnen bestimmen zufällige kleinste Einflüsse, welche dieser Möglichkeiten dann eintritt. Der aufsteigende Rauch einer **Zigarette** liefert dafür ein direkt sichtbares Beispiel. Der Rauch steigt zunächst wie in einem dünnen „Schlauch" nach oben, verwirbelt aber sehr bald. Dann ist der weitere Verlauf eines einzelnen Rauchpartikels nicht mehr einfach vorhersagbar. Der weitere Weg dieses Partikels hängt von kleinsten, zufälligen Störungen ab. Sie haben Einfluss darauf, welchem der möglichen Pfade dieses Partikel dann folgt. Die aufsteigende Strömung erscheint daher ab der Verwirbelungen für uns als Betrachter chaotisch.

Den **Luftströmungen** in der Atmosphäre geht es grundsätzlich nicht anders. Auch hier beeinflussen kleinste Störungen und Veränderungen das Strömungsverhalten. Das macht **Wettervorhersagen** über mehrere Tage so unsicher und langfristige Vorhersagen sogar ganz unmöglich – manchmal sind selbst regionale Vorhersagen über Stunden oder Tage extrem schwierig.

Unvorhersehbares Verhalten gibt es auch in **sozialen Systemen**, also in Systemen, die durch das Zusammenwirken von Menschen zustande kommen. Das Verhalten dieser Systeme hängt wesentlich vom Mensch als Akteur in diesem System ab. Ihm stehen meistens nicht nur ein oder zwei, sondern oft auch mehrere Handlungsoptionen offen. Die Beispiele B und C in Bild 41 weisen implizit auf solche menschlichen Handlungsoptionen hin.

Natürlich werden Menschen sich sehr oft sozial angepasst und damit genau so verhalten, wie man es in der jeweiligen Situation erwartet. Sie sind in solchen Fällen dann durchaus in gewisser Weise „berechenbar". Doch eine soziale Situation kann sich mitunter auch mal ganz anders und unvorhersehbar entwickeln. Weil Menschen einen eigenen Willen haben, individuelle Entscheidungen treffen und daher auch eigenwillig agieren und reagieren können. Insbesondere sind sie aufgrund ihrer Lernerfahrungen zu immer neuen und anderen Reaktionen fähig. Und indem sie sich untereinander austauschen oder beeinflussen, kann sich dieses dann auch auf höherer Ebene, auf Ebene des Systems insgesamt, ausdrücken. Man denke dazu nur an spontan sich entwickelnde politische Proteste oder an plötzlich eskalierende Krawalle im Fußballstadion. Auch für soziale Systeme gibt es also Verzweigungspunkte, an denen sich das Systemverhalten unvorhersehbar ändern kann.

Um ein Fazit zu ziehen: Man sollte von einer Darstellung von Wirkgefügen und ihrer mathematischen Modellierung nicht erwarten, dass damit alle Problemsituationen adäquat erfasst, analysiert und bewertet werden können. Doch man sollte den Nutzen dieser Darstellungen erkennen. Sie sind ein Werkzeug, um für systemische Fragestellungen zu sensibilisieren und entsprechende nichtlineare Mechanismen aufzuspüren. Sie bieten das Potenzial, um über den Tellerrand des vertrauten, fest verankerten linearen Denkens schauen zu können.

Leider wird in Unternehmen den nichtlinearen Zusammenhängen noch recht wenig Beachtung geschenkt. Diesbezügliche Werkzeuge sind dort kaum in Gebrauch. Ich denke, man sollte auch in diesem Bereich deren Potenziale nutzen.

5.5 Unterstützende Tools aus der Unternehmenswelt

Die Frage nach kausalen Zusammenhängen stellt sich in Unternehmen sowohl im Rahmen der Ergründung von Ursachen, als auch bei der Abschätzung von Wirkungen. Die *Ursachenanalyse* ist zum Beispiel gefragt, wenn die Auslöser von vorhandenen Problemen, von Fehlern in Produkten oder Prozessen und dergleichen gefunden werden müssen. Die *Wirkungsanalyse* findet ihre Anwendung, wenn beispielsweise die Wirksamkeit einer korrigierenden Maßnahme geprüft werden soll oder die Auswirkungen von Entscheidungen abgeschätzt werden sollen.

Zur Unterstützung solcher Analysen gibt es verschiedene Tools. Beispiele dafür sind (in alphabetischer Reihenfolge):

- 5-Why-Methode
- Balanced Scorecard
- Fischgrätendiagramm
- Gegenwartsbaum

- Pareto-Analyse
- Wirkungsgraph.

Ob und welche davon genutzt werden, hängt stark vom spezifischen Unternehmensbereich ab.

Die meisten dieser Werkzeuge wurden bereits in den vorherigen Abschnitten angesprochen, sind hier jedoch noch einmal aufgelistet, um eine zusammenfassende Übersicht zu geben. Sie soll darauf aufmerksam machen, dass die spezifischen Problemstellungen und Fallstricke bei der Erarbeitung von Wirkzusammenhängen ein Thema für Sie sind, wenn Sie eines der hier genannten oder damit verwandte Werkzeuge einsetzen oder wenn Sie deren Ergebnisse nutzen.

Eine genauere Beschreibung der Werkzeuge und Hinweise darauf, welche Stolpersteine lauern, wenn sie diese Werkzeuge bei der Erarbeitung von Wirkzusammenhängen einsetzen, finden Sie in Kapitel 8.

5.6 Zusammenhänge erkennen – Das Wichtigste in Kürze

Aus der Kenntnis ursächlicher Zusammenhänge lassen sich Regeln und Gesetzmäßigkeiten ableiten, die sich oft als Aussagen der Form „wenn ..., dann ..." oder „je ..., desto ..." formulieren lassen. Bei der Erkundung dieser Thematik wurde deutlich:

- Ob hinter einer beobachteten Gesetzmäßigkeit wirklich ein Ursache-Wirkungs-Zusammenhang steht, kann erst durch genaue systematische Analysen und Experimente geklärt werden. **(Erforderlich zum Beispiel bei der Beobachtung, dass ein Aufwachsen auf dem Lande mit einem höheren Allergieschutz in späteren Lebensjahren einhergeht.)**

- Das Analysieren von Wirkzusammenhängen hängt immer mit einer bestimmten Zielsetzung oder Fragestellung zusammen. Diese definiert den Betrachtungshorizont, innerhalb dessen man nach solchen Zusammenhängen sucht. Das, was innerhalb dieses Horizonts liegt, ist der Betrachtungsgegenstand der Analyse. Er hat eine klar definierte Grenze und aus Sicht seiner Außenwelt immer eine bestimmte Funktion und kann insofern als ein System angesehen werden. **(Beispiel Autobahnbau: Betrachtet man diesen aus wirtschaftlicher Sicht, so bewegt man sich in einem anderen Betrachtungshorizont, als wenn man ein solches Vorhaben aus ökologischer Perspektive analysiert und bewertet.)**

- Diese Grenzziehung ist ein gedankliches Konstrukt des Betrachters und damit eine mögliche Quelle systematischer Fehler, denn problemrelevante Dinge könnten dabei übersehen oder fälschlicherweise ausgeblendet werden. **(Beispiel Autobahnbau: Eine Kosten-Nutzen-Analyse dazu erscheint recht fragwürdig, wenn man dabei nur die wirtschaftlichen und soziogeografischen Zusammenhänge betrachtet und dabei zum Beispiel die ökologischen Auswirkungen ausblendet.)**

- Insbesondere bei der gezielten Frage nach kausalen Zusammenhängen wird die komplexe Realität auf enge Ausschnitte reduziert. Fragt man nach den Ursachen eines Phänomens, so betrachtet man einen anderen Ausschnitt als bei der Frage nach den Auswirkungen. **(Beispiel: Bienensterben in Europa. Fragt man nach dessen Ursache, so kommen dabei – unter anderem – die industrielle Landwirtschaft und die Varroa-Milbe in den Blick. Fragt man umgekehrt nach den Auswirkungen der industriellen Landwirtschaft, so wird man nicht nur auf das Bienensterben gestoßen, sondern auch auf die Nährstoffausbeutung des Bodens, auf die Reduktion der Sortenvielfalt für Verbraucher und anderes mehr.)**

- Bei der Suche nach den Ursachen für einen Sachverhalt hat es sich bewährt, zunächst alle denkbaren Einflüsse in der Breite zu erfassen und dann jeweils in die Tiefe zu gehen, um zum ursächlichen Kern des beobachteten Sachverhalts vorzustoßen. **(Beispiel: Funktioniert eine Lampe nicht mehr, wird man sich dafür alle stromführenden Teile ansehen, um den Defekt einzugrenzen – also in der Breite suchen. Dann schaut man bei dem identifizierten defekten Teil genauer nach, geht bei diesem also in die Tiefe.)**

- Einige Systeme verhalten sich so, dass bei Vorliegen bestimmter ursächlicher Einflüsse auch immer bestimmte, eindeutige Wirkungen erzeugt werden. Das gilt insbesondere bei technischen Systemen **(Beispiele: Fahrkartenautomat, Kaffeemaschine).**

- Systeme, bei denen der Mensch mitwirkt, entziehen sich oft dieser Vorhersehbarkeit. Denn bei diesen Systemen sind die Wirkungen wesentlich von der spezifischen Disposition und Erfahrung der dabei beteiligten Individuen abhängig, und diese verändern sich im Laufe der Zeit. **(Beispiel: Verhalten im Verkehr. Bei einer roten Fußgängerampel warten typischerweise die Fußgänger. Bei sehr wenig Verkehr wird der eine oder andere aber auch bei „Rot" die Straße überqueren und dabei mitunter einen „Herdentrieb" auslösen.)**

- Bei einem Wirkgefüge, das sich aus zyklischen Strukturen aufbaut und damit durch Nichtlinearitäten geprägt ist, ist eine Unterscheidung von Systemelementen nach Ursache und Wirkung nicht mehr möglich. Eine solche Unterscheidungsmöglichkeit ist nur bei linear strukturierten Wirkketten gegeben. **(Ein defektes Bauteil in einem Drucker kann als Ursache für dessen Fehlfunktion angesehen werden, da hier lineare Wirkzusammenhänge bestehen. Zwischen angelegtem Kapital und dessen Zinsertrag besteht dagegen ein zyklischer Zusammenhang: Die beiden Größen beeinflussen sich wechselseitig.)**

- Zyklische Strukturen gibt es insbesondere in Systemen, in denen der Mensch mitwirkt. Denn jeder Handelnde wirkt auf sein Umfeld ein und wird umgekehrt von diesem bei seinen Entscheidungen und Handlungen beeinflusst. **(Beispiel: Vermarktung eines neuen Produkts. Werbung zum Produkt beeinflusst die Menschen und veranlasst zum Kauf. Erhöhte Verkaufszahlen steigern den Unternehmensumsatz und motivieren wiederum zu weiteren Marketingmaßnahmen.)**

- Es gibt zwei Grundtypen von Rückkopplungsschleifen: die balancierende **(Beispiel: Die Lautstärkeregelung bei einem Radio oder Verstärker)** und die verstärkende Rückkopplung **(Beispiel: Der sukzessiv wachsende Kapitalbestand durch Zinserträge)**.

- Viele Systemphänomene lassen sich durch die Kombination von verstärkenden und balancierenden Rückkopplungsschleifen erklären. Dabei können typische Grundmuster (Archetypen) mit jeweils spezifischem Verhalten identifiziert werden. Sie machen deutlich, dass das Ganze (Kombination von Rückkopplungsschleifen) mehr ist als die Summe ihrer Teile (die einzelne Rückkopplungsschleife). **(Beispiel: Vermarktung eines neuen Produkts. Werbung, Anzahl gewonnener Kunden, daraus resultierender Umsatz und Gewinn bilden eine sich verstärkende Rückkopplungsschleife. Die Begrenzung des Marktes setzt dieser eine balancierende Rückkopplungsschleife entgegen, wodurch insgesamt das Wachstum des Verkaufszahlen begrenzt wird.)**

- Bei der gedanklichen Erfassung komplexer realer Systeme sind uns menschliche Grenzen gesetzt. Deshalb muss man bei deren Beschreibung und Analyse immer mit möglichen Fehlern rechnen. **(Beispiel: Analyse von Szenarien, die viele Jahre in die Zukunft reichen.)**

Bei der Festlegung des Betrachtungshorizonts, innerhalb dessen Wirkzusammenhänge zu analysieren sind, und der Entscheidung, welche Parameter innerhalb dieses Horizonts dann betrachtet werden, spielen subjektive Festlegungen eine große Rolle. Diese sollten genau beleuchtet und aufmerksam geprüft werden, da das Identifizieren von Wirkzusammenhängen, deren Analyse und Bewertung entscheidend davon abhängen.

6 Was unseren grundlegenden Denkschritten Grenzen setzt

6.1 Von Denkschritten zu gedanklichen Modellen

Man könnte meinen: Wenn man die grundlegenden Denkschritte sorgfältig und konsequent umsetzt, dann sollte man immer zu solide begründbaren, objektiv nachvollziehbaren Aussagen kommen, so dass die jeweils vorliegende Fragestellung zufriedenstellend und der Sachlage angemessen beantwortet werden kann. Aber leider ist das leichter gesagt als getan.

Auf entscheidende Hürden habe ich bereits in den vorhergehenden Kapiteln immer wieder hingewiesen: Man muss bei diesen Denkschritten immer bestimmte subjektive Annahmen und Festlegungen treffen. Sie sind ein essenzieller Bestandteil der grundlegenden Denkschritte. *Daher ist grundsätzlich zu prüfen, ob diese Annahmen und Festlegungen möglicherweise aus einer kurzsichtigen, einseitigen oder gar vorurteilsbeladenen subjektiven Perspektive erfolgt sind.*

≡ **Grundlegende Denkschritte: Führen zu verkürzten gedanklichen Repräsentationen**

Doch auch wenn diese Festlegungen auf einer von allen Beteiligten getragenen, „intersubjektiven" Sicht auf die Dinge basieren, ist dennoch nicht sicher, dass Fehler ausgeschlossen sind. Es kann trotzdem sein, dass die Ergebnisse der Denkschritte keine korrekte Antwort auf die aufgeworfenen Fragen liefern oder aber der Sachlage völlig unangemessen sind. Der Grund dafür: Wir haben keine absolute Sicherheit, dass die von uns getroffenen Annahmen und Festlegungen die Problemsituation angemessen und vollständig repräsentieren – mögen sie auch noch so objektiv gewählt worden sein. Diese Tatsache allein begrenzt bereits das Erklärungspotenzial der grundlegenden Denkschritte.

Um diese Unsicherheit und die daraus resultierende Grenzsetzung genauer zu verstehen, muss man sich klarzumachen, worauf die angesprochenen Annahmen und Festlegungen in ihrem Wesenskern zielen. Dazu nochmals ein kurzer Blick zurück auf die grundlegenden Denkschritte und ihre Annahmen und Festlegungen.

Die Ausführungen zum Klassifizieren haben gezeigt:

- Eine Klassifikation ist immer eng mit dem Zweck verknüpft, den der Betrachter damit verfolgt. Davon hängt es ab, welche Merkmale eines Objekts er ignoriert und welche er als bedeutsam ansieht, für die Klassifikation daher festlegt und nutzt, und wie fein er dabei die Merkmalsausprägungen abstuft (**Beispiel: Klassifikation von Autos als Pkw, Lkw,... oder spezifischer als Kleinwagen, Mittelklassewagen, ...**).

- Eine Klassifikation bildet mit den Merkmalen, nach denen man klassifiziert, nur einen Teil der Realität ab. Indem man gleichzeitig eine Reihe von Merkmalen ignoriert, werden diverse Objektdetails dabei ausgeblendet. Eine Klassifikation „verkürzt" insofern die Realität. (**Beispiel: Klassifikation von Autos. Die Klassifikation eines Autos als „Pkw" ignoriert diverse Details, die bei einer Einteilung nach „Limousine", „Kombi", „SUV" oder „Cabrio" zu betrachten wären.**)

Beim Ordnen von Objekten ist zu beachten:

- Beim Ordnen geht es oft um komplexe Objektmerkmale, in die mehrere Submerkmale einfließen. Dabei hängt es vom Betrachter und seinen Zielen ab, welche Submerkmale er hier beteiligt sieht und welches Gewicht er diesen beimisst. Dadurch kommen subjektive Präferenzen und Werteinstellungen ausdrücklich mit ins Spiel. Und diese spielen auch die entscheidende Rolle bei der Festlegung der Wertfunktionen, durch die eine Rangordnung für die betrachteten Objekte erst möglich wird. (**Beispiel: Kauf eines Produkts. Vergleich und Auswahl nach Merkmalen wie technische Ausstattung, Preis, Image, ...**)

- Mit der Wahl der Submerkmale, den ihnen zugeordneten Wertfunktionen und Gewichtungen bildet man auch hier nur einen Teil der Realität ab und lässt andere Dinge dieser Realität durch diese Präferenzen außen vor. (**Beispiel: Kauf eines Produkts, bei dem zum Beispiel dessen Umweltfreundlichkeit außen vor bleibt.**)

Bei der Erfassung von Wirkzusammenhängen und der darauf aufbauenden Analyse von Ursachen und Wirkungen sind subjektive Festlegungen ebenfalls in der Systematik verankert:

- Es ist ausdrücklich der Betrachtungshorizont zu definieren, innerhalb dessen man nach Zusammenhängen sucht. Und innerhalb dieses Horizonts sind die Parameter festzulegen, die man als relevant

Von Denkschritten zu gedanklichen Modellen

für die jeweilige Fragestellung ansieht, und davon die Parameter abzugrenzen, die man als unbedeutend dafür erachtet. (**Beispiel Feinstaubbelastung: Betrachtung der Einflussparameter aus dem Umfeld von Verkehr, Heizungsanlagen, Kraftwerken, Viehzucht, ...**)

- Abhängig vom jeweiligen Erkenntnisinteresse wird demzufolge auch bei diesem Denkschritt ein Teil der Realität durch Wirkketten als Beschreibung dieser Realität abgebildet und ein anderer Teil davon bewusst ausgeblendet, die Realität also verkürzt dargestellt. (**Beispiel Feinstaubbelastung: Ausblendung von zum Beispiel Holzöfen und Kaminen in Privathaushalten.**)

Dieses macht deutlich, dass den drei grundlegenden Denkschritten die folgenden Wesensmerkmale gemeinsam sind:

- Sie beziehen sich auf bestimmte Aspekte der Realität. Sie *bilden* diese Aspekte durch Konstrukte und Begriffe gedanklich *ab*.

- Andere Elemente der realen Welt werden dabei bewusst ausgeblendet oder *verkürzt* dargestellt.

- Was dabei als relevant betrachtet und daher berücksichtigt wird und was ausgeblendet oder verkürzt wird, hängt vom Erkenntnisinteresse ab, wird also von den *Zielen* und *Zwecken* bestimmt, die einen zum Nachdenken veranlasst haben.

Ergebnis der Denkschritte ist demzufolge ein gedankliches Konstrukt, das enge Parallelen zu dem Bild eines Malers aufweist: Es entsteht eine zweckorientierte, verkürzte gedankliche *Repräsentation* der Realität.

≡ Gedankliche Repräsentationen:
Sind Modelle und nicht mit der Realität zu verwechseln

Dass Modellautos oder Modellflugzeuge Modelle darstellen, ist trivial. Schon der Name sagt es. Aber auch die Zeichnung eines Architekten, die schematische Darstellung des S-Bahnnetzes einer Stadt oder ein Globus sind Modelle – auch wenn es mit dem Namen der Dinge nicht explizit zum Ausdruck gebracht wird.

Modelle werden erstellt, weil damit bestimmte Absichten oder Funktionen verknüpft sind. Sie können dazu dienen, etwas zu beschreiben oder zu erklären, wie es bei der grafischen Darstellung eines **Nahverkehrsnetzes** oder eines **physikalischen Stromkreises** der Fall ist. Sie können kausale Zusammenhänge aufzeigen und damit Vorhersagen treffen, wie es bei **Klimamodellen** oder bei **Wachstumsmodellen** in der Biologie und Wirtschaft der Fall ist. Sie können aber auch Festlegungen treffen und damit skizzieren, was später realisiert werden kann, wie bei dem **Architektur-entwurf** eines Hauses oder dem **Designmodell** eines Autos.

Modelle stellen ein Bild der Wirklichkeit dar, allerdings mit deutlich weniger Details und damit auch nicht so kompliziert wie diese Wirklichkeit. Das ist gewollt. Denn Modelle sind ein Hilfsmittel für unser Denken und daher eine bewusste Reduktion der Realität. Was dabei von dieser Realität betrachtet und was weggelassen wird, hängt von der jeweiligen Zielsetzung ab.

Im Grenzfall kann ein solches Modell die Realität soweit vereinfachen und reduzieren, dass es dabei Eigenschaften gewinnt, die nur noch rein gedanklich möglich sind. Trotz dieser „Künstlichkeit" kann es aber dennoch im höchsten Maße geeignet sein, bestimmte reale Phänomene zu beschreiben. Der **Massenpunkt** in der Physik ist ein Bespiel dafür: Viele Bewegungen lassen sich so beschreiben, als wäre die Masse des bewegten Körpers in einem Punkt (dem **Schwerpunkt**) konzentriert, was real natürlich nicht der Fall ist.

Modelle gibt es in den unterschiedlichsten Bereichen und in sehr vielfältigen Darstellungsformen und Ausgestaltungen. Doch bei aller Verschiedenheit im Detail haben sie einige grundsätzliche Dinge gemeinsam. Diese sind durch die folgenden Merkmale gegeben: [25]

- *Abbildungsmerkmal*: Ein Modell bezieht sich immer auf etwas in der Realität Gegebenes. Es repräsentiert gewisse Eigenschaften und Zusammenhänge dieses Gegebenen und stellt diese heraus. Ein Modell ist insofern eine spezifische Abbildung eines „Originals".

- *Verkürzungsmerkmal*: Ein Modell erfasst nicht alle Eigenschaften des „Originals", sondern lässt bestimmte Merkmale bewusst weg, blendet sie also aus. Zusätzlich wird bei dem, was im Modell von der Realität erfasst wird, durch Abstraktion und Aggregation von Details oft noch weiter vereinfacht.

- *Zweckmerkmal*: Ein Modell ist immer mit einer bestimmten Absicht oder Zielsetzung verbunden, es soll für einen bestimmten Zweck für eine bestimmte Zeit für jemanden von Nutzen sein.

Was sich im vorherigen Textabschnitt als Wesensmerkmale der grundlegenden Denkschritte herausgestellt hatte, sind genau diese drei Modellmerkmale. Diese Merkmale kennzeichnen demzufolge auch die gedanklichen Repräsentationen, die sich aus den grundlegenden Denkschritten ableiten. Insofern ist es gerechtfertigt, bei diesen Repräsentationen auch von *Modellen* zu sprechen oder genauer von *mentalen* Modellen.

6.2 Modelle haben ihre Grenzen

≡ **Einschränkende Rückkopplung: Unsere Denkschritte und mentalen Modelle**

Die reale Welt und das mentale Modell von ihr sind klar voneinander zu unterscheiden. Bild 42 stellt diesen Unterschied dar und macht nochmals schematisch den Übergang von der Realität zum mentalen Modell deutlich: Das in der Realität Wahrgenommene wird mithilfe der grundlegenden Denkschritte kognitiv verarbeitet, so dass ein inneres „Abbild", ein mentales Modell des jeweils Wahrgenommenen entsteht.[26]

Dabei ist zu bedenken, dass es keine reine, „unvoreingenommene" Wahrnehmung gibt. Sie ist durch das vorhandene *Vorverständnis* des Betrachters bereits spezifisch gefärbt und ausgerichtet. Dieses Vorverständnis ist durch die mentalen Modelle geprägt, die man bis dahin bereits erworben hat.

Wenn zum Beispiel **Sonnenlicht** durch ein Fenster scheint, sehen wir als Laien vielleicht nur den heller ausgeleuchteten Raumbereich. Ein Physiker „sieht" aber hier vielleicht auch schon Lichtstrahlen, die genau diesen Raumbereich eingrenzen, oder gar einen Strom von Photonen. Jede Erfahrung versuchen wir in die uns eigene Welt der bestehenden Vorstellungen und Gedanken einzuordnen. Diese prägen die „Brille", mit der wir die Wirklichkeit wahrnehmen. Erst wenn wir dabei in größere Widersprüche geraten, setzt ein Prozess ein, der zu einer Umstrukturierung und Anpassung unserer mentalen Modelle führt.

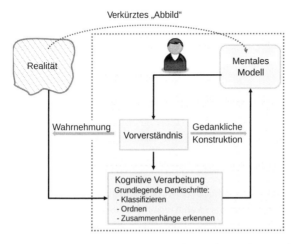

Bild 42 Zusammenhang zwischen Realität und mentalem Modell der Realität

Unsere bereits erworbenen mentalen Modelle und das daraus resultierende Vorverständnis stecken auch den Rahmen für die kognitive Verarbeitung des Wahrgenommenen ab. Die bisher erworbenen gedanklichen Konzepte steuern unsere Überlegungen zu den Annahmen und Festlegungen, die bei den grundlegenden Denkschritten im Rahmen dieser Verarbeitung erforderlich sind. Die Denkschritte bewegen sich damit innerhalb des Gedankengebäudes, das durch die schon vorhandenen mentalen Modelle errichtet worden ist.

Andererseits wirken die Ergebnisse dieser Denkschritte wieder auf unsere mentalen Modelle und damit auf dieses Gedankengebäude zurück. Es besteht also eine Rückkopplungsschleife: Die mentalen Modelle prägen die Denkschritte, und die Denkschritte prägen diese Modelle (siehe Bild 42).

Die Konsequenz aus dieser wechselseitigen Bedingtheit ist: *Die Leistungsfähigkeit unserer grundlegenden Denkschritte wird geprägt von der Leistungsfähigkeit unserer mentalen Modelle. Die Leistungsfähigkeit von Modellen ist jedoch grundsätzlich begrenzt.*

☰ Der Makel beim Schlüsse ziehen: Sie sind nur so exakt wie das Modell

Dass die Leistungsfähigkeit von Modellen begrenzt ist, darauf hatte ich bereits in Abschnitt 5.4 im Zusammenhang mit den **Weltmodellen** des *Club of Rome* hingewiesen. Diese Begrenztheit zeigt sich jedoch nicht nur speziell bei diesen Modellen, sondern ist grundsätzlich bei allen Modellen vorhanden.

Modelle stellen ein zweckspezifisches, verkürztes Abbild der Wirklichkeit dar. Sie erinnern damit an **Schatten**, die Gegenstände an eine Wand werfen, wenn sie beleuchtet werden. Schatten stellen ebenfalls ein verkürztes Abbild der Realität dar: Sie reduzieren dreidimensionale Objekte auf deren Umrisse in einer zweidimensionalen Ebene. Schattenbilder sind insofern eine anschauliche Analogie zu Modellen – seien sie physischer oder gedanklicher Art.

Die aufgeworfene Frage nach der Leistungsfähigkeit und Erklärungsmächtigkeit unserer mentalen Modelle lautet im Rahmen dieser Schattenbildanalogie: Wie zuverlässig und eindeutig geben uns diese Schattenbilder (die Modelle) Auskunft über das Original (die Realität)?

Wenn wir an einer Wand einen Schatten wahrnehmen, den wir aufgrund unserer bisherigen Erfahrungen als Schattenbild eines Vogels interpretieren, können wir dann sicher sein, dass tatsächlich ein Vogel diesen Schatten wirft? Ein Kind wird sich dessen vielleicht sicher wähnen. Sie wohl

Modelle haben ihre Grenzen

eher nicht, denn Sie wissen, dass es geschickte Schattenspieler gibt, die Tiergestalten mit ihren Händen und Fingern nachahmen können. Man muss also damit rechnen, dass Schattenbilder uns in die Irre führen. Falsche Schlussfolgerungen zu der sich dahinter verbergenden Realität sind also möglich.

Was die richtigen und was die falschen Schlüsse sind, die man aus der Beobachtung von Ereignissen in einer **Schattenwelt** zieht, ist leider nicht immer so einfach zu erkennen wie im gerade genannten Beispiel. Anhand der „Schatten"-Ereignisse, wie sie in Bild 43 darstellt sind, möchte ich dieses verdeutlichen. In Teil A der Abbildung bewegt sich ein als Scheibe wahrnehmbares Objekt auf ein rechteckiges Hindernis zu, prallt hier ab und läuft den gleichen Weg in umgekehrter Richtung wieder zurück. Eine physikalisch vorgebildete Person wird darin vermutlich kaum etwas Besonderes sehen und diese Beobachtung vermutlich als elastische *Reflexion* dieses Objekts an einem (sehr schweren) Hindernis interpretieren.

Der Vorgang der Abbildung B ist dagegen schon etwas geheimnisvoller. Die Scheibe bewegt sich wieder auf das Hindernis zu, wird aber jetzt nicht reflektiert, sondern verschwindet im Hindernis und taucht kurz darauf auf der anderen Seite des Hindernisses wieder auf, um seinen Weg in gleicher Richtung fortzusetzen. Kann man sich nur auf die Erfahrung aus der „Schattenwelt", also auf die Modellwelt stützen, scheint hier die Scheibe das Hindernis durchdringen zu können. Das wäre jedenfalls aus Sicht eines zweidimensional wahrnehmenden Menschen ein einfaches Erklärungsmuster für die Beobachtung. Dann bleibt allerdings die Frage ungeklärt, wieso sich die Scheibe einmal wie im Fall A und ein andermal wie im Fall B verhalten kann. Und wie soll im Fall B die „Durchdringung" eigentlich genau passieren? Vielleicht ist diese Interpretation falsch? Vielleicht

A Rückstoß

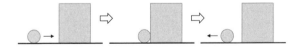

B Durchdringung

Bild 43 Beobachtete Ereignisse in einer Schattenwelt

wird die Scheibe stattdessen von dem rechteckigen Hindernis „verschluckt" *(absorbiert)* und danach von diesem wieder neu generiert und ausgesandt *(emittiert)*?

Als Lebewesen einer dreidimensionalen Welt mit Erfahrungen aus dieser dreidimensionalen Welt können wir für die Beobachtungen natürlich eine ganz andere und viel einfachere Erklärung liefern. Im Fall A prallt eine **Kugel** (vielleicht aber auch tatsächlich eine Scheibe oder ein zylinderförmiger Körper – an was haben Sie zuerst gedacht?) auf ein quaderförmiges Hindernis und wird von diesem zurückgestoßen, also reflektiert. Im Fall B, der „Durchdringung", wäre eine einfache dreidimensionale Erklärung, dass sich die Kugel einfach an dem Hindernis vorbeibewegt, wie Bild 44 im oberen Teil A aus der Aufsichtsperspektive zeigt. Aber auch andere Abläufe sind für diesen Fall natürlich denkbar. Zum Beispiel könnte die Kugel hinter dem Hindernis auf eine gleich große und gleich schwere Kugel treffen und diese wegstoßen, während sie selbst bei diesem Stoß dort liegenbleibt (Teil B in Bild 44). Auch das ist möglich. Die reine Schattenbeobachtung gibt hierzu keine differenzierenden Hinweise.

Mehrere Antworten sind also möglich und mit der Beobachtung in der Schattenwelt verträglich. Doch nur eines davon kann der Realität entspre-

A Kugel läuft am Hindernis vorbei

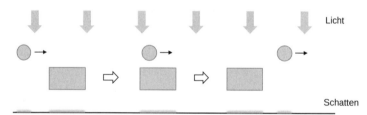

B Elastischer Stoß hinter dem Hindernis

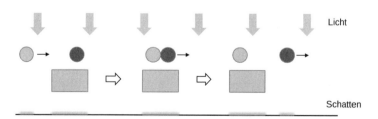

Bild 44 Zwei Erklärungsmöglichkeiten für die in Bild 43 Teil B dargestellte Durchdringung der Schattenobjekte (Sicht von oben)

Modelle haben ihre Grenzen

chen. Das bedeutet anders ausgedrückt: *Wir können aus einem Modell (aus dem „Schattenbild") offenbar eine ganze Reihe verschiedener Sachverhalte ableiten. Und diese* können – *wie man an dem Beispiel sieht* – *mitunter überhaupt keine Entsprechung in der Realität haben und damit fehlerhaft sein.*

Schlussfolgerungen, die wir aus Modellen (aus der „Schattenwelt") ableiten, haben also grundsätzlich ihre Grenzen. Damit sind insbesondere auch unseren mentalen Modellen Grenzen gesetzt, die Realität adäquat zu beschreiben und zu erklären. Wir können zwar dafür sorgen, dass sie den Vorschriften der Logik entsprechen und in sich konsistent und widerspruchsfrei sind. Aber ob unsere mentalen Modelle die Realität korrekt repräsentieren, kann nicht logisch abgeleitet werden. Insofern sind sie wie jedes Modell auch eine Quelle möglicher Fehlschlüsse und Irrtümer.

Daraus leitet sich eine wichtige Schlussfolgerung für die grundlegenden Denkschritte ab. Wegen ihrer engen Verknüpfung mit den mentalen Modellen sind demzufolge auch diese Denkschritte mit ihren Annahmen und Festlegungen möglicherweise fehlerhaft oder nur begrenzt fähig, die Realität sachgerecht zu erfassen und zu erklären:

- Die begrenzte Leistungsfähigkeit der mentalen Modelle setzt auch den grundlegenden Denkschritten Grenzen. Diese Grenzen sind ihnen insofern *immanent* und ein unvermeidbarer Teil von ihnen.

Auch aus dem Blickwinkel mentaler Modelle sollten daher Aussagen, die sich aus den grundlegenden Denkschritten ableiten, immer kritisch geprüft werden. Die Denkschritte können nur so exakt sein und eine befriedigende Antwort auf reale Problemstellungen liefern, wie auch das dahinterstehende Gedankengebäude, das mentale Modell, „passend" zur Realität ist.

Ich gebe zu, dass das Beispiel, das ich in diesem Abschnitt zur Verdeutlichung der Dinge herangezogen habe, sehr simpel war. Aber es trifft den Kern.

6.3 Modelle – Das Wichtigste in Kürze

- Den drei grundlegenden Denkschritten sind die folgenden Wesensmerkmale gemeinsam:
  - Abbildungsmerkmal: Abbildungsmerkmale beziehen sich auf bestimmte Aspekte der Realität. Sie bilden diese Aspekte durch Konstrukte und Begriffe gedanklich ab. **(Beispiel: Um Rankings für Unternehmen zu erstellen, blickt man (in der Regel) auf die Stärken und Schwächen der kritischen Erfolgsfaktoren und bildet diese in einem Stärken-Schwächen-Profil ab.)**

- Verkürzungsmerkmal: Andere Elemente der realen Welt werden dabei bewusst ausgeblendet oder verkürzt dargestellt. **(Beispiel Stärken-Schwächen-Profil: Reduktion der Unternehmenskomplexität durch Erfassung und Abbildung nur der Aspekte, die entscheidend für die Wettbewerbsstärke des Unternehmens sind.)**

- Zweckmerkmal: Was dabei als relevant betrachtet und daher berücksichtigt wird und was ausgeblendet oder verkürzt wird, hängt vom Erkenntnisinteresse ab, wird also von den Zielen und Zwecken bestimmt, die einen zum Nachdenken veranlasst haben. **(Beispiel Stärken-Schwächen-Profil: Für dieses Profil kann gegebenenfalls die Finanzsituation oder die Organisationsstruktur der betrachteten Unternehmen irrelevant sein.)**

■ Diese drei Merkmale sind ebenfalls auch das Charakteristische für Modelle **(Beispiele: Modellflugzeug, Darstellung Nahverkehrsnetz)**. Die gedanklichen Repräsentationen, die sich aus den grundlegenden Denkschritten ableiten, sind insofern nichts anderes als Modelle. Es sind mentale Modelle.

■ Modelle sind wegen der genannten drei Merkmale immer nur begrenzt gültig. Demzufolge sind speziell auch die mentalen Modelle und die damit gekoppelten Denkschritte mit ihren Annahmen und Festlegungen möglicherweise fehlerhaft oder nur begrenzt fähig, die Realität sachgerecht zu erfassen und zu erklären. Diese Grenzen sind ein unvermeidbarer Teil aller Modelle.

Modelle – Das Wichtigste in Kürze

7 Versteckte Beeinflussung und Irreführung

In den vorangegangenen Kapiteln haben Sie im Detail die Systematik der grundlegenden Denkschritte kennengelernt, auf denen Analysen, Bewertungen und darauf aufbauende Entscheidungen beruhen. Ich habe dabei insbesondere auf die Punkte aufmerksam gemacht, bei denen subjektive Festlegungen erforderlich sind. Denn sie sind das Einfallstor für eine mögliche gezielte Beeinflussung der Ergebnisse. Und ich habe deutlich gemacht, welche Fragen man stellen muss, um diese Einfallstore kritisch zu prüfen.

Eine kritische Haltung ist insbesondere dann angebracht, wenn man nicht selbst in diese Analysen eingebunden ist. Dieses dürfte für die meisten von uns zum Beispiel bei Analysen zu Fragestellungen aus Politik und Gesellschaft der Fall sein. Dann sind wir auf die Berichterstattung in den Medien angewiesen. Durch sie erfahren wir etwas über die Entwicklung der Arbeitslosenzahlen, über die jährlichen Bildungsausgaben, über die Kostenexplosion im Gesundheitswesen, über Wählerwanderungen und dergleichen mehr. Dabei werden uns typischerweise einige Zahlen oder daraus abgeleitete grafische Darstellungen präsentiert, es wird auf die dazu erhobenen statistischen Daten verwiesen und es werden einige zentrale Aussagen zur Interpretation dieser Zahlen und Grafiken vermittelt.

Zahlen und damit zusammenhängende statistische Auswertungen suggerieren methodische Gründlichkeit und Objektivität. Deshalb werden sie in den Medien gerne aufgegriffen. Selten kommuniziert man dabei die Hintergründe, die zu diesen Zahlen geführt haben. Das macht es schwierig (aber nicht unmöglich), die Systematik und subjektiven Anteile der grundlegenden Denkschritte zu prüfen, auf denen diese Zahlen beruhen.

Daher stellt sich die Frage: Sollten wir diesen Zahlen blind vertrauen? *Wir sollten es NICHT tun, wie seitens kritischer Beobachter seit Langem und immer wieder von Neuem betont wird. Denn leider wird man als Außenstehender bei solchen Veröffentlichungen oft in die Irre geführt, ja sogar bewusst getäuscht. Es ist vermutlich nicht überspitzt, wenn man diesen traurigen Sachverhalt* als ein „Lügen mit Zahlen"[27] bezeichnet und die daraus abgeleiteten statistischen Größen und Darstellungen „Unstatistiken"[28] nennt.

Diese Situation ist nicht neu. Bereits vor vielen Jahren wurde darauf aufmerksam gemacht.[29] Und sie scheint bis heute nicht grundsätzlich besser geworden zu sein, wie unter anderem 2017 dazu veröffentlichte Artikel in DIE ZEIT belegen.[30] Ein wesentlicher Grund für die nach wie vor zu beobachtenden „verlogenen" Zahlen und „Unstatistiken" ist:

- Die Datenbasis, auf der die dargestellten Ergebnisse beruhen, ist oft völlig unzureichend oder die genutzten Analyse- und Auswertungsmethoden sind nicht adäquat oder werden unsachgemäß umgesetzt. Kurz: Es werden gravierende *„handwerkliche" Fehler* gemacht.

Doch selbst wenn der Weg zu den Ergebniszahlen und den damit zusammenhängenden statistischen Auswertungen sauber sein sollte, kann man sich trotzdem nicht einfach auf die Objektivität und Neutralität der dargestellten Ergebnisse verlassen. Denn auch beim letzten Schritt, der Darstellung und Präsentation der Ergebnisse, gibt es noch diverse Möglichkeiten der Beeinflussung und Manipulation. Und diese werden in der Praxis auch genutzt. Die wesentlichen Tricks dabei:

- Man manipuliert durch die *Auswahl* der dargestellten Größen und kommuniziert und präsentiert dafür nur die Größen und Parameter, die zu der beabsichtigten Botschaft passen.

- Man manipuliert durch die *Art der Darstellung* der Ergebnisdaten.

Die folgenden drei Abschnitte sollen diese Varianten der Irreführung und Beeinflussung durch einige typische Beispiele verdeutlichen.

≡ Irreführung durch handwerkliche Fehler

Statistische Daten zu erheben bedeutet im Kern: Die betrachteten Objekte sind entsprechend der Fragestellung nach bestimmten Merkmalen zu klassifizieren und dann ist die Anzahl der Objekte pro Klasse zu ermitteln. Doch nicht jeder, der diese Zahlen erhebt und auswertet, geht dabei mit der nötigen Sorgfalt vor. Gewählte Stichproben sind dann möglicherweise nicht repräsentativ, die Datenbasis ist zu klein, es wird unerlaubterweise auf größere Betrachtungsmengen extrapoliert, aus den erhobenen Zahlen abgeleitete statistische Größen werden falsch interpretiert und dergleichen mehr. Und so kommen fragwürdige Schlagzeilen zustande wie zum Beispiel:[31]

- Eine Million Männer gehen täglich in Deutschland zu Prostituierten.

- Der Anteil der Kinder mit ADHS (Aufmerksamkeitsdefizit-Störung) ist in vier Jahren um mehr als ein Fünftel gestiegen.

Versteckte Beeinflussung und Irreführung

- Die Zahl der Smartphone-Süchtigen hat sich innerhalb eines Jahres um 123 % erhöht.
- 15,7 Prozent der Deutschen sind arm.

Ich möchte das zuletzt genannte Beispiel aufgreifen, um die darin enthaltene Irreführung zu verdeutlichen. Bei diesem Beispiel handelt es sich um die Meldung des Paritätischen Wohlfahrtsverbands in seinem **Armutsbericht** vom März 2017[32], in dem von einem Trend wachsender Armut in Deutschland die Rede ist. Viele Medien berichteten darüber.

Für diesen Bericht wurde das Einkommen der Bevölkerung erhoben und der sogenannte *Median* errechnet. Das ist das Einkommen, bei dem die eine Hälfte der Bevölkerung darunter und die andere Hälfte darüber liegt. Der Median teilt also die Bevölkerung praktisch in zwei große Klassen auf. Die Armen liegen dabei in der unteren Einkommensgruppe und sind laut Definition dieser Studie diejenigen dieser Gruppe, die weniger als 60 % des Median-Einkommens verdienen.

Eine solche Definition ist jedoch im Prinzip unsinnig. Denn danach würde der Anteil an Armen in der Bevölkerung unverändert bestehen, auch wenn alle zum Beispiel das Dreifache verdienen würden. Das ist absurd. Hier wird Armut an eine falsche Zahl gekoppelt. Was hier offensichtlich fehlt, ist die Definition von Armut auf Basis der Grunderfordernisse für ein menschenwürdiges Leben. (Man könnte die 60-Prozent-Grenze aber als willkürliche Schwelle für „relative Armut" definieren, das wäre *systematisch* weniger stark angreifbar.)

Auf diese „handwerkliche" Unzulänglichkeit wurde schon vor Jahren bei früheren Ausgaben des Armutsberichts hingewiesen.[33] Diese Kritik wurde aber bis heute nicht aufgegriffen. Da fragt man sich, ob es eine Lobby gibt, die daran kein Interesse hat – möglicherweise, weil sie daran verdient.

≡ **Manipulation durch Auswahl der dargestellten Größen**

„Durch Mammographie wird die **Brustkrebssterblichkeit** um 20 % reduziert." So wurde über Jahre die Quintessenz von diesbezüglichen statistischen Erhebungen kommuniziert, um Frauen zum Screening zu bewegen. Die genannte Zahl wirkt überzeugend. Doch es stellt sich die Frage: 20 % wovon? Die Antwort lautet: Wenn ohne Screening 5 Frauen sterben, so sind es mit Screening nur 4 Frauen und damit 20 % weniger.

Doch diese 20 % sind nur die halbe Wahrheit. Dabei hat man noch einen wesentlichen Sachverhalt verschwiegen. Genaugenommen wurde nämlich festgestellt: Von 1000 Frauen (50 Jahre und älter) sterben über einen Zeitraum von 10 Jahren im Schnitt 5 an Brustkrebs. Von 1000 Frauen, die jährlich das Screening durchgeführt haben, sind dagegen nach 10 Jahren nur 4 verstorben. Anders ausgedrückt: Bei einer Gruppe von 1000 Frauen stirbt durch die Screening-Früherkennung im Schnitt lediglich eine Person weniger, das heißt, 99,6 Prozent statt 99,5 Prozent sterben nicht an Brustkrebs.[34] (Wie sich bei den gescreenten Frauen diese Quote durch „Nicht-Screening" ändern würde, bleibt statistisch völlig unklar. Zum Beispiel könnte es sein, dass diejenigen, die sich screenen lassen, generell gesünder leben und schon damit die Wahrscheinlichkeit für Brustkrebs reduzieren. Oder sie könnten verstärkt der Risikogruppe angehören. Damit wäre die Reduktion in Wahrheit höher als die genannten 20 Prozent bzw. als die genannte eine Person von 1000.) Dieses zeigt: Bei einer Prozentangabe kann man durch geschickte Wahl der Bezugsgröße eine Faktenlage schönreden und durch Verschweigen der wirklich wichtigen Zahlen in die Irre führen.

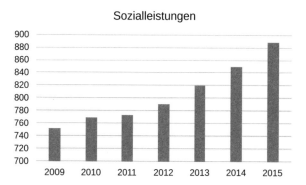

Bild 45 Entwicklung der Ausgaben für Sozialleistungen in Deutschland (Angaben in Milliarden Euro) für die Jahre 2009 bis 2015 (Datenquelle: Bundesministerium für Arbeit und Soziales[36])

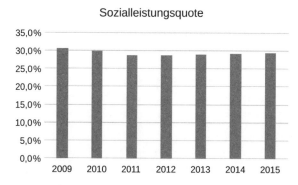

Bild 46 Entwicklung der Sozialleistungsquote in Deutschland für die Jahre 2009 bis 2015 (Datenquelle: Bundesministerium für Arbeit und Soziales[37])

Versteckte Beeinflussung und Irreführung

Ein zweites Beispiel für die Manipulation des Betrachters durch spezifische Auswahl von Daten und Verschweigen anderer Daten liefert Bild 45. Die Grafik zeigt den Trend für die ansteigenden **Sozialausgaben** in Deutschland für den Zeitraum 2009 bis 2015. Diverse Medien schlugen daher Alarm und sprachen bei den Sozialausgaben für 2015 von einem „neuen Rekordhoch".[35] Das hört sich bedrohlich an und vermittelt den Eindruck, dass unser Sozialstaat über kurz oder lang wohl kaum noch zu finanzieren sein wird.

Aber wer zu den Sozialleistungen nur diese Zahlen kommuniziert, verschweigt ebenfalls einiges. Nämlich, dass im Verlauf dieser Jahre auch in fast allen anderen Bereichen die Ausgaben gestiegen sind. Seien es die Lebenshaltungskosten, die Nebenkosten bei Mietwohnungen, die Ausgaben für Gehälter und vieles andere mehr. Insbesondere wird dabei aber auch verschwiegen, dass man die Ausgaben nicht absolut bewerten kann, sondern an der Leistungsfähigkeit des Landes insgesamt messen muss. Diese drückt sich im sogenannten Bruttoinlandsprodukt (BIP) aus, das in diesem Zeitraum ebenfalls gestiegen ist.

Stellt man daher korrekterweise Sozialausgaben und BIP in Beziehung und ermittelt für die dargestellten Jahre den prozentualen Anteil der Sozialausgaben am BIP – die sogenannte Sozialleistungsquote –, so löst sich der in Bild 45 dargestellte Anstieg in Luft auf. Bild 46 zeigt den Verlauf dieser Sozialleistungsquote. Diese sinkt anfänglich sogar und pendelt sich dann ab 2011 nahezu konstant bei etwa 29 % ein.

Auch dieses Beispiel zeigt, wie durch gezielte Auswahl der dargestellten, durchaus korrekten Daten und Verschweigen anderer Daten ein falsches Bild gezeichnet werden kann.

☰ Manipulation durch Art der Darstellung der Daten

Auch die Art und Weise, wie und mit welchen Hilfsmitteln uns Daten präsentiert werden, beeinflusst uns als Betrachter. Auch diese Tatsache wird genutzt, um gezielt bestimmte Botschaften zu vermitteln. Auch ich habe mit der Darstellung in Bild 45 heimlich davon Gebrauch gemacht. Ich hätte die **Sozialausgaben** nämlich auch wie in Bild 47 darstellen können.

Doch der Anstieg der Ausgaben wirkt in dieser Darstellung alles andere als gravierend. Der Trick, der in Bild 45 genutzt wurde: Die Darstellung der Balken beginnt bezüglich der y-Achse nicht bei Null Euro, sondern bei 700 Milliarden Euro. Beschränkt man sich – wie in diesem Beispiel – auf einen Ausschnitt auf der y-Achse und stellt diesen Ausschnitt dann quasi „vergrößert" dar, so erscheinen die Unterschiede zwischen den jährlichen Ausgaben optisch viel drastischer, als sie zahlenmäßig tatsächlich sind.

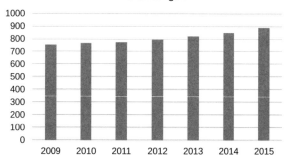

Bild 47 Entwicklung der Ausgaben (Angaben in Milliarden Euro) für Sozialleistungen in Deutschland für die Jahre 2009 bis 2015. Das Bild stellt die gleichen Daten dar wie Bild 45.

Das Entscheidende dabei: Was bei einem Betrachter solcher Diagramme hängen bleibt, sind in der Regel nicht die Zahlenwerte, sondern deren Visualisierung. Und diese suggeriert bei einer Darstellung wie in Bild 45 einen großen jährlichen Anstieg. Wer seine Zahlen dramatisieren will, greift zu diesem Darstellungstrick.[38] Auch so kann man manipulieren. (Der Vollständigkeit halber sei hier angemerkt, dass man natürlich auch durch Beschränkung der Darstellung auf geeignete Ausschnitte auf der x-Achse manipulieren kann.)

Zur grafischen Veranschaulichung von Daten taugen nicht nur Säulen- (wie in den letzten drei Bildern) oder Balkendiagramme. Eine völlig andere Form der Veranschaulichung entsteht, wenn man deren Größe durch geometrische Formen wie zum Beispiel Rechtecke, Kreise oder durch Piktogramme repräsentiert. So werden in Berichten zu den staatlichen Ausgaben für **Kindergeld** manchmal Kinderwagen als Piktogramm genutzt. Deren Größe soll dann die Höhe der Kindergeldausgaben für das jeweils angesprochene Jahr veranschaulichen. Auch bei dieser Art der Darstellung von Zahlen sind leicht Irreführungen möglich.

Ich will dieses anhand von Bild 48 verdeutlichen. Dieses Bild bezieht sich auf eine Deutschlandkarte aus dem Jahre 2009, in der für die größeren Städte Deutschlands die **Bioladen-Dichte** (Anzahl Bioläden bezogen auf 100.000 Einwohner) eingezeichnet worden ist. Je nach Größe der Bioladen-Dichte wurde darin für die jeweilige Stadt ein dementsprechend großer Kreis gezeichnet.[39] In Bild 48 sind im linken Teil der Abbildung aus dieser Übersichtskarte die Städte Ingolstadt und Regensburg übernommen worden. Regensburg hatte zu der Zeit eine um den Faktor 2,42 größere Bioladen-Dichte als Ingolstadt. Im Vergleich zum gezeichneten Kreis für

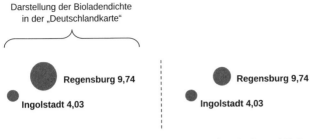

Darstellung der Bioladendichte
in der „Deutschlandkarte"

Regensburg 9,74

Ingolstadt 4,03

Regensburg 9,74

Ingolstadt 4,03

Falsches Größenverhältnis

Korrektes Größenverhältnis

Bild 48 Der linke Teil des Bildes zeigt die Veranschaulichung der Bioladen-Dichte (bezogen auf 100.000 Einwohner) durch Kreise, wie sie unter anderem für die Städte Regensburg und Ingolstadt in einer Karte für Deutschland dargestellt wurde. Im rechten Teil des Bildes ist dieser Darstellung das korrekte Größenverhältnis der Kreise gegenübergestellt.

Ingolstadt ist der Kreis für Regensburg in dieser Darstellung jedoch grob übertrieben. Wenn die Kreisfläche die Größe der Bioladen-Dichte veranschaulichen soll, dann hätte der Kreis für Regensburg wie im rechten Teil dieses Bildes ausfallen müssen. In der Karte wurde stattdessen einfach der Durchmesser des Kreises um den genannten Faktor vergrößert, was zu einem irreführenden optischen Bild führt. Auch eine Repräsentation von Zahlen durch geometrische Figuren oder Piktogramme kann also fehlerhaft sein und damit Falsches suggerieren.

Solche Arten der Manipulation sind oft noch relativ einfach zu durchschauen. Es geht aber auch subtiler. Weil Sie gerade in einem **Buch** lesen, hier ein Beispiel zu Büchern: Schriftgröße, Laufweite der Schrift, Zeilenabstand und Breite und Höhe des Satzspiegels beeinflussen die Seitenzahl eines Buches ganz erheblich (schon eine 10 Prozent größere Schrift ergibt rund 20 Prozent mehr Umfang). So hat manches Buch viel mehr Seiten als ein anderes, enthält aber deutlich weniger Inhalt. Wurde dazu auch noch dickeres Papier verwendet, wirkt es noch beeindruckender. Und ist das Buch dicker, so wird der Käufer in der Regel dahin manipuliert zu glauben, dass er mehr für sein Geld bekommt.

≡ Seien Sie wachsam!

Sie sehen: Es gibt eine Vielzahl an Möglichkeiten, den Betrachter von Analysen, Bewertungen und Entscheidungen gezielt zu beeinflussen. Manipulative Möglichkeiten gibt es nicht nur bei den subjektiven Anteilen, die unvermeidbarer Teil davon sind und im Mittelpunkt dieses Buches standen. Beeinflussungen fangen bereits bei der Erhebung der zu analysierenden Daten an und enden bei der Darstellung der resultierenden Ergebnisse. Es ist leider Realität, dass all diese Möglichkeiten in der Praxis auch genutzt werden, um bestimmte Meinungen und Interessen zu lancieren.

Vorsicht ist daher angebracht, wenn uns Ergebnisse von Analysen, Bewertungen und Entscheidungen präsentiert werden. Fragen Sie sich daher als Erstes:[40]

- Vertritt der Präsentierende spezifische Interessen, die er mit seinen Zahlen untermauern möchte? Oder will er sich vielleicht wichtigmachen?

- Geht es um ein komplexeres Thema, so dass zuverlässige Antworten nicht so einfach zu bekommen sind?

- War die Problemstellung klar genug, so dass man eine eindeutig interpretierbare Antwort erwarten kann? Spiegeln die präsentierten Ergebnisse dieses wider?

- Ist das Ergebnis politisch opportun? Passt es zur vorherrschenden Meinung?

- Oder ist das Ergebnis vielleicht politisch unbequem? Passt es gut zur oppositionellen Position?

Die Klärung dieser Fragen dürfte bereits erste Hinweise geben, ob Irreführungen im Spiel sein könnten. Schauen Sie sich dann die verschiedenen Details zu den dargelegten Ergebnissen an und prüfen Sie systematisch die kritischen Punkte, auf die ich in diesem Buch hingewiesen habe.

Kurz und gut: Seien Sie wachsam!

8 Steckbriefe ausgewählter Denkwerkzeuge

In diesem Kapitel sollen die Werkzeuge etwas genauer vorgestellt werden, die in den Kapiteln 3, 4, und 5 jeweils im Abschnitt „Unterstützende Tools aus der Unternehmenswelt" nur stichwortartig genannt worden sind. Sie sind hier in alphabetischer Reihenfolge zusammengestellt und in Form eines kurzen „Steckbriefes" beschrieben. Dadurch kann dieses Kapitel gezielt zum Nachschlagen der Denkwerkzeuge genutzt werden, die bei Analysen, Bewertungen und Entscheidungen oft eingesetzt werden. Dabei beschränke ich mich bei der Beschreibung dieser Tools im Wesentlichen auf diejenigen Aspekte, die mit den grundlegenden Denkschritten zu tun haben. Für eine umfassende Einführung in die Tools und deren Handhabung möchte ich auf die dazu verfügbare Literatur verweisen.[41]

Auch gehe ich bei den Tools nicht auf die verschiedenen Möglichkeiten zur Darstellung ihrer Ergebnisse ein. Damit können diverse Beeinflussungsstrategien verknüpft sein. Grundsätzliche Hinweise zu diesem Thema finden Sie im vorherigen Kapitel.

Die Steckbriefe sind alle in gleicher Weise aufgebaut und gliedern sich in die Themenblöcke:

- Zielsetzung
- Kurzbeschreibung
- Mögliche Anwendungsprobleme und Fallstricke
- Bezug zu den grundlegenden Denkschritten.

In den Steckbriefen werden mitunter Begriffe verwendet, die in den vorherigen Kapiteln des Buchs eingeführt worden sind. Sie sind in den Steckbriefen nicht nochmals erklärt. Falls Sie Erklärungen und Erläuterungen zu diesen Begriffen nachlesen wollen, hilft Ihnen das Stichwortverzeichnis. Es führt Sie auf die entsprechenden Seiten.

8.1 5-Why-Methode

≡ **Zielsetzung**

Die *5-Why-Methode* (*why* = warum) dient dazu, bei Vorliegen eines Problems dessen Ursache zu finden. Es geht darum herauszufinden, wo der Ausgangspunkt für das Problem liegt, was also dessen „Wurzel" (*Root Cause*) ist, damit man an der richtigen Stelle ansetzt, um das Problem zu beheben.

≡ **Kurzbeschreibung**

Man fragt nach der Ursache für das aufgetretene Problem, hinterfragt dann die Antwort, indem man für die genannte Ursache wiederum nach deren Ursache fragt und so fort. Damit ergibt sich ein iteratives Frage-Antwort-Spiel mit dem Ziel, nicht bei den Problemsymptomen stecken zu bleiben, sondern den wahren Grund für das Problem zu erkennen. Bild 49 veranschaulicht das Vorgehen. Die Zahl 5 in der Bezeichnung dieser Methode ist als Hinweis zu verstehen, hinreichend oft nachzuhaken, bis man schließlich bei dem entscheidenden Auslöser für das Problem angekommen ist. Das müssen nicht immer genau 5 Frage-Antwort-Iterationen sein.

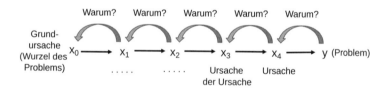

Bild 49 Die 5-Why-Methode

Den entscheidenden ursächlichen Auslöser hat man dann gefunden, wenn man bei diesem eine Gegenmaßnahme aufsetzen kann, die das Problem behebt und seine Wiederholung ausschließt. Ob eine solche Maßnahme greift, ist dann allerdings noch abzusichern. Dazu geht man von dieser Maßnahme aus und durchläuft die Ursachenkette in umgekehrter Richtung bis zum Ausgangsproblem. Auf diese Weise wird gleichzeitig geprüft, ob diese Maßnahme möglicherweise unerwünschte Nebenwirkungen erzeugt.

Mit der Identifikation eines Problemauslösers hat man einen Ansatzpunkt für die Problembehebung zunächst einmal gefunden. Allerdings ist zu beachten, dass dieser Problemauslöser die Grundursache nur innerhalb des Kontexts darstellt, in dem man diese Ursache vermutet und daher gesucht hat. Wenn ein technisches Gerät wie zum Beispiel der Brenner einer **Ölheizung** nicht mehr erwartungsgemäß funktioniert, wird man dieses typischerweise als einen technischen Defekt ansehen und daher zielgerichtet innerhalb des Brennerbauteils nach der Ursache suchen. Taucht dieses Problem jedoch über kurz oder lang immer wieder auf, wäre der Fragehorizont der 5-Why-Methode zu erweitern und wären zum Beispiel auch die spezifisch genutzten Einstellungen der Ölheizung und schließlich auch seine Wartung mit zu betrachten. So kommt man von der Technik des Systems zum „Management" des Systems als Ursachenumfeld.

Genau solche Erweiterungen des Fragehorizonts gibt es auch als Standardvorgehensweise für die 5-Why-Methode in vielen produzierenden Unternehmen. Taucht dort ein Produktfehler auf, so wird zunächst einmal nach seiner Ursache im Produktionsprozess gesucht, dann aber auch gefragt, warum er im daran angekoppelten Prüfprozess nicht aufgedeckt wurde. Schließlich wird noch gefragt, was man im Management der Abläufe insgesamt ändern muss, um Wiederholungsfehler zu vermeiden. Die Methode wird dort also in dreifacher Hinsicht systematisch eingesetzt und nennt sich in dieser Variante deshalb „3×5-Why-Methode".

≡ **Mögliche Anwendungsprobleme und Fallstricke**
- Es gibt die Tendenz, nicht tief genug nach der Ursache zu „bohren", also noch auf der Symptomebene stehen zu bleiben.
- Dieses Tool lenkt den Blick auf eine bestimmte Ursache-Wirkungs-Kette. Die Gefahr besteht, dass man sich damit zufriedengibt und mögliche weitere Ursache-Wirkungs-Pfade nicht mehr in den Blick nimmt.
- Der Kontext, in dem man ein Problem sieht, bestimmt den Fragehorizont, innerhalb dessen man nach der Grundursache sucht. Dadurch kann es sein, dass man diese Suche nicht breit und weit genug angeht und so die eigentliche Quelle des Problems nicht in den Blick gerät.
- Die Methode nutzt einen linear-kausalen Ansatz und vermag demzufolge keine Wechselwirkungen und komplexen Vernetzungen darzustellen.

≡ **Bezug zu den grundlegenden Denkschritten**

Das Werkzeug unterstützt den Denkschritt:
- Zusammenhänge erkennen (Kapitel 5, insbesondere Abschnitt 5.3)

8.2 Balanced Scorecard

≡ **Zielsetzung**

Die *Balanced Scorecard* (BSC) ist ein unterstützendes Hilfsmittel für die Umsetzung von Unternehmensstrategien. Sie stützt sich nicht nur auf die klassische finanzielle Sicht auf ein Unternehmen, sondern nutzt auch verschiedene nicht-finanzielle Sichten, so dass ein möglichst ausgewogenes (*balanced*) Bild vom Zustand des Unternehmens möglich wird. Die BSC-Methodik erwartet, dass für diese Sichten dann Teilziele für die Umsetzung der Strategie festgelegt werden, dazu erforderliche Maßnahmen aufgesetzt werden und die Zielerreichung über geeignete Messungen verfolgt wird.

≡ **Kurzbeschreibung**

Die BSC geht auf Arbeiten von Robert S. Kaplan und David P. Norton vom Anfang der 1990er Jahre zurück.[42] Sie erweiterten die bis dahin übliche Verfolgung von Finanzkennzahlen um Geschäftsindikatoren, die den gewünschten finanziellen Erfolg wesentlich mitbeeinflussen.

Die klassische Form der BSC nutzt vier Perspektiven auf ein Unternehmen:

- Finanzperspektive
- Kundenperspektive
- Prozessperspektive
- Lern- und Innovationsperspektive.

Bild 50 gibt dieses Grundmodell wieder, das im Prinzip auch durch weitere Perspektiven (z. B. durch eine ökologische Perspektive) ergänzt werden kann.

Der erste Schritt bei der Umsetzung der BSC-Methode besteht darin, die unternehmensspezifischen Elemente und Gegebenheiten zu identifizieren, die zu jeder dieser Perspektiven gehören und für die Umsetzung der Strategie bedeutsam sind. Darauf bauen die einzelnen Teilziele auf, die zur Erreichung des Gesamtziels beitragen und für die verschiedenen Perspektiven jeweils festzulegen sind.

Dabei gilt es, die spezifischen Ursache-Wirkungs-Zusammenhänge herauszuarbeiten, die zwischen den Teilzielen der verschiedenen Perspektiven bestehen (oder möglicherweise auch nicht bestehen). Ergebnis dieser Analyse ist die sogenannte Strategielandkarte (*Strategy Map*), wie sie in Bild 51 schematisch dargestellt ist. Sie ist ein zentraler Baustein der BSC. Bild 31 in Abschnitt 5.3 zeigt an einem vereinfachten Beispiel, wie sich

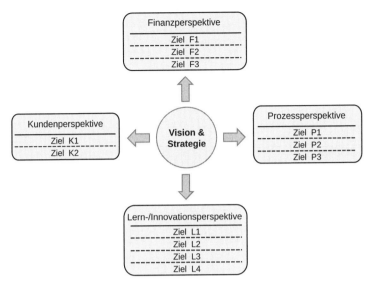

Bild 50 Grundmodell der Balanced Scorecard

Ursache-Wirkungs-Zusammenhänge in dieser Strategielandkarte konkret darstellen können. Eine solche Darstellung hat in der Tat eine gewisse Landkartenfunktion: Sie zeigt die Richtung für die Umsetzung der Strategie auf und liefert die Orientierung auf dem Weg dorthin.

Auf diesen ersten Schritt bauen dann die weiteren Aktivitäten zur BSC auf, bei denen es um die Planung und Verfolgung der erforderlichen Maßnahmen geht. Dazu gehören:

- die Festlegung geeigneter Indikatoren (Messgrößen) zur Verfolgung der Zielerreichung, aus denen sich meistens auch die sogenannten **Key Performance Indicators (KPIs)** ableiten lassen,

- die Vorgabe der angestrebten Zielgrößen für diese Indikatoren,

- die Festlegung von Maßnahmen zur Erreichung dieser Zielvorgaben und Start dieser Maßnahmen, sowie

- die fortlaufende Verfolgung der Zielerreichung und, sofern erforderlich, die Korrektur der aufgesetzten Maßnahmen.

≡ **Mögliche Anwendungsprobleme und Fallstricke**

- Die BSC-Perspektiven dienen in der Praxis oft als Aufhänger für eine strukturierte Sammlung und Verfolgung von Unternehmenskennzahlen. Die zuallererst erforderliche Analyse der Wirkzusammenhänge zwischen den Teilzielen der verschiedenen Perspektiven wird jedoch nur selten durchgeführt. Doch ohne diese Analyse können

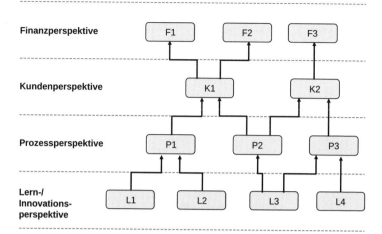

Bild 51 Die Strategielandkarte der Balanced Scorecard. Schematisch dargestellt sind die Teilziele für die einzelnen Perspektiven und deren Wirkzusammenhänge.

die maßgeblichen Stellhebel für eine erfolgreiche Strategieimplementierung und deren Indikatoren nicht sicher identifiziert werden.

- Die Herausforderung liegt in der Auswahl weniger und zugleich ausdrucksstarker Kennzahlen, durch die sowohl die Erreichung der Teilziele als auch die Wirksamkeit der postulierten Ursache-Wirkungs-Zusammenhänge überprüft und verfolgt werden können.
- Die BSC reduziert mit ihrem Fokus auf die genannten Perspektiven die Komplexität der Unternehmensrealität. Möglicherweise geraten wichtige andere Wirkmechanismen und Querbezüge dadurch aus dem Blick.
- Die Methodik leitet insbesondere nicht dazu an, auch mögliche Rückwirkungen zu betrachten.
- Die Strategielandkarte spiegelt die unternehmensinternen Zusammenhänge wieder und blendet die Mechanismen des Umfeldes (den Markt und seine Randbedingungen) weitestgehend aus. Dieses Umfeld bestimmt aber den Erfolg eines Unternehmens maßgeblich mit. Demzufolge kann es Planabweichungen bei den Indikatoren für die Zielerreichung geben, deren Gründe nicht unternehmensinterner Natur sind.
- Durch die starke Fixierung auf eine messbare Zielerreichung kann es zur einseitigen Optimierung einzelner Kennzahlen kommen – insbesondere, wenn das Mitarbeiterbelohnungssystem an diese Zielerreichung gekoppelt ist.

Das Werkzeug unterstützt den Denkschritt:

- Zusammenhänge erkennen (Kapitel 5, insbesondere Abschnitt 5.3)

8.3 Erwartungsnutzenanalyse

≡ **Zielsetzung**

Die *Erwartungsnutzenanalyse* erweitert die Nutzwertanalyse (siehe Abschnitt 8.7). Beide sind eng miteinander verwandt und werden genutzt, um Objekte entsprechend den Ausprägungen bestimmter Merkmale zu ordnen. Im Unterschied zur Nutzwertanalyse können mit der Erwartungsnutzenanalyse auch Objekte betrachtet werden, bei denen Merkmale wegen unbekannter Einflüsse des Umfelds unsichere Werte haben oder diese Werte sich erst zukünftig herausstellen werden. Wie die Nutzwertanalyse liefert auch die Erwartungsnutzenanalyse als Ergebnis eine aggregierende Gesamtkennzahl, nach der dann geordnet werden kann. Im Unterschied zur Nutzwertanalyse fließen in diese Kennzahl jedoch zusätzlich auch noch Parameter mit ein, welche die unbekannten und unsicheren Einflüsse beschreiben.

≡ **Kurzbeschreibung**

Die Nutzwertanalyse erwartet, dass die Ausprägungen der Merkmale, nach denen die betrachteten Objekte geordnet werden sollen, genau bekannt sind. Sind diese Ausprägungen jedoch nicht bekannt oder sind sie unsicher, ist stattdessen die Erwartungsnutzenanalyse anzuwenden. Dieses wäre zum Beispiel der Fall, wenn man verschiedene mögliche **Geldanlagen** betrachtet und dafür eine Rangfolge erstellen will, um bei der Anlage Prioritäten setzen zu können. Ist man beispielsweise daran interessiert, dass diese Anlagen einerseits einen möglichst großen Gewinn abwerfen und andererseits möglichst gering von wirtschaftlichen Schwankungen abhängen, muss man dabei als Merkmale deren erwarteten „Gewinn" und deren erwartete „Schwankung" betrachten. Die zu erwartenden Ausprägungen dieser beiden Merkmale sind aber zum Zeitpunkt der Anlagenentscheidung leider nicht bekannt.

Die Erwartungsnutzenanalyse[43] bekommt dieses dadurch in den Griff, dass sie für solche unbekannten und unsicheren Größen Annahmen trifft. Ihr Vorgehen ist wie folgt:

- Man stelle sich für die zukünftige Entwicklung unterschiedliche Szenarien vor und treffe Annahmen zu deren Eintrittswahrscheinlichkeiten.

- Für jedes dieser Szenarien ist für jedes Objekt festzulegen, welche Ausprägungen man für die betrachteten unsicheren Merkmale erwartet.

Damit ist man in einer Situation, in der die unsicheren Einflüsse für jedes Szenario in Form von klar definierten Größen spezifiziert wurden. Das erlaubt es, dann im Kern für jedes Szenario nach dem Muster der Nutzwertanalyse zu verfahren.

Die erforderlichen Berechnungsschritte sind in Bild 52 schematisch dargestellt und lauten:

- Führe für jedes Szenario eine Rechnung analog zur Nutzwertanalyse durch. Ermittle pro Szenario also für jedes betrachtete Objekt mithilfe merkmalsspezifischer „Wert-Funktionen" dessen Gesamt-Wert. Diese „Wert-Funktionen" haben die gleiche Rolle wie die Wertfunktionen bei der Nutzwertanalyse. Ihr Verlauf kann aber davon etwas abweichen, da er durch die Haltung der Beteiligten gegenüber Unsicherheiten und Risiken zusätzlich mit beeinflusst wird. Daher nennt man eine solche Funktion im Kontext der

Schritt 1 Für jedes Szenario X, Y, ... die erwarteten Merkmalsausprägungen zu einer Kennzahl aggregieren:

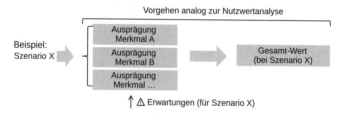

Schritt 2 Ergebnisse für die Szenarien X, Y, ... als gewichtetes Mittel aggregieren:

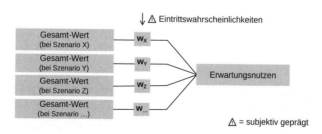

Bild 52 Die Berechnungsschritte der Erwartungsnutzenanalyse. Diese Schritte sind für jedes betrachtete Objekt durchzuführen.

Erwartungsnutzenanalyse

Erwartungsnutzenanalyse zur besseren Unterscheidung *Nutzenfunktion (Utility Function)*.

- Die gerade erwähnten Gesamt-Werte, die für jedes Szenario somit vorliegen, werden dann in einem zweiten und letzten Berechnungsschritt für jedes betrachtete Objekt über eine Mittelwertbildung aggregiert. Dieser Mittelwert ist ein gewichtetes Mittel, bei dem die Wahrscheinlichkeiten für die Szenarien die Gewichtsfaktoren bilden. Ergebnis ist dann eine einzige Kennzahl für jedes betrachtete Objekt, der sogenannte *Erwartungsnutzen*.

Die Werte für den Erwartungsnutzen sind die finalen Größen, nach denen die betrachteten Objekte dann geordnet und priorisiert werden können.

Wie bei der Nutzwertanalyse schließt sich auch hier noch eine Sensitivitätsanalyse an, um die Stabilität des Ergebnisses gegenüber Veränderungen der subjektiv festgelegten Parameter zu prüfen.

≡ **Mögliche Anwendungsprobleme und Fallstricke**

Bei der Erwartungsnutzenanalyse als Erweiterung der Nutzwertanalyse gibt es zunächst einmal die gleichen kritischen Punkte und die gleichen typischen Fehlerquellen wie bei der Nutzwertanalyse (siehe dazu Abschnitt 8.7). Dazu kommen bei der Erwartungsnutzenanalyse aber noch die folgenden spezifischen Themen, deren korrekte Umsetzung zusätzlich zu prüfen ist:

- Um unsichere Situationen des Umfelds oder zukünftige Entwicklungen als Szenarien erfassen zu können, müssen subjektive Wahrscheinlichkeiten für das Eintreten dieser Szenarien eingeschätzt werden. Für uns Menschen ist das Einschätzen von Wahrscheinlichkeiten jedoch recht schwierig. Sehr oft unterliegen wir hier Vorurteilen und werden von unbewusst wirkenden Rahmenbedingungen beeinflusst. Alles Gründe, hier genauer nach der Datenbasis für diese Wahrscheinlichkeiten zu fragen.

- Es sind Werte für die Ausprägungen der betrachteten Objektmerkmale für jedes der Szenarien festzulegen. Dabei kann man sich manchmal vielleicht auf Erfahrungen aus der Vergangenheit stützen. Doch diese sind kein Garant für mögliche zukünftige Ausprägungswerte. Bei der Festlegung dieser Werte sind daher Spekulationen Tür und Tor geöffnet. Somit gibt es hierbei ein weites Feld an Möglichkeiten, das Ergebnis subjektiv zu beeinflussen.

In Summe verlangt die Erwartungsnutzenanalyse eine gehörige Portion Sorgfalt und damit auch Zeit. Diese ist im unternehmerischen Alltag jedoch oft nicht gegeben, so dass die kritischen und aufwendigen Elemente der Methode in der Praxis oft simplifiziert und verkürzt werden. Daraus abgeleitete Resultate sind dann natürlich methodisch anzweifelbar und ihre Aussagekraft mit großen Fragezeichen verbunden.

≡ **Bezug zu den grundlegenden Denkschritten**

Das Werkzeug unterstützt den Denkschritt:

▪ Ordnen (Kapitel 4, insbesondere Abschnitt 4.4)

8.4 Fischgrätendiagramm

≡ **Zielsetzung**

Das *Fischgrätendiagramm* (nach seinem japanischen Erfinder K. Ishikawa auch *Ishikawa-Diagramm* genannt) hat das Ziel, zu einem Problem dessen Ursachen zu finden. Insofern ist es eng mit der sogenannten „5-Why-Methode" verwandt (siehe Abschnitt 8.1). Im Unterschied zu dieser wird beim Fischgrätendiagramm jedoch zunächst systematisch das ganze Spektrum aller möglichen Problemquellen aufgespannt. In diesem sind dann die Ursachen für das konkret vorliegende Problem aufzufinden.

≡ **Kurzbeschreibung**

Das Fischgrätendiagramm ist eine Visualisierungsmethode zur systematischen Erfassung und Darstellung möglicher Ursache-Wirkungs-Ketten. Es hat seinen Namen durch das dabei entstehende grafische Muster bekommen. Bild 30 in Kapitel 5 gibt dafür ein Beispiel.

Das Ausgangsproblem bildet den „Kopf des Fisches" und wird in der Darstellung üblicherweise rechts gezeichnet. Links davon erfasst man dann als große „Gräten des Fisches" systematisch die Hauptgruppen, bei denen eine Problemursache vorliegen kann, und benennt sie dementsprechend. Diese Hauptgruppen werden dann systematisch weiter in Untergruppen zergliedert („Nebengräten"), und auch diese kann man dann noch weiter in mögliche Ursachenfelder verfeinern. Damit entsteht eine Übersicht über alle denkbaren Ursache-Wirkungs-Ketten, die zu dem Problem beitragen können.

Durch diese systematische Vorgehensweise bekommt man alle überhaupt möglichen Ursachenfelder in den Blick. Für das konkret vorliegende Problem hat man dann die tatsächlichen, konkret vorliegenden Wirkketten darin zu identifizieren, um bei den „richtigen" Grundursachen Gegenmaßnahmen aufsetzen zu können. Wie bei der „5-Why-Methode" ist auch hier abzusichern, dass diese Maßnahmen auch greifen und keine kontraproduktiven Nebenwirkungen erzeugen. Dazu betrachtet man nochmals die Wirkkette, die von jeder dieser Maßnahmen ausgeht, klärt deren Wirkung, betrachtet die Wirkung dieser Wirkung und so weiter, bis man wieder am „Kopf des Fisches" angelangt ist.

≡ **Mögliche Anwendungsprobleme und Fallstricke**

- Entscheidend ist die vollständige Erfassung aller möglichen Ursachenbereiche und deren systematische Untergliederung. Die Methode ist daher insbesondere für Analysen in Teams geeignet, in denen möglichst viele verschiedene Sichtweisen vertreten sind. Andernfalls läuft man Gefahr, entscheidende Problemquellen nicht in den Blick zu bekommen.

- Die Darstellungsform setzt der Tiefe der hierarchischen Zergliederung ihre Grenzen. Bei komplexeren Systemen wird die Visualisierung schnell unübersichtlich.

- Die Methode nutzt einen linear-kausalen Ansatz und vermag demzufolge keine Wechselwirkungen und Vernetzungen darzustellen.

- Das hat insbesondere zur Folge, dass mit der Festlegung einer Maßnahme durch diese Maßnahme möglicherweise Wirkungen ins Spiel kommen können, auf die man bei der Analyse des Problems auf dem Weg „rückwärts" zur Ursache gar nicht gestoßen war. Dann muss man sicherzustellen, dass diese zusätzlichen Auswirkungen sich nicht kontraproduktiv bemerkbar machen und die Behebung des Problems untergraben.

≡ **Bezug zu den grundlegenden Denkschritten**

Das Werkzeug unterstützt den Denkschritt:
- Zusammenhänge erkennen (Kapitel 5, insbesondere Abschnitt 5.3)

8.5 Gegenwartsbaum

≡ **Zielsetzung**

Mit dem *Gegenwartsbaum* (*Current Reality Tree*) verbunden ist der Gedanke, dass viele Probleme oft nur Symptome weniger Kernursachen sind. Die Methode dient dazu, diese Kernursachen zu finden. Bei diesen und nicht bei den Symptomen soll man dann ansetzen, um nachhaltig die vorliegenden Probleme zu beheben.

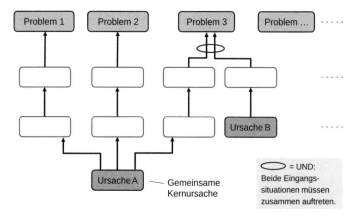

Bild 53 Schematischer Aufbau des Gegenwartsbaums

☰ Kurzbeschreibung

Der Gegenwartsbaum [44] dient der Analyse von Problemthemen, die sich in einem System wie beispielsweise einer Organisation gleichzeitig zeigen. Beim Gegenwartsbaum geht man von der Gesamtheit aller aktuell vorliegenden Probleme aus und fragt nach deren naheliegenden Ursachen, dann nach der Ursache dieser Ursachen und so fort, bis man zum eigentlichen Kern der Probleme (*Root Cause*) vorgestoßen ist. Das Vorgehen entspricht im Prinzip der „5-Why-Methode" (siehe den zugehörigen Steckbrief in Abschnitt 8.1), nur greift man hier nicht ein einzelnes Problem, sondern gleich mehrere, parallel existierende Probleme auf und verfolgt sie zurück bis zu ihren Wurzeln.

Die grafische Darstellung dieser Methode liefert ein Ursache-Wirkungs-Gefüge, das an einen Baum erinnert (Bild 53): Die Probleme 1, 2, ... stellen die Blätter dar, die Kernursachen A, B, ... sind seine Wurzeln. Falls eine Wirkung davon abhängig ist, dass mehrere Ursachen zusammen auftreten müssen, wird das in dieser Darstellung durch ein UND-Symbol wiedergegeben.

Setzt man dann eine Maßnahme zur Behebung einer gefundenen Kernursache auf, hat man wie bei der 5-Why-Methode deren Wirkung zu prüfen. Dazu verfolgt man die Ursachenketten in umgekehrter Richtung bis zu den Ausgangsproblemen, wodurch ein sogenannter *Zukunftsbaum* (*Future Reality Tree*) entsteht. Hat die korrigierende Maßnahme weitere Wirkungen, dann werden diese dabei identifiziert, so dass geprüft werden kann, ob durch die Maßnahme unerwünschte Seiteneffekte entstehen oder nicht.

Gegenwartsbaum

Wegen der engen Verwandtschaft zur 5-Why-Methode sind die Anwendungsprobleme bei beiden Werkzeuge zum großen Teil identisch. Für den Gegenwartsbaum ist hervorzuheben:

- Entscheidend ist, zunächst einmal einen Gesamtüberblick über die vorliegenden Problemthemen zu gewinnen. Das ist in einem Unternehmen nicht immer einfach, denn meistens sehen Mitarbeiter nur ihren eigenen Bereich. Hat man diesen Gesamtüberblick nicht, ist es schwierig, zu den entscheidenden, sich mehrfach auswirkenden Kernursachen vorzustoßen. Es empfiehlt sich daher, die Methodik im Team anzuwenden und dabei entsprechend dem Horizont des betrachteten Systems auch den Kreis der Analysierenden hinreichend groß zu fassen.

- Verschiedene Leute können verschiedene Ursachen als die entscheidenden Ursachen ansehen.

- Der Kontext, in dem man die Probleme sieht, bestimmt den Fragehorizont, innerhalb dessen man nach den Grundursachen sucht. Dadurch kann es sein, dass man diese Suche nicht breit und weit genug aufsetzt und so die eigentliche Quelle des Problems gar nicht in den Blick gerät.

- Die Methode nutzt einen linear-kausalen Ansatz und vermag demzufolge keine Wechselwirkungen und komplexeren Vernetzungen darzustellen.

≡ **Bezug zu den grundlegenden Denkschritten**

Das Werkzeug unterstützt den Denkschritt:

- Zusammenhänge erkennen (Kapitel 5, insbesondere Abschnitt 5.3)

8.6 Kraftfeldanalyse

≡ **Zielsetzung**

Eine *Kraftfeldanalyse* wird in Organisationen oft im Zusammenhang mit der Planung von Veränderungen durchgeführt. Sie dient dazu, die Kräfte zu identifizieren, die diese Veränderung unterstützen oder behindern können, und hilft dabei, deren Stärke einzuschätzen. Ziel ist es, die unterstützenden Kräfte dann proaktiv in das Vorhaben mit einzubinden und die hinderlichen Kräfte durch geeignete Maßnahmen zu mindern.

≡ **Kurzbeschreibung**

Ausgangspunkt ist die klare Formulierung des angestrebten veränderten Zustands. Dann sammelt man alle Kräfte und Einflüsse, die den angestrebten Zustand unterstützen und vorantreiben oder ihm entgegenstehen, und ordnet sie jeweils der Kategorie „unterstützende Kräfte" beziehungsweise „behindernde Kräfte" zu. Bei dieser Klassifizierung der Kräfte sollte man natürlich so viele Einflüsse wie möglich identifizieren. Daher ist es erforderlich, einen möglichst umfassenden Rahmen zu betrachten, also nach Kräften sowohl auf Ebene einzelner Individuen, als auch auf Ebene größerer Organisationseinheiten zu suchen.

Anschließend sind die Bedeutung und die Stärke dieser Kräfte einzuschätzen. Dieses erfolgt rein subjektiv auf einer willkürlichen Punkteskala von zum Beispiel 1 (sehr kleine/schwache Kraft) bis 5 (sehr große/starke Kraft). Durch diese Punktebewertung kann man die Kräfte entsprechend ihrer Stärke dann in eine Rangfolge bringen. Das Ergebnis eines solchen Vorgehens ist in Bild 54 an einem Beispiel schematisch dargestellt. Die Stärke einer Kraft ist in diesem Bild durch seinen Punktwert angegeben und zusätzlich noch durch einen entsprechend langen Kraftpfeil visualisiert.

Mit dieser Darstellung hat man eine nachvollziehbare Informationsbasis, die eine Priorisierung dessen erlaubt, was man vorrangig angehen will oder muss. Aktionen könnten dann darauf abzielen, dass bestimmte positive Kräfte verstärkt und/oder negative Kräfte vermindert werden, damit das bestehende Kräfteverhältnis sich zugunsten einer leichteren Zielerreichung verschiebt. Es kann aber natürlich auch sein, dass man aufgrund der Kräfteverhältnisse den Plan dann ganz aufgibt.

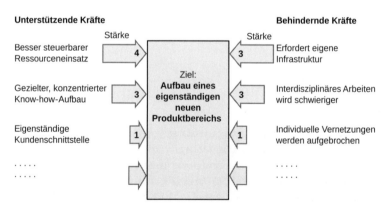

Bild 54 Beispiel zur Kraftfeldanalyse. Sie wird hier genutzt, um das Für und Wider der Aufteilung eines Organisationsbereichs in jeweils eigenständige Einheiten abzuwägen.

Kraftfeldanalyse

- Die Methode allein gibt keine Sicherheit, ob man wirklich alle wichtigen Kräfte erfasst hat. Das aber ist für die Zielsetzung entscheidend.

- Es hängt vom Kontext oder Standpunkt ab, ob man eine Kraft als förderlich oder hinderlich ansieht und dementsprechend klassifiziert. Und es hängt möglicherweise auch von den speziellen Umständen ab, in welcher Form sich die Kraft überhaupt entfalten kann. Man denke nur an die **Änderung von Abläufen in einer Organisation**: Bei dem einen mag sie Widerstand erzeugen, da es bedeutet, eine abgesicherte Position und vertraute Verhaltensweisen aufzugeben. Für den anderen ist so etwas eher erstrebenswert, da er die Abwechslung liebt und in neuen Strukturen auch neue Chancen für sich erwartet. Oder denken wir an einen **Wohnungswechsel**: Eine Stadtwohnung kann für manche erstrebenswert sein, da man dann sehr nahe an Geschäften und kulturellen Einrichtungen ist, könnte aber auch von anderen eher gemieden werden, da es in einer Stadt hektisch und laut zugeht und sie kleinen Kindern oft zu wenig Entfaltungsmöglichkeiten bietet.

- Die Gewichtung der Kräfte durch Punkte ist natürlich ebenfalls subjektiv und darüber hinaus meistens nur eine Momentaufnahme. Sie kann unter anderen, neuen Umständen wieder ganz anders gesehen werden.

- Es gibt keine klaren Kriterien für die Abstufung der Punkte.

≡ **Bezug zu den grundlegenden Denkschritten**

Das Werkzeug unterstützt die Denkschritte:

- Klassifizieren (Kapitel 3)
- Ordnen (Kapitel 4)

8.7 Nutzwertanalyse

≡ **Zielsetzung**

Die *Nutzwertanalyse*[45] (andere Bezeichnungen sind: *Punktbewertungsverfahren*, *Scoringverfahren*) wird herangezogen, um Objekte entsprechend der Ausprägungen ausgewählter Merkmale zu einer Rangfolge zu ordnen. Das Verfahren wägt dazu für jedes Betrachtungsobjekt die Ausprägungen der ausgewählten Merkmale gegeneinander ab und aggregiert diese Ausprägungen zu einer Gesamtkennzahl. Diese Kennzahl ist ein Maß für den

Nutzen des betrachteten Objekts und Basis für die angestrebte Rangfolge. Eine solche Rangfolge wird zum Beispiel gebraucht, wenn zwischen den Objekten eine Auswahlentscheidung getroffen werden muss.

Im Unterschied zur Erwartungsnutzenanalyse (siehe den zugehörigen Steckbrief in Abschnitt 8.3) ist die Nutzwertanalyse nicht auf Situationen mit unsicheren oder unbekannten Merkmalsausprägungen anwendbar. Sie erwartet klar definierte Größen für die Ausprägungen der betrachteten Merkmale.

≡ Kurzbeschreibung

An dieser Stelle sei auf Abschnitt 4.4 verwiesen, in dem das Verfahren ausführlich dargestellt wurde. Die einzelnen methodischen Schritte dieses Verfahrens lassen sich wie folgt zusammenzufassen:

- Abhängig von Problem oder Fragestellung sind zunächst die Objekte festzulegen, die betrachtet und in Form einer Rangfolge geordnet werden sollen.

- Die dafür relevanten Merkmale sind zu identifizieren und für jedes betrachtete Objekt die Ausprägungen zu erfassen, die diese Merkmale bei dem jeweiligen Objekt haben.

- Um ein Ranking für die Objekte zu erstellen, müssen die Ausprägungen der betrachteten Merkmale gegeneinander abgewogen werden. Dazu benötigt man eine Art „Übersetzung" der Merkmalsausprägungen in eine „neutrale" universelle Skala. Dieses erfolgt mithilfe einer *Wertfunktion (Value Function)*, die für jedes Merkmal zu konstruieren ist. Bei der Konstruktion dieser Funktion ist zu beachten:
  - Die Wertfunktion ist so zu normieren, dass ihre Werte den Bereich von 0 (geringster Wert) bis 1 (höchster Wert) abdecken.
  - Die Abstände der Funktionswerte der Wertfunktion müssen wohldefiniert sein, müssen also mindestens eine Intervallskala bilden.

- Weiterhin ist festzulegen, mit welchen „Gewicht" jedes Merkmal zum Gesamt-Wert eines Objektes beiträgt. Diese Gewichtsfaktoren sind abhängig von der Bedeutung des Merkmals *und* abhängig vom Spektrum der vorhandenen Merkmalsausprägungen zu bestimmen.

Für jedes betrachtete Objekt werden dann die folgenden Berechnungsschritte durchgeführt:

- Mittels der Wertfunktionen werden die Ausprägungen der Merkmale des Objekts in eine Zahl übersetzt, die den „Wert" des Objekts bezüglich dieser Ausprägung widerspiegelt.

- Diese einzelnen ausprägungsbezogenen „Werte" werden dann für jedes Objekt zu einem Gesamtwert zusammengefasst, indem man sie mithilfe der genannten Gewichtsfaktoren als gewichtetes Mittel zusammenführt. Dieser Gesamtwert bildet für jedes Objekt dann eine charakteristische Kennzahl, die den Nutzen des Objekts für das angestrebte Ziel ausdrückt und daher als *Nutzwert* bezeichnet wird.

Über den Vergleich der Nutzwerte für die verschiedenen Objekte kann dann ein Ranking der Objekte erfolgen.

Da die Wertfunktionen und die Gewichte sich aus subjektiven Einschätzungen ergeben, ist final dann noch die Stabilität des Rankings abzusichern. Es ist also zu prüfen, ob bei einer möglichen kleinen Variation dieser subjektiven Einschätzungen sich die Rangfolge ändert oder nicht (Sensitivitätsanalyse).

Bild 20 auf Seite 116 fasst die zentralen Schritte dieses Verfahrens in grafischer Form zusammen und Bild 19 auf Seite 115 veranschaulicht das Vorgehen an einem Beispiel.

Die Nutzwertanalyse wird verwendet,

- um Merkmale im Hinblick auf eine bestimmte Zielsetzung zu einem übergreifenden, aggregierenden Merkmal zusammenführen zu können (zum Beispiel im Rahmen der Portfolioanalyse nach McKinsey; siehe Abschnitt 8.10),
- um bei einer Entscheidung zwischen mehreren Alternativen mithilfe des Nutzwertes die bestmögliche Option identifizieren zu können.

≡ **Mögliche Anwendungsprobleme und Fallstricke**

Jeder Schritt dieses Verfahrens stellt eine Quelle für mögliche Fehler dar. Insbesondere sind deshalb die folgenden Aspekte bei diesem Werkzeug immer kritisch zu prüfen:

- Die Auswahl der Merkmale, die zum Wert/Nutzen der betrachteten Objekte beitragen, ist subjektiv geprägt und daher durch Konsensbildung abzusichern.
- Die herangezogenen Merkmale müssen in ihrer Bedeutung überschneidungsfrei sein.
- Die herangezogenen Merkmale müssen voneinander unabhängig sein in dem Sinne, dass die Beurteilung des Wertes eines Merkmals nicht von den Ausprägungen der anderen Merkmale abhängen darf.
- Die Werte der Wertfunktionen müssen die Anforderungen an eine Intervallskala erfüllen.

- Die Gewichtsfaktoren für die Merkmale sind relativ zueinander und unter Berücksichtigung der maximalen Merkmalsausprägungen festzulegen. Dazu sind spezifische Verfahren (wie z. B. das Swing-Verfahren) erforderlich.

- Die Stabilität der Rangfolge bei Variation der subjektiven Einschätzungsparameter ist zu untersuchen, um die Objekte identifizieren zu können, bei denen die Einordnung in die Rangfolge nicht so klar und sicher ist.

Schließlich sei noch angemerkt: Es ist nie ganz sicher, ob bei den Anwendern dieser Methode unbewusst vielleicht schon bestimmte Präferenzen vorliegen, und dementsprechend die subjektiven Parameter hierbei so gesetzt werden, dass beim Ranking genau diese intuitive Vorbewertung herauskommt. Dann hätte man das Verfahren nur als nachträgliche Rechtfertigung längst vollzogener Bewertungen genutzt. Auch das kommt in der Realität öfter vor. Das wäre dann zwar nicht im Sinne der Methodenerfinder, hätte aber immerhin noch eine gute Seite: Es würde zumindest die Voraussetzungen für das Ergebnis transparent und damit auch hinterfragbar machen.

≡ **Bezug zu den grundlegenden Denkschritten**

Das Werkzeug unterstützt den Denkschritt:

- Ordnen (Kapitel 4, insbesondere Abschnitt 4.4).

8.8 Pareto-Analyse

≡ **Zielsetzung**

Die *Pareto-Analyse* dient dazu, die Schlüsselfaktoren zu ermitteln, die den größten Einfluss auf die Lösung eines Problems haben. Oder positiv ausgedrückt: Sie dient dazu, die Mittel zu identifizieren, die den größten Einfluss auf ein angestrebtes Ziel haben. Hinter diesem Werkzeug steht die Erfahrung, dass 80 % einer angestrebten Wirkung bereits durch ca. 20 % des dazu erforderlichen Aufwands erreicht wird. Und für die restlichen 20 % der angestrebten Wirkung sind dementsprechend 80 % des Aufwands erforderlich. Daher spricht man in diesem Zusammenhang auch von der „80:20-Regel" oder dem „Pareto-Prinzip". Die 80:20-Regel ist natürlich nur als „Daumenregel" zu verstehen: Die genannten Prozentzahlen sind ungefähre Anhaltspunkte und nicht exakt zu erwarten.

Am Anfang steht die Definition des zu lösenden Problems beziehungsweise des angestrebten Ziels. Zum Beispiel kann es in einem Unternehmen
um das Ziel gehen, die **Umsatzzahlen** zu steigern. In diesem Zusammenhang stellt sich dann die Frage, welche der Produkte den Hauptumsatz
ausmachen und daher für das Ziel die wirksamsten Stellhebel darstellen.
Eine Antwort darauf liefert die Pareto-Analyse. Für diese Analyse werden
im ersten Schritt die verkauften Produkte nach der Produktart klassifiziert. Auf diese Weise erhält man direkt die Zahl der Verkäufe pro Produktart und kann damit auch sofort den erzielten Umsatz pro Produktart
errechnen. Der letzte Schritt der Analyse besteht dann darin zu klären,
welche Produktarten zu ca. 80 % des Umsatzes beitragen.

Ein anderes Beispiel: Es sei angenommen, dass die Entwicklungsprojekte
eines Unternehmens immer wieder Probleme mit der **Termineinhaltung**
haben. Dann wäre hier die Frage zu klären, was die Hauptursachen für das
Überschreiten der Zieltermine in den Projekten sind. Bei einer solchen
Fragestellung hat man ein etwas komplizierteres Problem als bei dem
Umsatzbeispiel. Denn hierbei muss man die potenziellen Ursachen überhaupt erst einmal identifizieren. Diese Ursachenforschung hat ihre eigene
Komplexität, denn hinter einer zunächst identifizierten Ursache (Beispiel:
verzögerter Abschluss bestimmter Arbeitspakete) steht oft eine tiefer liegende Ursache (zum Beispiel: Ausfall eines zuarbeitenden Mitarbeiters, ...).
Und so kommt man von der Ursache zur Ursache der Ursache und so fort.
Entscheidende Voraussetzung für eine Pareto-Analyse der Terminüber-
schreitungen ist, klar unterscheidbare Einflüsse für die zeitlichen Verzögerungen zu finden, sodass die verzögerten Projekte eindeutig nach Ursachenarten X, Y, Z, ... klassifiziert werden können und damit die Anzahl
der verzögerten Projekte pro Ursachenart ermittelt werden kann.

Die Pareto-Analyse klassifiziert also Objekte. Die Anzahl der Objekte pro
Klasse wird bei dieser Analyse in Form eines Balkendiagramms dargestellt.
Dabei ordnet man die betrachteten Objektklassen so an, dass sie eine
Reihe mit absteigender Häufigkeit bilden. Auf diese Weise erhält man eine
Rangfolge für die Relevanz der Ursachen. Dann hat man eine einfache
Möglichkeit, diese Häufigkeiten „Stück für Stück" zu kumulieren (begin-
nend mit der häufigsten Ursache), um so genau die Ursachen zu identifi-
zieren, die für ca. 80 % der Wirkung verantwortlich sind. Bild 55 veran-
schaulicht diese Kumulation am Beispiel des Umsatzes pro Produktart.

Auf Basis dieser Analyse ist man dann in der Lage, gezielte Aktionen für
die wichtigsten Ursachen aufzusetzen. Ohne diese Analyse wäre die
Gefahr relativ groß, dass man genau bei den Ursachen ansetzt, die überwiegend – und zwar zu ca. 80 % – das Ursachenspektrum füllen und Ressourcen binden, aber nur zu ca. 20 % für die Wirkung verantwortlich sind.

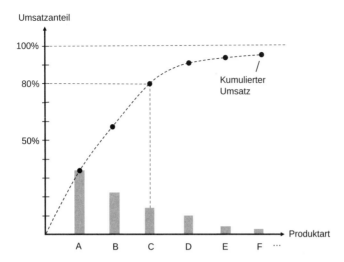

Bild 55 Beispiel zur Pareto-Analyse zur Klärung der Frage: Mit welcher Art von Produkten wird der Hauptumsatz erzielt? In diesem Fall machen die drei Produktarten A, B und C bereits 80 % des Umsatzes aus.

≡ **Mögliche Anwendungsprobleme und Fallstricke**

- Eine erste Schwierigkeit ist oft, die möglichen ursächlichen Faktoren für das bestehende Problem beziehungsweise das gesetzte Ziel zu identifizieren (siehe dazu die Steckbriefe in den Abschnitten 8.1, 8.4 und 8.5). Denn leider ist das, was man als mögliche Ursache sieht oder auch nicht sieht, stark vom aktuellen Kontext abhängig und subjektiv geprägt. Die Festlegung der ursächlichen Faktoren ist daher bei dieser Methode immer genau zu prüfen.

- Hat man diese Faktoren identifiziert, sollte damit auch feststehen, welche Objekte man betrachten muss und nach welchem Merkmal man diese zu klassifizieren hat. Dabei ist sicherstellen, dass die Merkmalsausprägungen und damit die betrachteten Kategorien für die Klassifikation eine adäquate Granularität besitzen. Damit ist gemeint: Die Granularität darf nicht zu grob sein und muss hinreichend viele Kategorien ermöglichen, damit sich die erwartete Verteilung überhaupt statistisch ausbilden kann.

- Dann muss man im Hinblick auf die Klassifizierung auch absichern, dass diese vollständig ist. Hat man also im Falle der Projektverzögerungen überhaupt an alle möglichen Verzögerungsfaktoren gedacht? Dazu können andere Werkzeuge wie zum Beispiel das Fischgrätendiagramm (siehe dazu dessen Steckbrief in Abschnitt 8.4) Hilfestellung geben.

Pareto-Analyse

- Schließlich ist auch sicherzustellen, dass die Klassifizierung überschneidungsfrei ist. Sind die klassifizierenden Kategorien also so definiert, dass man sie klar voneinander abgrenzen und die Objekte eindeutig einordnen kann? Um das am Beispiel der **Projektverzögerungen** klar zu machen: Wenn man „erhöhter Aufwand" (Arbeitspaket erforderte mehr Aufwand als geplant) und „erhöhte Komplexität" (Aufgaben des Arbeitspakets waren komplexer als ursprünglich vorausgesehen) als Ursachenarten festlegt, dann nutzt man für die Klassifikation zwei Kategorien, die sich leider überschneiden. Denn die erhöhte Komplexität bedeutet in Folge natürlich sehr oft auch gleichzeitig einen erhöhten Aufwand – wenn man mal von gleichen Randbedingungen (wie insbesondere gleichen Mitarbeitern) ausgeht.

≡ **Bezug zu den grundlegenden Denkschritten**

Das Werkzeug unterstützt die Denkschritte:

- Klassifizieren (Kapitel 3)
- Zusammenhänge erkennen (Kapitel 5, insbesondere Abschnitt 5.3)

8.9 PMI-Methode

≡ **Zielsetzung**

PMI steht als Akronym für „Plus", „Minus" und „Interessant" und dient dazu, sich über die Pros und Kontras Klarheit zu verschaffen, die für oder gegen eine bestimmte Handlungsalternative sprechen. Die Methode ist eng mit der Kraftfeldanalyse (siehe Steckbrief in Abschnitt 8.6) verwandt, erweitert diese jedoch dadurch, dass sie einen numerischen Wert liefert, der in Summe die Stärke der Pro-Argumente gegenüber den Kontra-Argumenten zum Ausdruck bringt.

≡ **Kurzbeschreibung**

Die PMI-Methode sammelt zu einer bestimmten Handlungsalternative oder allgemeinen Entscheidungsoption alle Argumente,

- die dafür sprechen (Kategorie „*Plus*") und
- dagegen sprechen (Kategorie „*Minus*") und
- benennt alle möglichen interessanten Konsequenzen, die sich bei dieser Alternative ergeben (Kategorie „*Interessant*").

PMI liefert also eine Klassifikation von Argumenten nach drei Kategorien. Damit werden mögliche Beweggründe explizit erfasst und transparent gemacht und eine systematische Vorgehensweise bei der Erhebung der Pros und Kontras unterstützt.

Analog zu den Kräften bei der Kraftfeldanalyse werden bei der PMI-Methode die Argumente in jeder der genannten Kategorien entsprechend ihrer Bedeutung durch die Vergabe von Punkten (gemäß einer subjektiven Skala von zum Beispiel 1 bis 5) bewertet. Dabei bekommen die Pro-Argumente ein Plus und die Kontra-Argumente ein Minus als Vorzeichen. Bei den „Interessant"-Aspekten richtet sich das Vorzeichen danach, ob die jeweilige Konsequenz als positiv oder negativ angesehen wird.

Im Unterschied zur Kraftfeldanalyse folgt dann noch ein weiterer Schritt. Er besteht in der Addition aller vergebenen Punkte. Auf diese Weise erhält man eine einzige Zahl als Ausdruck dafür, wie stark bei dieser Alternative die Pro-Argumente den Kontra-Argumenten überlegen beziehungsweise unterlegen sind.

Liegen mehrere Handlungsoptionen vor, wird man dieses Vorgehen bei jeder der Alternativen umsetzen. Durch die abschließend dabei jeweils gewonnene Zahl ist man dann in der Lage, diese Alternativen gegeneinander abzuwägen und in eine Rangfolge zu bringen.

Tabelle 8 Anwendung der PMI-Methode auf die Fragestellung: Soll Herr X von seiner Kleinstadt in die nahegelegene Großstadt umziehen, weil er dort eine neue Arbeitsstelle angetreten hat? Bei den in der Tabelle dargestellten Argumenten spricht alles dafür, da sich die vergebenen Punkte zu +15 − 11 + 1 = +5, also zu einer positiven Zahl addieren.

Plus	Punkte	Minus	Punkte	Interessant	Punkte
Kurzer Arbeitsweg	+5	Aufgabe des jetzigen sozialen Netzes	-5	Neue Kollegen leichter zu treffen	+2
Attraktives Freizeit- und Kulturangebot	+3	Mehr Unruhe und Hektik	-2	Vermutlich Verzicht auf „Natur" direkt vor der Haustür	-1
Gute Infrastruktur mit kurzen Wegen	+4	Teureres Wohnen	-4		
Gute Ausbildungsmöglichkeiten für die Kinder	+3				
Summe	**+15**		**-11**		**+1**

Tabelle 8 illustriert das geschilderte Vorgehen an einem Beispiel. Dieses Beispiel wurde bereits in Kapitel 4, Abschnitt 4.2 angesprochen und dort mit Tabelle 4 in verkürzter Form dargestellt. Tabelle 8 vervollständigt diese Darstellung durch Ergänzung der „Interessant"-Kategorie.

≡ Mögliche Anwendungsprobleme und Fallstricke

PMI erweitert die Kraftfeldanalyse. Im Hinblick auf das Sammeln von Pro- und Kontra-Argumenten besteht aber ein identisches Vorgehen. Daher tauchen die bei der Kraftfeldanalyse genannten möglichen Problemthemen (siehe Abschnitt 8.6) auch hier wieder auf:

- Die Methode allein gibt keine Sicherheit, ob man wirklich alle Plus-, Minus- und Interessant-Argumente erfasst hat. Das ist aber für die Zielsetzung entscheidend.
- Es hängt oft vom Kontext oder Standpunkt ab, ob man ein Argument unter Pro (Plus) oder Kontra (Minus) einstuft.
- Die zahlenmäßige Gewichtung der Argumente ist subjektiv geprägt und stellt in der Regel nur eine Momentaufnahme dar.
- Es gibt keine klaren Kriterien für die Abstufung der Punkte.

Bei PMI kommen aber noch folgende Spezifika hinzu:

- Das, was unter dem Stichwort „Interessant" mit einem positiven Gewicht notiert wird, ist oft schwer von einem Pro-Argument zu unterscheiden. Entsprechendes gilt für die negativ bewerteten „Interessant"-Aspekte. Diese Schwierigkeit der Differenzierung ist jedoch nicht grundsätzlich problematisch, wenn man beim Abwägen der Entscheidung gedanklich ohnehin die Gesamtheit aller Plus-Aspekte der Gesamtheit aller Minus-Aspekte gegenüberstellt.
- Die formale Aggregation aller Aspekte durch Addition der vergebenen Punktwerte zu einer einzigen Zahl ist aber grundsätzlich problematisch, da eine einfache Vergabe von Punkten nur zu einer Ordnungsskala führt, die noch keine Addition erlaubt. Der bei PMI sich ergebende Gesamtwert für alle P-, M-, und I-Aspekte ist insofern nicht mathematisch fundiert. Dieses wäre nur gegeben, wenn man eine Intervallskala als Basis hätte.

≡ Bezug zu den grundlegenden Denkschritten

Das Werkzeug unterstützt die Denkschritte:

- Klassifizieren (Kapitel 3)
- Ordnen (Kapitel 4, insbesondere die Abschnitte 4.2 und 4.4)

8.10 Portfolioanalyse

≡ **Zielsetzung**

Die *Portfolioanalyse* ist ein Instrument des strategischen Managements zur Bewertung der Wettbewerbsstärke der Geschäftsfelder eines Unternehmens. Dazu betrachtet sie die Geschäftsfelder einerseits aus externer Markt- und Umweltsicht und andererseits aus interner Unternehmenssicht und ordnet deren Stärke auf einer groben Skala ein. Die Portfolioanalyse wird genutzt, um erforderliche Aktivitäten für die weitere strategische Ausrichtung dieser Geschäftsfelder und ihrer Produkte zu identifizieren.

≡ **Kurzbeschreibung**

Entsprechend den zwei genannten Sichten visualisiert die Portfolioanalyse die Geschäftsfelder in einer zweidimensionalen Matrixdarstellung. Dabei werden die externen, nicht kontrollierbaren Einflussgrößen auf der vertikalen und die unternehmensinternen, kontrollierbaren Größen auf der horizontalen Achse aufgetragen. Die Geschäftsfelder oder deren Produkte werden dann in dieser Matrix entsprechend ihrem Status positioniert. Bild 56 zeigt im Teil A den grundsätzlichen Aufbau dieser Darstel-

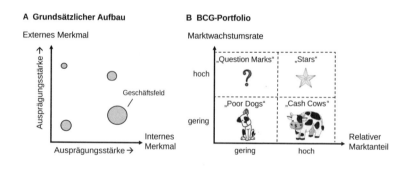

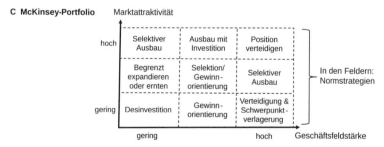

Bild 56 Der grundsätzliche Aufbau zur Darstellung einer Portfolioanalyse (A) und zwei seiner konkreten Ausgestaltungen (B und C)

lung. Dabei wird manchmal auch noch der Umsatz eines Geschäftsfeldes durch die Größe der „Geschäftsfeld"-Kreise dargestellt.

Es gibt unterschiedliche Ausgestaltungen dieses Grundaufbaus, die im Wesentlichen mit den Größen zusammenhängen, die bei der externen und internen Dimension betrachtet werden.

Historischer Vorreiter war das von der Boston Consulting Group (BCG) geschaffene Portfolio. Bei diesem wird das Marktwachstum als Messgröße für die externe Dimension und der relative Marktanteil als Größe für die interne Dimension genommen. Beide Größen haben eine relativ einfache Berechnungsvorschrift:

- Die Marktwachstumsrate lässt sich aus der Entwicklung der Umsätze für ein Produkt auf dem interessierenden Zielmarkt durch Vergleich zur Vorperiode berechnen.

- Der relative Marktanteil wird meistens durch das Verhältnis des eigenen Marktanteils im Vergleich zum stärksten Konkurrenten ausgedrückt.

Bild 56 zeigt im Teil B das Schema dieses BCG-Portfolios, bei dem man in der Matrixdarstellung grob vier Quadranten unterscheidet. Die in diesen Quadranten genannten Begriffe geben bildhaft die strategische Situation der Geschäftsfelder wieder, die in diesen Quadranten liegen:

- „Question Marks" kennzeichnen die gerade entstandenen und noch wachsenden Geschäftsfelder.

- „Stars" sind Geschäftsfelder mit einer starken Marktposition.

- „Cash Cows" sind Felder mit hohem Gewinn, befinden sich allerdings in einem nur noch gering wachsenden Marktumfeld.

- „Poor Dogs" kennzeichnen Felder, die in stagnierenden Märkten operieren und nur noch wenig zum Unternehmenserfolg beitragen.

Das BCG-Portfolio wurde später stark kritisiert, da für die interne und externe Dimension noch eine Reihe weiterer Faktoren als bedeutsam erkannt wurden. In dieser Folge hat sich das von der Unternehmensberatung McKinsey entworfene Portfoliokonzept etabliert.

Das McKinsey-Portfolio betrachtet bei der externen Dimension nicht nur das Marktwachstum, sondern auch andere Faktoren wie zum Beispiel Marktgröße, Wettbewerbsstruktur oder Investitionsbedarf und fasst diese zum Merkmal „Marktattraktivität" zusammen. Ebenso wird bei der internen Dimension nicht nur der relative Marktanteil betrachtet, sondern man betrachtet auch andere interne Ressourcen und Fähigkeiten, die zur Wettbewerbstärke beitragen, wie Innovationsfähigkeit, regionale Präsenz oder Markenwert. Diese Faktoren werden dann zum Merkmal „Geschäftsfeldstärke" gebündelt.

Im Teil C von Bild 56 ist das Schema dieses McKinsey-Portfolios darge-stellt. Wie beim BCG-Portfolio hat man auch hier die Darstellungsmatrix in verschiedene Felder unterteilt. Statt vier werden hierbei üblicherweise neun Bereiche unterschieden, für die unterschiedliche Strategien für ein Geschäftsfeld empfohlen werden, wenn es dort positioniert ist (in der Abbildung nur stichwortartig angedeutet).

Portfoliodarstellungen können also auf komprimierte und anschauliche Weise die strategische Situation der Geschäftsfelder beziehungsweise der dort verantworteten Produkte eines Unternehmens wiedergeben.

≡ Mögliche Anwendungsprobleme und Fallstricke

Ohne Anspruch auf Vollständigkeit sei hier auf folgende Punkte hinge-wiesen:

- Die Portfoliodarstellungen setzen die Unabhängigkeit der Geschäfts-felder voneinander beziehungsweise der von ihnen vertretenen Produkte voraus. Dieses ist nicht immer gegeben.

- Eine weitere Voraussetzung dieser Darstellungen ist, dass der relevante Markt klar abgegrenzt werden kann. Je nachdem, wo man diese Grenze zieht, verändert sich jedoch die Positionierung der Geschäftsfelder in der Matrix.

- Beim BCG-Portfolio werden die externe und interne Dimension extrem vereinfacht und auf jeweils nur ein Kriterium reduziert. Es ist fraglich, ob gerade diese die dominierenden Größen für das jeweilige Unternehmen sind. (Auch kleine Unternehmen können bekannt-lich sehr erfolgreich sein.)

- Beim McKinsey-Portfolio ist unternehmensspezifisch zu prüfen, welche Aspekte für die Marktattraktivität und welche für die Geschäftsfeldstärke bedeutsam sind. Diese Auswahl kann durch Branche, Region und dergleichen sehr spezifisch geprägt sein, wird jedoch in den Darstellungen nicht immer transparent gemacht und ist daher kritisch zu hinterfragen.

- Das McKinsey-Portfolio aggregiert die verschiedenen internen und externen Faktoren zu jeweils einer übergreifenden Größe. Diese Aggregation ist jedoch nur dann methodisch solide, wenn die bei der Nutzwertanalyse beschriebenen Erfordernisse (siehe den Steckbrief zur Nutzwertanalyse in Abschnitt 8.7 und die Ausfüh-rungen in Abschnitt 4.4) für eine Aggregation eingehalten werden. Dementsprechend ist auch bei dieser Portfoliovariante zu prüfen,
  - ob die aggregierten Faktoren unabhängig voneinander sind,
  - ob sie nach korrektem Verfahren gewichtet worden sind,

- ob ihre Ausprägungen auf eine neutrale Skala abgebildet worden sind, die eine Intervallskala darstellt, so dass eine Aggregation ihrer Werte zu einer einzigen Kennzahl möglich wird.
- Die Grenzen der Portfoliofelder in der Matrix sind subjektiv festgelegt und daher aufmerksam zu betrachten. Änderungen der Werte, die diese Grenzen festlegen, verschieben Geschäftsbereiche in andere Portfoliosegmente und legen damit ganz andere Strategien nahe. Auch in dieser Hinsicht bestehen also Fehlerquellen, durch die Fehlentscheidungen möglich werden.

≡ **Bezug zu den grundlegenden Denkschritten**

Das Werkzeug unterstützt den Denkschritt:
- Ordnen (Kapitel 4)

8.11 Priorisierungsraster

≡ **Zielsetzung**

Das *Priorisierungsraster* wird benutzt, um Aufgaben oder andere Dinge, bei denen eine Auswahl getroffen werden muss, grob zu priorisieren. Dabei hängt es von den spezifischen Umständen und Randbedingungen ab, welche Merkmale der anstehenden Aufgaben beziehungsweise auszuwählenden Objekte man bei dieser Priorisierung heranzieht. Meistens betrachtet man dabei nur zwei Merkmale und für jedes dieser Merkmale auch nur zwei Ausprägungskategorien (geringer Merkmalswert, hoher Merkmalswert).

≡ **Kurzbeschreibung**

Entscheidend bei diesem Priorisierungswerkzeug ist die Festlegung der Kriterien, nach denen die Aufgaben beziehungsweise auszuwählenden Objekte klassifiziert werden sollen, um sie danach priorisieren zu können. Diese Kriterien bilden in der grafischen Darstellung die Achsen des Priorisierungsrasters, in das die zu priorisierenden Objekte dann einzuordnen sind. Bild 57 macht dieses anhand von zwei Beispielen deutlich:
- Bei einer Entscheidung über die vorrangig umzusetzenden **Funktionen einer Anwendungssoftware** könnte man den Kundennutzen und die Komplexität der Funktion als Kriterien für eine Priorisierung heranziehen. Dann kann man ein Raster wie im Teil A der Abbildung aufbauen und darin die umzusetzenden Funktionen einordnen.

- Für eine Priorisierung von **Aufgaben** (Teil B) kann man nach einem Prinzip vorgehen, das nach dem ehemaligen US-Präsidenten Eisenhower benannt wurde. Nach diesem Prinzip betrachtet man die Dringlichkeit (bezogen auf die verfügbare Zeit) und die Wichtigkeit (bezogen auf deren Auswirkungen) der Aufgaben und baut damit das zweidimensionale Priorisierungsraster auf.

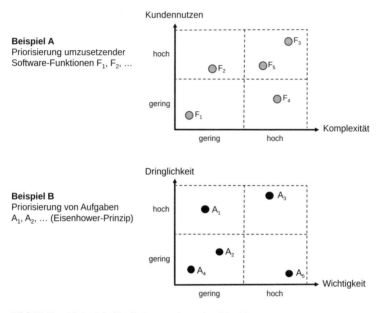

Bild 57 Zwei Beispiele für die Anwendung des Priorisierungsrasters

Bei jedem dieser beiden Beispiele ergeben sich 4 mögliche Kombinationen für die Merkmalsausprägungen, so dass die grafische Darstellung jeweils ein Raster aus 2 × 2 = 4 Feldern liefert. Für jedes dieser vier Felder hat man dann dessen Priorität festzulegen und dementsprechend seine Handlungsentscheidungen zu treffen.

≡ **Mögliche Anwendungsprobleme und Fallstricke**

- Die zur Priorisierung herangezogenen Merkmale sind vom Betrachter festzulegen und insofern subjektiv und kontextabhängig. Deren Angemessenheit ist insofern immer genau zu prüfen.

- Die genutzten zwei groben Merkmalsausprägungen (gering, hoch) sind eine starke Vereinfachung der Realität. Deren gegenseitige Abgrenzung ist in der Regel nicht definiert, so dass die zu klassifizie-

Priorisierungsraster

renden Objekte wegen dieses „Graubereichs" nicht immer eindeutig zugeordnet werden können.

- Die Klassifizierung der zu priorisierenden Objekte ist das Ergebnis einer subjektiven Einschätzung und sollte insofern vom Konsens eines angemessen großen Teams getragen werden.

≡ **Bezug zu den grundlegenden Denkschritten**

Das Werkzeug unterstützt die Denkschritte:

- Klassifizieren (Kapitel 3)
- Ordnen (Kapitel 4)

8.12 Risikoanalyse

≡ **Zielsetzung**

Risiken sind potenzielle Probleme, die sich für ein Vorhaben, ein Projekt oder ähnliches in der Zukunft ergeben können und damit das angestrebte Ziel gefährden. Auch für technische Systeme werden Risiken untersucht – Risiken, die zu einem möglichen Versagen oder Fehlverhalten des Systems führen und damit Schaden verursachen können. Die *Risikoanalyse* dient dazu, derartige Risiken zu identifizieren und ihr Ausmaß mithilfe geeigneter Risikoparameter abzuschätzen. Auf Basis dieser Analyse werden dann die Risiken in eine Rangfolge gebracht, so dass transparent wird, welchen davon man vorrangig mit geeigneten Maßnahmen vorbeugend begegnen muss.

≡ **Kurzbeschreibung**

Ausgangspunkt ist die systematische Erfassung möglicher zukünftiger Ereignisse, die ein angestrebtes Ziel (Erreichung der Projektziele, ordnungsgemäße Funktion des Systems, ...) gefährden können und damit ein Risiko darstellen. Ihr Eintreten ist ungewiss, so dass man dafür nur eine gewisse Wahrscheinlichkeit angeben kann. Und sie haben einen negativen Effekt auf die angestrebten Ziele, sind also mit einem gewissen Schaden verbunden. Schließlich muss man sich bei jedem Risiko auch noch fragen, wie groß die Wahrscheinlichkeit ist, dieses Risiko überhaupt zu entdecken.

Für jedes identifizierte Risiko wird daher abgeschätzt:

- seine Eintrittswahrscheinlichkeit
- seine Schadenshöhe
- seine Entdeckungswahrscheinlichkeit.

Die Entdeckungswahrscheinlichkeit ist nur dann ein wichtiger Parameter, wenn sie für unterschiedliche Risiken auch unterschiedlich ausfallen kann. Dieses ist typischerweise bei technischen Systemen der Fall. Bei der Bewertung von Projektrisiken spielt diese Wahrscheinlichkeit in der Praxis kaum eine Rolle.

Die Abschätzung der genannten Risikomerkmale erfolgt üblicherweise auf einer subjektiven Einschätzungsskala. Zum Beispiel könnte man für die Eintrittswahrscheinlichkeit dann die drei Kategorien „niedrig", "mittel", „hoch" unterscheiden oder auch eine fünfstufige Klassifikation („niedrig", „eher niedrig", „mittel", „eher hoch", „hoch") betrachten. Entsprechendes gilt für die beiden anderen Merkmale.

In Projekten findet man sehr oft die einfache dreistufige Skala. Bei technischen Systemen werden im Rahmen dafür ausgelegter spezifischer Verfahren fünf- oder sogar zehnstufige Skalen genutzt.

Zur Visualisierung der Risikosituation kann man zwei der genannten Risikoattribute heranziehen, um die Risiken darin einzuordnen. Sehr gebräuchlich ist die zweidimensionale Darstellung der Risiken nach Eintrittswahrscheinlichkeit und Schadenshöhe in Form einer Matrix. In Kapitel 3 wurde mit Bild 8 eine solche Darstellung wiedergegeben.

Etabliert hat es sich auch, für die Merkmalsausprägungen Zahlen einzuführen. Bei einer Differenzierung der Merkmalsausprägungen in fünf Stufen nutzt man dementsprechend dann die natürlichen Zahlen von 1 bis 5, wobei bei der Eintrittswahrscheinlichkeit und der Schadenshöhe die 1 für die niedrigste Ausprägung und 5 für die höchste Ausprägung steht. Bei der Entdeckungswahrscheinlichkeit ist die Wertezuordnung genau umgekehrt: 1 steht für die höchste und 5 für die niedrigste Entdeckungswahrscheinlichkeit.

Aus diesen Zahlen wird dann meistens die sogenannte Risikoprioritätszahl RPZ berechnet:

$$RPZ = \text{Eintrittswahrscheinlichkeit} \times \text{Schadenshöhe} \times \text{Entdeckungswahrscheinlichkeit}$$

Da die Entdeckungswahrscheinlichkeit für die Bewertung von Projektrisiken in der Regel kein relevanter Faktor ist, vereinfacht sich für diese die RPZ zu der in Kapitel 3 genannten Risikoschwere:

$$\text{Risikoschwere} = \text{Eintrittswahrscheinlichkeit} \times \text{Schadenshöhe}$$

Die RPZ beziehungsweise die Risikoschwere dienen dazu, die Risiken in eine Rangfolge zu bringen und zu priorisieren. Je größer diese Zahl ist, desto wichtiger ist es, diesem Risiko proaktiv zu begegnen – also Maßnahmen festzulegen und zu ergreifen, die helfen, dieses Risiko zu mindern oder vielleicht sogar ganz zu vermeiden.

≡ **Mögliche Anwendungsprobleme und Fallstricke**

- Die Möglichkeit, das Risikoumfeld nicht vollständig erfasst und damit Risiken übersehen zu haben, ist ein zentrales kritisches Element. Eine systematische Herangehensweise an die Erfassung aller möglichen Störgrößen ist daher hilfreich.

- Für die Ausprägungen der drei Risikoattribute sind meistens Werte benannt, deren Abgrenzung nicht klar definiert ist, was zu Fehlern bei der Klassifizierung führen kann.

- Die Ausprägungen der genannten Risikoattribute bilden eine Ordinalskala und keine Intervallskala. Daher sind Rechnungen mit den Ziffern, die man den Ausprägungen der Risikoattribute meistens zuordnet, nicht erlaubt. Diese Ziffern sind reine Rangzahlen, weshalb auch die RPZ beziehungsweise die Risikoschwere nur ein Abstufungsmaß darstellt. Wenn diese Ziffern wie exakte numerische Rechengrößen angesehen und genutzt werden (was teilweise in der Praxis geschieht), dann ist das aus mathematischer Sicht ein fragwürdiges Unterfangen.

≡ **Bezug zu den grundlegenden Denkschritten**

Das Werkzeug unterstützt die Denkschritte:

- Klassifizieren (Kapitel 3, insbesondere Abschnitt 3.4)
- Ordnen (Kapitel 4, insbesondere Abschnitt 4.2)

8.13 Stärken-Schwächen-Profil

≡ **Zielsetzung**

Das *Stärken-Schwächen-Profil* wird in Unternehmen oft im Rahmen einer Konkurrenzanalyse erstellt, um festzustellen, welche Stärken und Schwächen man im Vergleich zu seinen Wettbewerbern hat. Ziel dabei ist es, aus dieser Standortbestimmung Handlungsfelder für die eigene Weiterentwicklung abzuleiten.

≡ **Kurzbeschreibung**

Ausgangspunkt der Überlegungen bilden die Kernfunktionen, die ein Unternehmen besitzt, um seine Produkte oder Dienstleistungen für seine Kunden zu erbringen. Typische Beispiele dafür sind **Forschung und Ent-**

wicklung, Produktion, Vertrieb und Marketing. Der erste Schritt der Erstellung des Stärken-Schwächen-Profils besteht dann darin, die wesentlichen Faktoren zu identifizieren und zu benennen, die diese Funktionen im Unternehmen prägen und für den Wettbewerb in der betreffenden Branche eine entscheidende Rolle spielen. Das sind dann die sogenannten „kritischen" Faktoren.

Im Bereich der **Forschung und Entwicklung** kann zum Beispiel der Besitz von Patenten ein solcher wesentlicher Aspekt für das Unternehmen sein. Oder auch die Fähigkeit, zeitnah entsprechend den Marktzyklen Innovationen bereitstellen zu können. Im Rahmen des **Vertriebs** sind vielleicht die Verfügbarkeit von Warenlagern und deren regionale Verteilung oder die Fähigkeit, die Logistik der Waren durch entsprechende Informationstechnologien direkt überwachen zu können, wichtige Erfolgsfaktoren für das jeweilige Unternehmen.

Die Ressourcen und Fähigkeiten bezüglich dieser kritischen Faktoren sind dann im Rahmen der Profilerstellung zu messen und zu beurteilen. Üblicherweise wird diese „Messung" dadurch vorgenommen, dass die Ressourcen und Fähigkeiten auf einer schlichten subjektiven Bewertungsskala eingeschätzt werden. Eine solche Skala wäre zum Beispiel durch die Abstufungen ++ (sehr gut), + (gut), 0 (durchschnittlich), - (nicht ausreichend), -- (schlecht) gegeben.

Macht man diese Einschätzung für das eigene Unternehmen und für seine stärksten Wettbewerber, gewinnt man eine Profildarstellung, aus der für jeden kritischen Erfolgsfaktor die Rangordnung der betrachteten Unternehmen ablesbar ist. Das Profil weist also aus, in welchen Feldern das eigene Unternehmen gegenüber den Wettbewerbern überlegen oder unterlegen ist, wo es also eine relative Stärke oder Schwäche besitzt. Bild 15 auf Seite 103 veranschaulicht dieses an einem Beispiel.

≡ Mögliche Anwendungsprobleme und Fallstricke

- Die Wahl der im Profil dargestellten kritischen Erfolgsfaktoren ist Ergebnis einer subjektiven Festlegung und daher genau zu prüfen. Das, was für die meisten Unternehmen als ein Erfolgsfaktor betrachtet wird, muss im Einzelfall nicht unbedingt ein solcher sein. Und das, was als kritischer Faktor vielleicht gar nicht wahrgenommen worden ist, kann im Einzelfall den ausschlaggebenden Erfolg ausmachen.

  Ein Beispiel dafür liefert die Erfolgsstory des *Cirque du Soleil*. Anstatt wie die Konkurrenz in immer teurere und aufregendere Tiershows zu investieren und darin den ausschlaggebenden Erfolgsfaktor zu sehen, verzichtete dieser **Zirkus** ganz auf die Tierdarstellungen. Stattdessen

Stärken-Schwächen-Profil

nahm er Elemente wie Tanz, Musik und Poesie in seine Darbietungen auf, die vorher in dieser Branche gar nicht in den Blick genommen worden waren, und erschloss sich damit erfolgreich eine neue Zielgruppe.[46]

- Die kritischen Faktoren sind auf einer hinreichend feingranularen Beschreibungsebene zu erfassen, so dass deren Überschneidungs-freiheit abgesichert ist.

- Für die Bewertung der Ressourcen und Fähigkeiten, die ein Unter-nehmen bezüglich eines kritischen Erfolgsfaktors besitzt, gibt es selten allgemein verfügbare objektive Daten. Die Werteinschät-zungen sind daher stark durch subjektive Einstellungen und Erfahrungen geprägt. Deshalb muss durch Einbeziehen eines möglichst breiten Spektrums von fachlich Betroffenen abgesichert werden, dass eine tragfähige, von allen Beteiligten geteilte Einschät-zung erreicht wird.

- Die Wertestufen auf der Bewertungsskala sind nicht klar gegenein-ander abgegrenzt. Eine Klassifizierung der Unternehmen nach diesen Werten ist daher immer mit Unschärfen behaftet.

- Das Verfahren wird sehr aufwändig, wenn man die Bewertung der Ressourcen und Fähigkeiten für die verschiedenen Erfolgsfaktoren nicht nur auf subjektive Einschätzungen, sondern auf möglichst nachvollziehbare Daten und Informationen stützen will.

≡ **Bezug zu den grundlegenden Denkschritten**

Das Werkzeug unterstützt die Denkschritte:

- Klassifizieren (Kapitel 3)
- Ordnen (Kapitel 4, insbesondere Abschnitt 4.3)

8.14 SWOT-Analyse

≡ **Zielsetzung**

Die *SWOT-Analyse* ist ein Instrument zur Analyse der internen Potenziale eines Unternehmens und seines externen Umfeldes. Es stellt die Stärken S (*Strengths*) und Schwächen W (*Weaknesses*) eines Unternehmens den Chancen O (*Opportunities*) und Risiken T (*Threats*) des Unternehmensum-felds gegenüber, woraus sich das Akronym SWOT ableitet. Diese internen und externen Faktoren werden in Form einer Matrix komprimiert darge-stellt. Sie ist die Informationsbasis, um zum Beispiel klären zu können, welche Stärken man angesichts der sich abzeichnenden Chancen und

Risiken der Umwelt nutzen und welche Schwächen man dementsprechend abbauen sollte. Die SWOT-Analyse ist daher ein Werkzeug zum Identifizieren möglicher strategischer Handlungsfelder.

≡ **Kurzbeschreibung**

Die SWOT-Analyse setzt sich aus einer unternehmensinternen und einer unternehmensexternen Dimension zusammen:

- Bezüglich der *internen* Dimension ist es das Ziel, die Stärken und Schwächen zu identifizieren, die ein Unternehmen im Wettbewerb mit den Konkurrenten besitzt. In dieser Hinsicht hat es eine ähnliche Zielsetzung wie ein Stärken-Schwächen-Profil (siehe den zugehörigen Steckbrief in Abschnitt 8.13).
  Ähnlich wie beim Stärken-Schwächen-Profil ist auch hier darauf zu achten, dass bei der Zuordnung der internen Faktoren zur Stärke- und Schwäche-Kategorie deren Wettbewerbsrelevanz bedacht wird. Wenn also zum Beispiel ein **IT-Dienstleister** auf gemeldete Probleme immer sehr schnell reagiert, so ist dieses für die Kundenbindung sicherlich von Vorteil, ist aber nur dann als eine wichtige Unternehmensstärke hervorzuheben, wenn die Wettbewerber hier deutliche Defizite haben.

- Bei der *externen* Dimension fokussiert man auf die Chancen und Risiken, die man im Unternehmensumfeld für das Unternehmen sieht oder erwartet. Hier geht es darum, die verschiedenen externen Einflüsse wie zum Beispiel Ökonomie, Politik, Demografie, technologische Entwicklungen oder soziokulturelle Strukturen zu analysieren und daraufhin zu bewerten, ob sie Elemente enthalten, die für das Unternehmen eine Chance darstellen und damit wünschenswert sind, oder ob sie eher für das Unternehmen bedrohlich wirken und damit vielleicht sogar ein Risiko für seinen Fortbestand darstellen.
  Auch bei der Klassifikation externer Sachverhalte in Chancen und Risiken ist Sorgfalt geboten. Denn manchmal kann man einen Sachverhalt einerseits als Risiko und andererseits als Chance begreifen. Beinhaltet zum Beispiel die **Entwicklungskooperation** mit einem anderen Unternehmen das Risiko, dass man mühsam aufgebautes Know-how abgibt, oder eher eine Chance, dadurch neue Märkte zu erschließen?

Im nächsten Schritt geht es darum, die Ergebnisse dieser beiden Analysen in einer komprimierten Übersicht zusammenzufassen. Dafür hat sich eine schlichte 2×2-Matrix bewährt, um die Stärken, Schwächen, Chancen und Risiken in ihren vier Feldern zu dokumentieren. Im linken Teil von Bild 58 ist dieses Schema dargestellt.

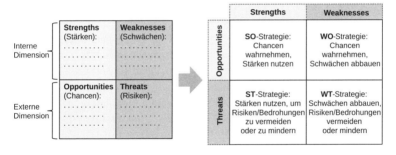

SWOT-Analyse

SWOT-Normstrategie

	Strengths	Weaknesses
Opportunities	**SO**-Strategie: Chancen wahrnehmen, Stärken nutzen	**WO**-Strategie: Chancen wahrnehmen, Schwächen abbauen
Threats	**ST**-Strategie: Stärken nutzen, um Risiken/Bedrohungen zu vermeiden oder zu mindern	**WT**-Strategie: Schwächen abbauen, Risiken/Bedrohungen vermeiden oder mindern

Interne Dimension	Strengths (Stärken):	Weaknesses (Schwächen):
	....	....
	....	....
	....	....

Externe Dimension	Opportunities (Chancen):	Threats (Risiken):
	....	....
	....	....
	....	....

Bild 58 Das Schema der SWOT-Analyse und die darauf aufbauenden SWOT-Normstrategien

Aufbauend auf dieser Darstellung lassen sich systematisch vier strategische Optionen ableiten, die auf das Zusammenspiel von jeweils einem internen Faktor mit einem externen Faktor abgestimmt sind. Dieser Schritt geht bereits über die eigentliche SWOT-Analyse hinaus und führt zu den sogenannten *Normstrategien* (SO-Strategien, WO-Strategien, ST-Strategien, WT-Strategien), wie es im rechten Teil von Bild 58 angedeutet ist. Diese generisch formulierten Strategien sind bei der Anwendung der SWOT-Methode natürlich unternehmensspezifisch zu konkretisieren.

Die Analyse der internen und externen Betrachtungsdimension zum Aufbau der SWOT-Matrix kann sehr aufwändig sein und ihrerseits auf weitere Analyseinstrumente aufbauen. Wenn Informationen aus derartigen Quellen jedoch nicht einfach verfügbar sind, wird oft im Rahmen von Workshops versucht, zu den SWOT-Dimensionen konsensfähige Aussagen zu gewinnen. Dann sollte der Teilnehmerkreis so gewählt werden, dass die vielfältigsten Sichten auf Unternehmen und Umfeld vertreten sind.

≡ **Mögliche Anwendungsprobleme und Fallstricke**

■ Ob etwas als Stärke oder als Schwäche zu klassifizieren ist, hängt auch wesentlich vom angestrebten Ziel, vom Sollzustand ab, den ein Unternehmen durch seine Strategie anstrebt. Wichtig ist daher, diesen Kontext explizit zu machen, um auf dieser Basis die vorliegenden Gegebenheiten eindeutig als Stärken oder als Schwächen einordnen zu können.

■ Ob etwas als Risiko oder Chance gesehen wird, ist ebenfalls nicht per se gegeben, sondern hängt von den Wertvorstellungen und Zielen des Beobachters ab. Auch diese Klassifikation lässt sich nur bei ausdrücklicher Darstellung des Kontextes sinnvoll und widerspruchsfrei adressieren.

- Zusätzlich gibt es noch die Schwierigkeit, die interne und die externe Sicht sauber zu unterscheiden, da die internen Merkmale mit Bezug auf das externe Umfeld bewertet werden und umgekehrt.

Angenommen, ein Unternehmen benötigt für die Ausweitung seiner Entwicklungstätigkeiten bestimmte *Spezialkenntnisse*. Wenn diese Kenntnisse im Unternehmen in nur geringem Maße vorhanden sind: Ist dieses ein unternehmensinterner Sachverhalt und damit als interne Schwäche einzuordnen? Oder meint man damit eher den unternehmensexternen Sachverhalt, dass man mit diversen Mitwettbewerbern mit vorhandenen hohen Spezialkenntnissen konkurrieren muss und daher ein unternehmensexternes Risiko besteht? Die SWOT-Matrix beinhaltet also auch die Herausforderung, die zu klassifizierenden Sachverhalte soweit zu differenzieren, dass eine eindeutige Zuordnung zu der internen und externen Dimension möglich wird.

- Darüber hinaus ergibt sich noch eine Problematik aus dem unterschiedlichen Zeitbezug der beiden Betrachtungsdimensionen. Die interne Dimension bezieht sich auf den Ist-Zustand, die Attribute der externen Dimension sind jedoch typischerweise auf die Zukunft bezogen. Das erschwert die Bewertung, ob das, was das Unternehmen heute stark macht, auch für die Zukunft noch als Stärke bewertet werden kann.

≡ **Bezug zu den grundlegenden Denkschritten**

Das Werkzeug unterstützt den Denkschritt:

- Klassifizieren (Kapitel 3)

8.15 Wirkungsgraph

≡ **Zielsetzung**

Ein *Wirkungsgraph* (in der englischsprachigen Literatur oft *Causal Loop Diagram* genannt)[47] ist eine Form der Visualisierung der Komponenten eines Systems und ihrer Beziehungen. Dargestellt werden die Ursache-Wirkungs-Zusammenhänge innerhalb des Systems, durch die sein Verhalten nach außen geprägt wird.

Wirkungsgraphen werden genutzt, um

- das beobachtete Verhalten eines Systems zu analysieren und zu verstehen

- ein mögliches Systemverhalten prognostizieren zu können.

Eine Analyse wird meistens erforderlich, wenn man in ein System steuernd eingreifen will oder muss. Eine Prognose wird benötigt, wenn man die Auswirkungen von Entscheidungen oder Maßnahmen einschätzen möchte.

≡ Kurzbeschreibung

Die Grundbausteine eines Wirkungsgraphen sind Ursache-Wirkungs-Pfeile. Ihre Notation wurde in Kapitel 5 eingeführt und ist dort in Bild 24 (Seite 136) in Übersichtsform dargestellt. Danach sind zu unterscheiden:

- Pfeile mit *positiver* Polarität: Sie bedeuten gleichgerichtete Veränderungen. Das heißt: Nimmt die ursächliche Größe zu (ab), so wird die Wirkung größer (kleiner) – im Vergleich zu der Größe, den die Wirkung hätte, wenn sich die ursächliche Größe nicht verändern würde.

- Pfeile mit *negativer* Polarität: Sie bedeuten gegenläufige Veränderungen. Das heißt: Nimmt die ursächliche Größe zu (ab), so wird die Wirkung geringer (größer) – im Vergleich zu der Größe, den die Wirkung hätte, wenn sich die ursächliche Größe nicht verändern würde.

- Erfolgt eine Wirkung zeitverzögert, so wird diese Verzögerung durch ein Unterbrechungssymbol im gezeichneten Pfeil kenntlich gemacht.

Aus diesen Grundbausteinen lassen sich dann Rückkopplungsschleifen aufbauen, von denen es zwei elementare Grundtypen gibt. Sie wurden ebenfalls in Kapitel 5 eingeführt und sind in Bild 33 auf Seite 161 dargestellt. Mit den in dieser Abbildung genannten Größen x, y, z und Delta lassen sie sich wie folgt in allgemeiner Form beschreiben:

- *Verstärkende Rückkopplung*:
  Mit zunehmendem x vergrößert sich auch y, was wiederum x vergrößert und so fort.
  Dieses Grundmuster steht auch für: Mit abnehmendem x verringert sich auch y, was wiederum x verringert und so fort. Diese Art der Rückkopplung liefert also grundsätzlich einen aufschaukelnden Mechanismus.

- *Balancierende Rückkopplung*:
  Mit der Größe x wächst die Größe y, was den Unterschied („Delta") von y zum angestrebten Zielwert z verringert. Delta beeinflusst dann wieder den Parameter x: Ist Delta positiv (negativ), so wird x entsprechend erhöht (erniedrigt). In Summe führt dieses Zusam-

menspiel zu einem ausbalancierenden Mechanismus, bei dem sich die Größe y schließlich dem Zielwert z annähert.

Balancierende und verstärkende Rückkopplungsschleifen bestehen nicht immer nur aus zwei beziehungsweise drei Pfeilen, die sich zu einem Kreis schließen, sondern sie können sich auch aus deutlich mehr Ursache-Wirkungs-Pfeilen zusammensetzen. Grundsätzlich gilt:

- Balancierende Rückkopplungsschleifen haben eine ungerade Anzahl von Wirkungspfeilen mit negativer Polarität.
- Verstärkende Rückkopplungsschleifen haben eine gerade Anzahl von Wirkungspfeilen mit negativer Polarität.

Bei Rückkopplungen ist wegen ihrer zyklischen Struktur eine Unterscheidung von Ursache und Wirkung nicht mehr möglich.

Der Wirkungsgraph eines konkreten realen Systems baut sich meistens in relativ komplexer Weise aus Ursache-Wirkungs-Pfeilen auf. In diesem Gefüge sind oft mehrere der beiden grundlegenden Rückkopplungsschleifen vorhanden. Deren Zusammenspiel prägt dann das Verhalten des jeweiligen Systems. Auch für dieses Zusammenspiel und das daraus resultierende Verhalten gibt es einige Grundmuster (die sogenannten *Archetypen*).

Um einen Wirkungsgraphen zu erstellen, sind im Wesentlichen die folgenden Klärungsschritte notwendig:

- Formulierung der zu klärenden Fragestellung und entsprechende Eingrenzung des Systems
- Identifikation der dabei relevanten Parameter und Klärung ihres zeitlichen Verhaltens
- Ermittlung der Ursachen für dieses Verhalten über die Identifikation von Wirkmechanismen
- Klärung der mentalen Modelle, der Wahrnehmungen und Haltungen, die in den postulierten Wirkketten möglicherweise implizit zum Ausdruck kommen.

Der zuletzt genannte Punkt spricht „weiche" Faktoren an. Wirkungsgraphen sind ein Werkzeug, mit dessen Hilfe auch solche Dinge explizit gemacht und visualisiert werden können. Sie verhelfen dadurch zu mehr Transparenz und erleichtern die Kommunikation unter den Beteiligten.

≡ **Mögliche Anwendungsprobleme und Fallstricke**

- Wirkungsgraphen geben nur einen Ausschnitt aus der Realität wieder. Bereits durch die initiierende Fragestellung fokussiert man auf bestimmte Beobachtungsgrößen und deren Beziehungen. Damit besteht die Gefahr, dass man Wichtiges übersieht.

- Der Versuch, mithilfe dieser Graphen die Realität zu erfassen, führt oft zu sehr komplexen, nicht mehr vermittelbaren Darstellungen. Ihr Nutzen ist dann relativ begrenzt. Aber sie sind auch dann immer noch eine wichtige Hilfe, um nichtlineare systemische Mechanismen in den Blick zu bekommen.

- Die in den Graphen genutzten Modellbausteine sind noch nicht differenziert genug, um daraus die Dynamik eines Systems sicher ableiten zu können. Dazu braucht man zusätzliche, quantitative Informationen und es sind weitere Modellbausteine erforderlich, welche die quantitative Beschreibung der Systems unterstützen. Aussagen zur Dynamik, die sich allein aus den Wirkungsgraphen ableiten, sind daher stets kritisch zu hinterfragen.

- Mit den Wirkungsgraphen eng verknüpft ist die Vorstellung der Berechenbarkeit und Vorhersagbarkeit des Verhaltens eines Systems. Diese Vorhersagbarkeit hat jedoch ihre Grenzen bei solchen Systemen, in denen kleinste Parameterabweichungen bereits zu völlig anderem Verhalten führen können. Eine solche Unvorhersehbarkeit ist oft bei sozialen Systemen gegeben, da deren Verhalten durch die beteiligten Individuen wesentlich geprägt wird und durch deren Entscheidungsfreiheit unberechenbar beeinflusst werden kann.

≡ **Bezug zu den grundlegenden Denkschritten**

Das Werkzeug unterstützt den Denkschritt:

- Zusammenhänge erkennen (Kapitel 5)

Endnoten

[1] Grundlegende Informationen zu seinen Inhalten findet man zum Beispiel beim Existenzgründungsportal des Bundesministeriums für Wirtschaft und Energie. Link: www.existenzgruender.de/DE/Gruendungswerkstatt/ Checklisten-Uebersichten/Businessplan/inhalt.html (abgerufen am 25.08.2016).

[2] Siehe dazu zum Beispiel *Lefrancois* 2006; darin insbesondere die Ausführungen zur Entwicklungspsychologie von *J. Piaget*.

[3] Zu finden beim Bundesministerium der Justiz unter: Sozialgesetzbuch (SGB) Drittes Buch (III). Abrufbar unter: www.gesetze-im-internet.de/ sgb_3/index.html (abgerufen am 17.09.2016).

[4] Die Grafik lehnt sich an die Darstellung des Body Mass Index bei Wikipedia an. Siehe: http://de.wikipedia.org/wiki/Body-Mass-Index (abgerufen am 17.09.2016).

[5] Die „Celebrity 100"-Liste ist abrufbar unter: www.forbes.com/ (abgerufen am 16.09.2016). Auf die Mängel und Problematik dieser Liste weisen zum Beispiel *Bosbach/Korff 2011* hin.

[6] Die bekanntesten Studien sind die Mercer Quality of Living Survey, der Economist Intelligence Unit's Global Liveability Report und der Human Development Index der Vereinten Nationen. Informationen zur Mercer-Studie 2016 sind zum Beispiel unter: www.imercer.com/content/mobility/ quality-of-living-city-rankings.html zu finden (abgerufen am 16.09.2016).

[7] Mit den hier genannten Zahlen beziehe ich mich auf den Artikel „Mehr Vernunft beim Fürchten!" von Carsten Jasner. In: brandeins Heft 11/ 2011, Seite 100-103.

[8] Quelle: Statistisches Bundesamt, Statistisches Jahrbuch 2015. Siehe: www.destatis.de/DE/Publikationen/StatistischesJahrbuch/Statistisches Jahrbuch2015.pdf?__blob=publicationFile (abgerufen am 17.03.2016).

[9] Die dargestellte Tabelle gibt (in etwas verkürzter Form) die Beschreibung der Windstärken wieder, wie sie in einem Artikel zur Beaufortskala bei Wikipedia zu finden ist. Siehe: http://de.wikipedia.org/wiki/Beaufortskala (abgerufen am 03.03.2016).

[10] Das Politiker-Ranking des ZDF-Politbarometers wird auf den Internetseiten der Forschungsgruppe Wahlen e. V. veröffentlicht. Zugriff auf das Archiv unter dem Link: www.forschungsgruppe.de/Umfragen/Politbarometer/Archiv/Politbarometer_2016/ (abgerufen am 22.08.2016).

[11] Die dargestellten Zahlen sind dem Artikel „Konfektionsgröße" bei Wikipedia entnommen. Siehe: https://de.wikipedia.org/wiki/Konfektionsgröße (abgerufen am 16.03.2016).

[12] Zu den möglichen Verfahren zur Bestimmung der Gewichte siehe zum Bespiel: *Eisenführ, Weber 1999 und Goodwin, Wright 1998*.

[13] Daten aus dem Artikel „Immer mehr Rentner gehen arbeiten" der „Neue OZ. Osnabrücker Zeitung" vom 29.08.12, in dem seinerseits auf einen Bericht in der „Süddeutsche Zeitung" verwiesen wird.

[14] Siehe dazu den Artikel in der „Neue OZ. Osnabrücker Zeitung" vom 06.07.12 unter der Überschrift „Schneller unterwegs auf niederländischen Straßen".

[15] Siehe den Artikel „Den Ursachen der Magersucht auf der Spur" in der „Neue OZ. Osnabrücker Zeitung" vom 09.04.13.

[16] Auf dieses Beispiel weist das Buch von *Bauer, Gigerenzer, Krämer 2014* hin.

[17] Siehe dazu die Veröffentlichung „Qualitative Risikobewertung zu Einschleppung und Vorkommen von hochpathogenem aviären Influenzavirus in Hausgeflügelhaltungen der Bundesrepublik Deutschland" des Friedrich-Loeffler-Instituts (FLI) vom 03.06.2015. Einsehbar im Internet unter: www.fli.bund.de/de/startseite/aktuelles/tierseuchengeschehen/klassische-gefluegelpest.html (abgerufen am 11.06.2015).

[18] Siehe dazu die Studie „Analyse der regionalwirtschaftlichen Effekte des Fernstraßenbaus anhand ausgewählter Autobahnprojekte" des Instituts für Verkehr und Raum der Fachhochschule Erfurt (IVR Band 13). Einsehbar unter: www.fh-erfurt.de/fhe/vur/download-bereich/berichte-des-instituts-verkehr-und-raum (abgerufen am 17.09.2016).

[19] Siehe *Brooks 1995*.

[20] Siehe dazu: *Senge 1990*.

[21] Die Abbildung ist dem Artikel „Human Health and Climate Change: Leverage Points for Adaptation in Urban Environments" von K. Proust et. al. entnommen, veröffentlicht im Int. J. Environ. Res. Public Health 2012, 9(6), S. 2134-2158. Frei verfügbar im Internet unter dem Link: www.mdpi.com/1660-4601/9/6/2134 (abgerufen am 01.01.2017).

[22] Eine systematische Einführung in die Systemdynamik liefert zum Beispiel *Sterman 2000*.

[23] Siehe dazu *D. Meadows, D. H. Meadows 1972*

[24] Siehe dazu auch den Essay „Die Grenzen der Panik" von Bjørn Lømborg in der Zeitung „Die Welt" vom 26.06.2013.

[25] Ich lehne mich mit den hier aufgeführten Eigenschaften an die Ausführungen zur Modelltheorie von *Stachowiak 1973* an.

[26] Hinweise zum Konzept der mentalen Modelle findet man zum Beispiel bei *Wirtz 2014* oder auch im Artikel „Mental model" bei Wikipedia. Siehe dazu: https://en.wikipedia.org/wiki/Mental_model (abgerufen am 02.01.2017).

[27] So lautet der gleichnamige Titel des Buches von *Bosbach, Korff 2011*

[28] Siehe dazu die zahlreichen Beispiele zur „Unstatistik des Monats" der Professoren Bauer und Gigerenzer. Zu finden im Internet unter dem Link: www.rwi-essen.de/unstatistik/ (abgerufen am 15.05.2017)

[29] Siehe dazu zum Beispiel *Beck-Bornholdt, Dubben 1997.*

[30] Siehe DIE ZEIT vom 27.04.2017; darin: Kara, Stefanie: Kann das stimmen? (S. 33). Rückert, Sabine: Keine Strafe für Vergewaltiger? (S. 35), Optische Täuschung (S. 38).

[31] Siehe DIE ZEIT vom 27.04.2017; darin: Kara, Stefanie: Kann das stimmen? (S. 33).

[32] Siehe dazu den Armutsbericht „Menschenwürde ist Menschenrecht. Bericht zur Armutsentwicklung in Deutschland 2017" des Paritätischen Wohlfahrtsverbands. Im Internet zu finden unter dem Link: www.der-paritaetische.de/schwerpunkte/armutsbericht/download-armutsbericht/ (abgerufen am 21.05.2017)

[33] Siehe dazu die „Unstatistik des Monats" vom 23.10.2012, vom 24.02.2015 und vom 30.03.2017. Zugreifbar im Internet über den Link: www.rwi-essen.de/unstatistik/ (abgerufen am 21.05.2017)

[34] Die Daten sind dem Buch von *Bauer, Gigerenzer, Krämer 2014* entnommen.

[35] Siehe zum Beispiel die diesbezügliche Meldung in der WELT vom Juni 2016. Zu finden im Internet unter dem Link: www.welt.de/wirtschaft/article156692986/Sozialausgaben-in-Deutschland-steigen-auf-Rekord hoch.html (abgerufen am 29.05.2017)

[36] Die Grafik beruht auf den Daten, die im „Sozialbudget 2015" (mit Stand vom Juni 2016) des Bundesministeriums für Arbeit und Soziales veröffentlicht wurden. Im Internet abrufbar unter dem Link: www.bmas.de/DE/Service/Medien/Publikationen/a230-15-sozialbudget-2015.html (abgerufen am 22.05.2017)

[37] Die Daten zum BIP, die in die Grafik zur Sozialleistungsquote einfließen, wurden der Veröffentlichung „Sozialbudget 2015" entnommen. Siehe dazu die vorherige Endnote.

[38] Weitere Beispiele dazu zum Beispiel bei *Bosbach, Korff 2011* oder auch bei *Beck-Bornholdt, Dubben 1997*

[39] Diese Grafik wurde im Rahmen der Serie „Deutschlandkarte" der Wochenzeitung DIE ZEIT in der Ausgabe 44/2009 veröffentlicht. Aktuell abrufbar im Internet unter dem Link: www.zeit.de/2009/45/Deutschlandkarte-45 (abgerufen am 22.05.2017)

[40] Die hier zusammengestellten Fragen greifen zum Teil die Fragen auf, welche in ähnlicher Weise auch in DIE ZEIT vom 27.04.2017 formuliert wurden. Siehe darin: Kara, Stefanie: Kann das stimmen? (S. 33).

[41] Überblickartige Einführungen in diverse Managementwerkzeuge findet man zum Beispiel in: *Andler 2015; Kerth, Pütmann 2005; Mantelow 2007; Schawel, Billing 2012.*

[42] Siehe dazu *Kaplan, Norton 1997.*

43 Die Erwartungsnutzenanalyse ist ein zentraler Inhalt der Entscheidungstheorie. Siehe dazu zum Beispiel: *Eisenführ, Weber 1999* und *Goodwin, Wright 1998.*

44 Der Gegenwartsbaum hat seine Ursprünge in der sogenannten Engpasstheorie (Theory of Constraints). Siehe dazu zum Beispiel: *Goldratt 2002.*

45 Die Nutzwertanalyse ist eine zentrale Komponente der Entscheidungstheorie. Siehe dazu zum Beispiel: *Eisenführ, Weber 1999* oder *Goodwin, Wright 1998.*

46 Diese Interpretation des Erfolgs des Cirque du Soleil ist zu finden bei: *Kim, Mauborgne 2005.*

47 Eine umfassende Darstellung dazu findet man zum Beispiel bei *Sterman 2000.*

Literatur

Andler, Nicolai: Tools für Projektmanagement, Workshops und Consulting. Kompendium der wichtigsten Techniken und Methoden. 6. Auflage. Publicis Publishing: Erlangen 2015

Bauer, Thomas K.; Gigerenzer, Gerd; Krämer, Walter: Warum dick nicht doof macht und Genmais nicht tötet. Über Risiken und Nebenwirkungen der Unstatistik. Campus: Frankfurt a. M. 2014

Beck-Bornholdt, Hans-Peter; Dubben, Hans-Hermann: Der Hund, der Eier legt. Erkennen von Fehlinformationen durch Querdenken. Rowohlt: Reinbek 1997

Bosbach, Gerd; Korff, Jens Jürgen: Lügen mit Zahlen. Wie wir mit Statistiken manipuliert werden. 4. Auflage. Heyne: München 2011

Brooks, Frederick P., Jr.: The Mythical Man-Month. Essays on Software Engineering. Anniversary Edition. Addison Wesley: Boston 1995

Eisenführ, Franz; Weber, Martin: Rationales Entscheiden. 3. Auflage. Springer: Berlin 1999

Goldratt, Eliyahu M.; Cox, Jeff: Das Ziel. Ein Roman über Prozessoptimierung. 3. Auflage. Campus: Frankfurt a. M. 2002

Goodwin, Paul; Wright, George: Decision Analysis for Management Judgment. 2nd Edition. John Wiley & Sons: Chichester 1998

Kaplan, Robert S.; Norton, David P.: Balanced Scorecard. Strategien erfolgreich umsetzen. Schäffer-Poeschel: Stuttgart 1997

Kerth, Klaus; Pütmann, Ralf: Die besten Strategietools in der Praxis. Hanser: München 2005

Kim, W. Chan; Mauborgne, Renée: Blue Ocean Strategy. How to Create Uncontested Market Space and Make the Competition Irrelevant. Harvard Business Review Press: Boston, Massachusetts 2005

Lefrancois, Guy R.: Psychologie des Lernens. 4. Auflage. Springer: Berlin 2006

Mantelow, James: Mind Tools. Essential skills for an excellent career. 5th Edition. Mind Tools Limited: London 2007

Meadows, Dennis; Meadows, Donella H.: Die Grenzen des Wachstums. Bericht des Club of Rome zur Lage der Menschheit. Deutsche Verlags-Anstalt: Stuttgart 1972

Schawel, Christian; Billing, Fabian: Top 100 Management Tools. Das wichtigste Buch eines Managers. Von ABC-Analyse bis Zielvereinbarung. 4. Auflage. Gabler: Wiesbaden 2012

Senge, Peter M.: The Fifth Discipline. The Art and Practice of the Learning Organization. Currency Doubleday: New York 1990

Stachowiak, Herbert: Allgemeine Modelltheorie. Springer: Wien 1973

Sterman, John D.: Business Dynamics. System Thinking and Modeling for a Complex World. McGraw-Hill: Boston 2000

Wirtz, Markus Antonius (Hrsg.): Dorsch – Lexikon der Psychologie. 17. Auflage. Hans Huber: Bern 2014

Stichwortverzeichnis

Ralf Lanwehr, Henning Staar, Sven Voelpel

Spielfeld Arbeitsplatz

**Managementwissen mit Kick.
Für Führungskräfte
und engagierte Mitarbeiter**

2. Auflage, 2017,
270 Seiten, farbig, gebunden
ISBN 978-3-89578-468-2, € 27,90

Vom Mitarbeiter übers Team bis zum Unternehmen: Das Buch präsentiert den aktuellsten Stand von Managementwissen in lesenswerter Form – unterhaltsam, fachlich fundiert, mit praktischen Beispielen und Tests zur Selbsteinschätzung, zu Führung und Organisationskultur. Dabei nutzen die Autoren Analogien aus dem Fußball, die deutlich machen, worauf es wirklich ankommt.

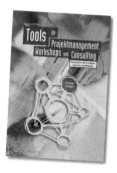

Nicolai Andler

Tools für Projektmanagement, Workshops und Consulting

**Ein Kompendium der wichtigsten
Techniken und Methoden**

6., überarbeitete und erweiterte Auflage,
2015, 512 Seiten, gebunden
ISBN 978-3-89578-453-8, € 49,90

Nicolai Andler präsentiert in seinem erfolgreichen Standardwerk 152 Tools, gegliedert nach den Aufgabenkomplexen Situationsanalyse und Problemdefinition – Informationssammlung und -bewertung – Kreativität, Ideengenerierung und -bewertung – Zielformulierung – Strategische, organisatorische und technische Analysen, IT-Analysen – Evaluation, Priorisierung, Entscheidungstechniken – Projektmanagement und -kontrolle.

Das Buch richtet sich an Projektmanager und -mitarbeiter, Berater, Trainer und Führungskräfte sowie an Studenten. Es bietet eine umfassende Sammlung der wichtigsten Tools und zeigt, wann man welches Tool einsetzt und wie man es anwendet.

www.publicis-books.de